アジアと欧米の小売商業

―理論・戦略・構造―

岩永 忠康 監修

片山 富弘・西島 博樹・宮崎 卓朗・柳 純 編著

五絃舎

はしがき

　小売商業は，商品流通の末端部分に位置し，消費者を対象に商品の売買活動を行っている．そのために，小売商業は，消費者行動に規定され空間的範囲がきわめて狭い領域に制約されており，その意味で，地域に密着した地域産業・立地産業ないしドメスティック産業，また消費者の生活や文化に関わる生活文化産業として特徴づけられる．

　このような地域・立地産業ないしドメスティック産業として特徴づけられている小売商業において，社会経済の発展に伴う小売経営技術の革新や小売経営組織の改革やそれを支える情報・物流技術の発達によって，大規模化ないし組織化・チェーン化した近代的小売企業が多様な小売業態として出現し発展してきている．さらに，一部の小売企業は，経済の国際化やグローバル化の進展に伴うグローバル競争のもとで，商品輸入・開発輸入をはじめ積極的に海外に出店するなど国際規模での売買活動を展開している．

　このように，近年，最近の社会経済の国際化・グローバル化の進展とともに，情報技術や物流技術の発達において生産・流通・消費の経済セクターは急激に変化してきており，生産と消費に介在する小売商業ないし小売セクターにも大きな変化がみられる．例えば，一部の近代的小売企業による小売国際化が進展し，国際規模での売買活動が行われている．また，NB商品に引けを取らないPB商品の開発・発展が生産者や消費者に大きな影響を与えている．さらに，従来の個人商店や小規模商店などの伝統的小売セクターに代わって多様な近代的小売業態が出現し発展して近代的小売セクターのシェアを高めながら小売の近代化が図られるなど，最近の経済環境の変化のもとで消費者に直結している

小売セクターが一部の経済領域で主導権（リーダーシップ）を発揮するなど社会経済に大きなインパクトを与えているのである。

　本書は，このような最近の小売商業を取り巻く環境変化のなかで小売商業ないし小売セクターに対する理論的ならびに実証的な分析を通し，何らかの問題意識や方向付けを試みようとして企画したものである。そのために，先学の研究を整理・検討することによって小売商業の理論と戦略について新たな試みや方向性を提示するものである。それとともに，最近の急激な国際環境の変化のもとに，各種の統計をベースに実証的な分析を通して，アジア・欧米諸国の小売商業の構造や動向についての特徴を明確にするなど，いわば現代の小売商業の理論的かつ実証的な分析を試みている。

　そこで，本書の編別章別構成ならびにそこでの基本的な課題あるいは論点について簡単な説明をしておこう。まず，本書の導入として，序章「小売商業と小売構造」では，小売商業の概念・理論と戦略を述べ，アジア・欧米の小売構造について特徴を考察している。したがって，第1節では商業の理論を説明し，第2節では小売商業の理論と戦略を考察し，第3節では，アジア・欧米の小売構造について考察している。

　第1部「小売商業の理論と戦略」は，第1編「小売商業の理論」と第2編「小売商業の革新・戦略」に分かれ，小売商業の理論と戦略について基礎的課題を取り扱っている。第1編「小売商業の理論」では，小売商業の理論についての検討・整理を行っている。

　このうち第1章「小売商業の構造と競争」は，商業存立根拠および商業段階分化の根拠を論述した小売商業の理論に当てている。さらに部門分化としての小売業種（店）と小売業態（店）ならびにそこでの小売市場と小売競争について考察している。すなわち，第1節では商業の概念と商業存立根拠を説明し，第2節では卸売商業と小売商業の分化の根拠を考察し，第3節では業種店と商業集積について小売商業の分化論を考察し，第4節では小売業態の業態別の特徴を説明し，第5節では小売市場と小売競争について考察している。

第 2 章「小売業態研究」は，小売業態について諸見解を検討しながら論点を整理している。業態研究は，小売商業の発展に関わる法則性の解明が業態論の理論的な支柱として，その法則性やパターンを解明することである。すなわち，第 1 節では高嶋の小売商業の革新を小売業態論と小売流通革新論から考察し，第 2 節では小売業態論の格上げ（格下げ）について中西・池尾の真空地帯論に技術革新を取り入れて業態変化の原理を説明している。第 3 節では業態とフォーマットの収斂について諸見解を検討し，第 4 節では業態の実体と差異について諸見解を検討しながら石原の商業経済論の枠組みでの業態研究ならびに三村の顧客関係性（顧客対応による店舗の変化）を軸にした業態論のアプローチを評価しつつさらなる業態史の研究を求めている。

　第 3 章「小売国際化の論点と検討課題」は，小売国際化に関する諸見解を多くの側面から検討・整理している。そのなかで小売国際化の環境としての小売内部要因と小売外部要因のうち，小売内部要因の説明不足ならびに小売内部要因を積極的に展開することによってより現実的な小売国際化の可能性を指摘している。すなわち，第 1 節では小売国際化の概念と理論を整理し，第 2 節では小売国際化をめぐる諸見解を紹介し，第 3 節では小売国際化の今後の検討課題を提示している。

　また，第 2 編「小売商業の革新・戦略」では，小売商業の革新としての小売商業の戦略について分析が行われている。このうち，第 4 章「小売マーケティング戦略」は，マーケティング戦略の考えの基礎である差異の概念を紹介し，マーケティング戦略とマーケティング・マネジメントの領域の差異を整理しながら小売マーケティング戦略のフレームワークならびにマーケティング・ミックスについて諸見解の検討・整理を行っている。すなわち，第 1 節では差異の考え方を提示し，第 2 節ではマーケティング戦略とマーケティング・マネジメントの領域の差異と考え方を整理している。第 3 節では小売マーケティング戦略のフレームワークについて，さらに第 4 節ではマーケティング・ミックスについて諸見解を検討しながら考察している

　第 5 章「大規模小売業におけるプライベート・ブランド戦略」は，PB の概

念とPB商品の導入の動機を述べたうえで，近年の多様化したPB戦略について大規模小売企業の競争力強化と顧客獲得のための差別化として4つのPB戦略を紹介し，それを日本の事例に基づいて考察している。すなわち，第1節ではPBの歴史的経緯をフォローしながら概念を述べ，NPと比較したPBの発展過程を通して現在の多様なPBの戦略と役割について考察している。第2節では日本における大規模小売企業のPB戦略としてセブン＆アイホールディングスのセブンプレミアムとイオンのトップバリュのケースを考察し，第3節では今後の課題とPBの展望を行っている。

第6章「小売の情報・物流革新」は，近年の小売商業の情報・物流革新について情報技術・媒体である電子発注システム，EDI，流通BMS等を考察し，かつ小売業におけるRFID・AI活用ならびに物流EDIの考察を通して，効果的・効率的な商取引ならびに物的取引について考察している。すなわち，第1節では小売商業と取引情報，第2節では小売商業の電子発注システム，第3節ではSCMとEDIの標準化，第4節では流通BMSとインターネット，第5節では小売商業とRFID・AI活用，第6節では小売商業と物流EDIについて考察している。

次に，第2部「アジア・欧米の小売商業」は，第3編「アジアの小売商業」と第4編「欧米の小売商業」に分け，アジア・欧米における小売商業の現状と動向ならびに国際化についての特徴が考察されている。そのうち，第3編「アジアの小売商業」では日本・中国・韓国・フィリピンの小売商業を考察している。

第7章「日本の小売商業」は，日本の経済における小売商業の位置や役割ならびに小売商業の現状を考察し，次に日本の主要な小売業態としての百貨店やスーパーの現状と動向を考察している。さらに日系小売企業の海外進出ならびに外資小売企業の日本参入の事例を通して小売商業の国際化を考察している。すなわち，第1節では日本の社会経済とそこでの商業・小売商業のウエイト・位置付けを行い，第2節では商業統計に依拠して日本の小売商業の現状と動向を説明している。第3節では日本の近代化と小売業態の業態別の現状と動向を説明したうえで，第4節では日系小売企業の海外進出状況ならびに外資系小売

業の参入状況について考察している。

　第8章「中国の小売商業」は,中国における小売商業の発展を概説したうえで,中国の主要な小売業態である百貨店・スーパーマーケット・ショッピングセンター・コンビニエンスストアの発展プロセスと近代化戦略を考察し,さらに中国における外資系小売企業の展開状況を考察している。すなわち,第1節では改革開放以来の中国経済と中国小売商業の発展を概説し,第2節では中国における小売業態の業態別の発展状況を説明している。第3節では中国における小売業態の今後に向けての対応や戦略を考察している。第4節では中国における外資系小売企業の展開状況を説明し,第5節では中国小売商業の展望を行っている。

　第9章「韓国の小売商業」は,韓国の小売商業の現状と動向を考察し,特に1989年以降の流通市場開放（1996年に完全開放）を契機として,企業型流通ないし外資系大型マートに代表される近代的小売セクターによる寡占化ないし近代化について考察している。すなわち,第1節では韓国の社会経済における商業・小売商業の位置付けを行い,第2節では小売商業の地域別・業態別（コンビニ・大型マート）の現状と動向を考察している。第3節では大型店に対する政府の対応策を述べ,第4節では外資系大型マートの韓国市場進出状況と韓国系小売商業の海外進出,訪韓外国人への対応などのグローバリゼーションについて考察している。

　第10章「フィリピンの小売商業」は,フィリピンでみられる小売商業の発展,つまり,近代的小売業とフィリピンで多数を占める伝統的小売業がともに増加している背景やその要因を探るために,小売商業の現状と動向ならびに近代的な小売業態の戦略を考察している。すなわち,第1節ではフィリピンの社会経済の特徴を説明し,第2節ではフィリピンの小売商業の現状と動向を考察している。第3節では近年増加している近代的な小売業態別の現状と動向を述べ,第4節では外資系小売企業の動向について外資規制を取りあげながら考察している。そして,第5節ではフィリピン小売商業の展望を行っている。

　次に,第4編「欧米の小売商業」ではアメリカ・カナダ・イギリス・フラン

スの小売商業について考察している。このうち,第11章「アメリカの小売商業」は,アメリカの小売商業は市場環境の変化により常に新しい業態が生み出され,近年,インターネットの登場が大きな影響を及ぼしている。このような背景のもとでアメリカの小売商業の実態をセンサスに依拠しながら考察している。すなわち,第1節ではアメリカの大手小売企業を世界小売業界での位置付けを行いながら紹介し,第2節ではアメリカの小売商業の業種別の現状と推移を考察している。第3節では最近成長しているeコマース事業の成長を説明し,第4節ではeコマースに関連した小売イノベーションを考察し,最後に今後の展望を行っている。

第12章「カナダの小売商業」は,カナダの領土や人口の現状を踏まえたうえで,カナダの小売商業の特徴を考察している。そこでは,多くの分野においてアメリカ系大規模小売企業であるビッグ・ボックス・ストアをはじめ近代的な小売業態による寡占状況にあり,一部では地方の小規模な店舗の存在やインターネットによる販売などについて考察している。すなわち,第1節ではカナダの歴史・人口・地理・政治と貿易からカナダの特性を考察したうえで,第2節ではカナダの消費者の動向を説明している。第3節ではカナダの小売商業の現状を説明し,第4節ではカナダの小売商業の動向を考察し,最後にカナダの小売商業の現代的特徴について整理している。

第13章「イギリスの小売商業」は,イギリスの食品小売業界は少数の大手小売企業(スーパーマーケットやハイパーマーケット)による寡占的状態にあるために,食品小売市場は飽和状況に直面し,国内市場への発展は困難である。そのために東欧やアジアの新興経済国への国際展開が志向されている。ここではテスコの事例を通してミクロ的視点からイギリスの小売商業を分析している。すなわち,第1節ではテスコの沿革と国際戦略の特徴を考察し,第2節ではテスコの日本市場への進出による撤退経験の課題等について考察している。

第14章「フランスの小売商業」は,最近のフランスの経済の現状とその対応策を述べたうえで,フランスの小売商業の現状と動向について考察している。フランスの食品小売分野は寡占状況にあるために,総合大型店(SM・HM)が

横這いないし減少にあると同時に，新たな業態の小規模店舗が台頭している状況とその対策について考察し，さらに地方小売商業の現況の事例として，地方都市：ル・アーブル市についての小売商業の低迷ないし中心市街地商業の衰退等を考察している。すなわち，第1節ではフランス経済社会の現況とその対応法律を述べ，第2節ではセンサスに依拠してフランス小売商業の業種・業態別の現状と動向を考察しながら，フランス小売商業の特徴を指摘しつつ戦略ないし対策を考察している。第3節ではル・アーブル市を事例として地方小売商業の現状と課題を提示している。

　本書は，本年2月27日に古稀を迎える小生と研究交流にある門下生ならびに九州流通研究会や学会等において親交が深い諸先生による共同執筆として企画されたものである。そして，私の構想と監修のもとに，私が提示したテーマについてそれぞれの自由な視点から分析をお願いしたものである。そこで本書は，第1部「小売商業の理論と戦略」（第1編「小売商業の理論」，第2編「小売商業の革新・戦略」）では理論的・戦略的視点から小売商業にアプローチし，それを受けて，第2部「アジア・欧米の小売商業」（第3編「アジアの小売商業」，第4編「欧米の小売商業」）では実践的に各国の小売商業を分析するというスタイルを採用した。分析視点や分析方法は必ずしも統一されていないが，現代の小売商業の理論・戦略ならびにアジア・欧米諸国の小売商業の構造と動向について何らかの問題提起や方向づけがなされたものと思われる。

　本書は，私の企画に賛同して頂いた執筆者のご好意によって出来上がったものであるだけに記念すべき古稀記念論文集になるものと思われる。同時に，多忙にもかかわらず貴重な論文をお寄せ頂いた執筆者の諸先生，とりわけ出版に至るまでに編集の労を取って頂いた片山富弘（中村学園大学教授）・西島博樹（佐賀大学教授）・宮崎卓朗（佐賀大学教授）・柳純（下関市立大学教授）の諸先生に対し，心から敬意と謝意を表したい。

　なお，本書の論文は，私を含む編者によって，執筆者との間で疑問点の指摘や修正などの査読プロセスを経て，掲載に至っている。すべての論文が査読を

受けたうえで掲載された論文である。

　最後に，本書の出版を快くお引き受け，本書全般はもとより各章について詳細なコメントや指摘を頂くなど，格別のご配慮とお手数を煩わせた五絃舎の長谷雅春社長に対し，執筆者を代表して心よりお礼を申し上げる次第である。

　2017年2月1日

監修者　岩永忠康

目　次

はしがき
序章　小売商業と小売構造 ――― 1
　はじめに ――― 1
　第1節　商業の理論 ――― 2
　第2節　小売商業の理論と戦略 ――― 5
　第3節　アジア・欧米の小売構造 ――― 9

第1部　小売商業の理論と戦略：第1編　小売商業の理論

第1章　小売商業の構造と競争 ――― 25
　第1節　流通と商業 ――― 25
　第2節　卸売商業と小売商業 ――― 28
　第3節　業種店と商業集積 ――― 30
　第4節　小売業態 ――― 33
　第5節　小売市場と小売競争 ――― 36

第2章　小売業態研究 ――― 41
　はじめに ――― 41
　第1節　小売業態論と小売流通革新論 ――― 42
　第2節　格上げと模倣 ――― 46
　第3節　業態とフォーマットの収斂 ――― 52
　第4節　業態の実体と差異 ――― 56
　第5節　小売業態研究の課題 ――― 60

第3章　小売国際化の論点と検討課題 ─────────67
　はじめに ──────────────────────────67
　第1節　小売国際化の概念と理論 ──────────────68
　第2節　小売国際化をめぐる論点 ──────────────70
　第3節　小売国際化の今後の検討課題 ────────────77
　第4節　今後の展望 ──────────────────────80

第1部　小売商業の理論と戦略：第2編　小売商業の革新・戦略

第4章　小売マーケティング戦略 ─────────────87
　はじめに ──────────────────────────87
　第1節　差異の考え方 ─────────────────────87
　第2節　マーケティング戦略とマーケティング・マネジメントの考え方 ──91
　第3節　小売マーケティング戦略のフレームワーク ─────94
　第4節　小売マーケティング・ミックス ───────────100
　第5節　今後の展望 ─────────────────────104

第5章　大規模小売業におけるプライベート・ブランド戦略 ──107
　はじめに ─────────────────────────107
　第1節　PBの概念と発展段階 ────────────────108
　第2節　日本における大規模小売企業のPB戦略 ────────112
　第3節　今後の課題とPBの展望 ───────────────115

第6章　小売の情報・物流革新 ─────────────119
　はじめに ─────────────────────────119
　第1節　小売業と取引情報 ────────────────119
　第2節　小売業の電子発注システム ─────────────121
　第3節　SCMとEDIの標準化 ────────────────122
　第4節　流通BMSとインターネット ─────────────124
　第5節　小売業とRFID・AI活用 ──────────────128

第6節　小売業と物流 EDI ―――――――――――――――― *131*

　　　　第2部　アジア・欧米の小売商業：第3編　アジアの小売商業

第7章　日本の小売商業 ―――――――――――――――― *137*
　　はじめに ――――――――――――――――――――――― *137*
　　第1節　社会経済における流通・商業の現状 ――――――――― *138*
　　第2節　小売商業の構造と推移 ――――――――――――――― *141*
　　第3節　小売商業の近代化と業態構造 ―――――――――――― *146*
　　第4節　小売業のグローバリゼーションの状況 ――――――――*151*

第8章　中国の小売商業 ―――――――――――――――― *157*
　　はじめに ――――――――――――――――――――――― *157*
　　第1節　中国小売業の発展概況 ――――――――――――――― *157*
　　第2節　中国における主な小売業態の発展現状 ――――――――*160*
　　第3節　小売商業の近代化と業態構造 ―――――――――――― *165*
　　第4節　小売業のグローバリゼーションの状況 ―――――――― *171*
　　第5節　中国小売商業の展望 ―――――――――――――――*173*

第9章　韓国の小売商業 ―――――――――――――――― *177*
　　はじめに ――――――――――――――――――――――― *177*
　　第1節　韓国の社会経済と流通・商業の位置と現状 ――――――*178*
　　第2節　小売商業の構造と推移 ――――――――――――――― *180*
　　第3節　大型店への営業規制と消費者 ―――――――――――― *185*
　　第4節　韓国の小売業のグローバリゼーションの状況 ――――― *187*
　　第5節　今後の課題と日本への示唆 ――――――――――――― *190*

第10章　フィリピンの小売商業 ―――――――――――――― *193*
　　はじめに ――――――――――――――――――――――― *193*
　　第1節　フィリピンの社会経済 ――――――――――――――― *193*

第2節　小売業の構造と推移————————————————195
第3節　小売業の近代化と業態構造————————————198
第4節　小売業のグローバリゼーション——————————201
第5節　フィリピンの小売商業の課題と展望————————204

第2部　アジア・欧米の小売商業：第4編　欧米の小売商業

第11章　アメリカの小売商業————————————209
はじめに————————————————————————209
第1節　世界の小売売上高ランキングとアメリカ小売業————209
第2節　アメリカ小売業の構造と推移————————————211
第3節　eコマース事業の成長——————————————213
第4節　アメリカ小売業におけるイノベーション——————215
第5節　小売イノベーションと今後の展望——————————219

第12章　カナダの小売商業——————————————221
はじめに————————————————————————221
第1節　カナダの特性——————————————————222
第2節　カナダの消費者の動向——————————————226
第3節　カナダの小売商業のマクロ的な現状—————————227
第4節　カナダの小売商業の動向——————————————228
第5節　カナダの小売商業の現代的特徴———————————234

第13章　イギリスの小売商業—————————————237
はじめに————————————————————————237
第1節　テスコの沿革と国際戦略の特性———————————238
第2節　テスコの日本市場からの撤退経験——————————245
第3節　テスコの経験にみる小売国際化の課題————————251

第14章　フランスの小売商業 ——————————— 257

　はじめに ————————————————————————— 257
　第1節　フランス経済・社会の現況 ———————————————— 257
　第2節　フランス小売業の現況 —————————————————— 260
　第3節　地方小売業の現況―ル・アーブル市を中心に― ——————— 265
　第4節　フランス小売商業の課題と展望 —————————————— 267

索　　引 ———————————————————————————— 271

序章
小売商業と小売構造

岩永 忠康

はじめに

　小売商業（以下，小売業）は，商品流通の末端部分に位置し，消費者を対象に商品の売買活動を行っている。そのために，小売業は，消費者行動に規定され地理的・空間的範囲が極めて狭い領域に制約されており，その意味で，地域に密着した地域産業・立地産業ないしドメスティック産業，さらに消費者の生活や文化に関わる生活文化産業として特徴づけられる。

　このような地域・立地産業ないしドメスティック産業として特徴づけられている小売業において，社会経済の発展に伴う小売経営技術の革新や小売経営組織の改革やそれを支える情報・物流技術の発達によって，大規模化・組織化・チェーン化した近代的小売企業が出現し発展してきている。さらに，一部の小売企業は，経済の国際化やグローバル化の進展に伴うグローバル競争のもとで，商品輸入・開発輸入をはじめ積極的に海外に出店するなど国際規模での売買活動を展開している。

　小売業をミクロ的視点からみると，個々の小売業を小売業種店や小売業態店として把握することができる。これら個々の小売店としての小売業種店や小売業態店を全体的にみたマクロ的視点を小売構造（小売業の階層的構造が小売ヒエラルヒーとしての小売ピラミッド）として把握することができる。小売構造は，小規模・分散性・生業性を特徴とする中小零細小売店・伝統的市場等から構成される伝統的小売セクター，他方では大規模・多店舗・企業性を特徴とする百

貨店・スーパーマーケット・コンビニエンスストア・総合スーパー等から構成される近代的小売セクター，さらにインフォーマル小売セクターとして非公式の露天商・簡易店舗・行商・屋台等によって形成されている。

　小売構造は，各国・地域の経済発展の度合いによって伝統的小売セクターと近代的小売セクターのウエイトに差異がみられる。売上高でみるかぎり，小売構造は，経済発展の進展に伴い伝統的小売セクターから近代的小売セクターへのウエイトが高まり，いわゆる小売の近代化への傾向がうかがえる。

　本章は，本書の導入部分である。そのために，第1節で商業の理論について考察する。第2節で本書の第1部（第1・2編）に関わる小売商業の理論・戦略について考察する。第3節で本書の第2部（第3・4編）に関わるアジア・欧米の小売構造の特徴について考察する。

第1節　商業の理論

1. 商業の理論

（1）商業の役割

　商業は，多数の生産者から多くの同種・異種商品を購入することによって，商業のもとには多種多様な商品が社会的品揃え物（アソートメント）としてまるで市（イチ）のように集積される。この商業のもとに集積された社会的品揃え物は，生産者の販売と消費者の購買が社会的に集中することを意味している。これは売買集中（森下 1966, 131 頁）と呼ばれている。

　この売買集中は，取引数削減の原理，集中貯蔵の原理（不確実性プールの原理），情報縮約・整理の原理等によって，生産者と消費者との直接流通と比べて，生産者や消費者の制約を解放し，取引費用の節減効果や市場創造の効果をもたらすのである（森下 1966, 141～142 頁）（田村 2001, 68～70 頁）。

　このように商業は，生産者と消費者との間に介在し，商品を生産者から購入し消費者へ販売する再販売購入活動を通して，取引費用（探索・交渉費用等）の節約や市場創造の効果を発揮するなど商品流通を専門的・効率的に遂行する

ことによって，存立・介在しているのである。

(2) 商業の分化

現実の商業は，空間的・地理的に実在する個々の商業として存在し，段階的・部門別等に分化しながら，総体（全体）としての商業組織を形成している。したがって，現実の商業は，多数の商業が多数の生産者と多数の消費者との間に介在して「限定された社会性」のもとで効率的な商品流通を遂行しているのである（西島 2011, 13～14頁）。

商業の分化には，第1に段階別分化がある。これは，卸売商業（卸売業）と小売商業（小売業）への分化，さらに卸売業内部における蒐集卸売業，中継卸売業，分散卸売業に分化していくのである。この段階別分化は，生産者と消費者の要請に対応する商業の分化といえる。商業は，売買集中の利益の現実的作用として大規模化を必然的に要求とする。商業の大規模化は，生産者に対する取引時間と取引費用を節減させるだけでなく，商業自身に対しても規模の利益による費用節減効果をもたらすのである。

他方，商業は，消費者に販売するかぎり消費者固有の小規模性・分散性・個別性を反映した小規模分散性の要求にも対応しなければならない。この商業内部の矛盾の解決策として，生産者と小売業との間に新たな卸売業が介入する。この商業の分化は，卸売業が大規模化の要求を実現し，小売業が小規模分散性の要求を実現する（西島 2011, 20～25頁）（岩永 2014, 39～42頁）ことによって，商品流通を専門的・効率的に遂行することができるのである。

次に，部門別分化がある。これは，卸売業内部および小売業内部における専門化による分化である。この部門別分化は，商品売買のための技術的操作の差異による分化である（森下 1966, 149～150頁）。この技術的操作による分化には，似通った商品を集めて取り扱う商品別分化としての業種分化がある。また部門別分化の一環として，消費者のニーズに対応するために小売ミックスに基づいた経営・販売形態別分化としての業態分化もある。

したがって，商業の部門別分化は，商品種類別・需要目的別（森下 1966, 148頁）に基づく取扱商品別の分化としての業種分化ならびに消費者需要に対応する経

営・販売形態別分化としての業態分化があげられる。例えば，小売業における取扱商品別分化として魚屋・八百屋・呉服屋・時計屋などの業種店による分化があげられる。次に，経営・販売形態別分化として百貨店・コンビニエンスストアなどの業態店による分化があげられる[1]（この点について，第1章「小売商業の構造と競争」および第2章「小売業態研究」を参照）。

(3) 商業の革新

現代の商業は，市場競争を通して絶え間ない商業の革新を伴って発展している。商業の革新には，第1に商業経営の革新と経営組織の革新がある。このうち，この商業経営の革新には，顧客のニーズに対応する売買操作の革新があり，それには，売買操作による品揃え・サービス等のソフト側面に関わる革新，それを支える店舗やレイアウト等のハード側面に関わる革新があげられる。

次に，商業の革新として経営組織の革新がある。これには，規模の利益による効率化を志向する大規模化ないし多店舗化（チェーン化）による経営組織の革新があり，さらに取引相手とのコラボレーションによる結合の利益を志向するシステム化（製販統合や商業系列化）による経営組織の革新があげられる。

第2に商業経営を支えるインフラ技術の革新として情報・物流技術の革新がある。現代の高度情報化社会の進展に伴って，商業においても情報システム化・ネットワーク化が急速に進展し，同時に情報技術に伴う物流技術の革新が商業の競争ないし存立に大きく関わっている。

情報革新には，コンピュータの発達に基づく情報機器・情報媒体の発達による情報技術の革新ならびにそれによる業務・社会システムの革新などがあげられる。それによって市場の不確実な取引のもとに従来の商品在庫による調整から情報技術を駆使した顧客管理に基づく実需把握による商品管理・店舗管理によって企業・店舗の安定的・効率的な運営を行うことができる。それと同時に情報革新に基づいた物流技術の革新によって顧客ニーズに対応した商品の保管・配送等を効率的・安定的に遂行することを可能にしたのである。

(4) 商業の国際化

商業の国際化は，商品取引の国際化の一端であり，経済の国際化・グローバ

ル化によるグローバル競争のもとに，商品輸入や開発輸入をはじめ積極的に海外に出店するなど国際規模での売買活動を展開している。

このうち，小売企業の国際化は，小売企業の事業活動が国境を越えて展開されることであり，それには小売企業の国境を越えた商品の調達・供給や小売経営ノウハウの国際移転などが含まれる。とりわけ，小売企業の国際化の顕著なものが海外出店による店舗経営を通した小売事業の展開である。小売企業が国境を越えて小売店舗を構えて小売事業を展開するためには，進出先における現地市場に受け入れられ，かつ厳しい市場競争に適応するだけの小売経営技術をベースとした競争優位性を有していなければならない（岩永 2014, 47 頁）（この点について，第3章「小売国際化の論点と検討課題」を参照）。

第2節　小売商業の理論と戦略

1．小売商業の理論

(1) 小売業の概念

小売業は，商品流通機構の末端部分に位置し，直接に消費者に商品を販売している。消費者の単位は世帯であり，全国に散在し，かつ商品に対する嗜好は個人によって千差万別であり，しかも消費者の個別性を反映して商品の使用価値からの制約を受けざるをえない（森下 1966, 145 頁）。

そのために，小売業は，消費者固有の小規模性・分散性・個別性に規定され，空間的・地域的範囲がきわめて狭い領域に制約されていた。そして，小売業と消費者の出会いの場は，消費者の日常的な行動可能な範囲にほぼ一致する小売商圏として捉えられ，空間的に限定された小売市場として認識されている。その意味で，小売業は地域に密着した地域産業ないし立地産業，また消費者の日常の生活や文化的な生活を支援することから生活文化産業としても特徴づけられている（鳥羽 2013, 63 頁）。

また，小売業は，一定の地域において日常の社会生活をしている消費者を対象としているかぎり，消費者に関わる経済的要因ばかりでなく政治・法律・技

術・文化などの社会的要因や地理・気候などの自然的要因などのさまざまな環境条件に影響を受けながら存在している。そのために各国の小売業は，それぞれ国固有の社会経済的・自然環境条件のもとに，それぞれ固有の小売構造を形成しているのである。

(2) 小売業の役割

　現代の経済は，市場経済に基づく社会的・技術的分業のもとに商品の生産・流通・消費が行われている。そのために，生産者は自ら生産した商品を販売するためには多くの消費者を探しださなければならないし，消費者もまた自らの生活を維持すべき商品を購入するためには多くの生産者・卸売業者（以下，生産者等）を探しださなければならなく，必然的に探索時間と探索費用はきわめて大きくなる。そこで，小売業は，生産者の販売と消費者の購買に代わって，商品売買による販売時間・費用を節約しながら商品流通を効果的・効率的に遂行するものとして介在し存立しているのである。

　小売業には，生産者が生産した多種多様な商品ないし生産者から集められた卸売業者の商品が社会的商品として品揃えされている。小売業による社会的品揃え物は，多くの消費者を引き寄せることになるが，そのことがまた多くの生産者等を引き寄せるように作用する。その結果，生産者等および消費者の双方にとって，商品の探索時間と探索費用を大きく軽減させるのである。

　このように小売業の役割は，生産者等と消費者の間に介在し流通経路の末端段階を受けもつことによって，生産者等に対する「販売代理機能」，消費者に対する「購買代理機能」，両者に対する「情報提供機能」を担っているのである（鳥羽 2013, 64頁）。

　小売業の「販売代理機能」とは，生産者が生産に専念することで商品の生産効率を高めるように生産者等に代わって販売活動を代理する機能である。この生産者等に対する販売代理機能は2つのタイプがみられる。ひとつには，多種多様な商品を生産する多数の生産者の共同代理人としての共同販売代理機能があげられる。もうひとつには，寡占的・大規模生産者が生産した大量商品の個別的販売代理機能として，換言すればマーケティングのチャネル戦略として系列化された小

売業がメーカー専属の個別代理人としての販売代理機能があげられる。

小売業の「購買代理機能」とは，消費者が必要な商品を探索するための時間と費用を節約するように商品を取り揃えることによって消費者の購買を支援する機能である。つまり，小売業は，消費者ニーズを把握し購買代理者として，消費者に適正な品揃え（マーチャンダイジング）によって，消費者へのコンサルティングやサービスを提供する機能である。

小売業の「情報提供機能」とは，生産者と消費者との情報を調整して生産者の販売活動と消費者の購買活動が順調に行われるように調整する機能である。したがって，川上に向けての情報提供機能は，小売業が生産者等に代わって消費者に商品や企業についての情報を伝達することで購買に導く役割を担っている。他方，川下に向けての情報提供機能は，消費者に生産者が生産した多種多様な商品についての情報を提供することによって，消費者が購買に際して適切な意思決定ができるように支援する役割を担っている（鳥羽2013，65～66頁）。

2. 小売商業の戦略
(1) 小売マーケティング

小売業は，本来地域に密着した地域産業・立地産業ないしドメスティック産業として，狭い範囲の消費者を対象に個人・家族経営の生業を目的とした場当たり的な小売活動を行っている。これに対して，近代的小売業は，企業の利潤追求を目的として，広範な消費者を支持・獲得すべき組織的・計画的・戦略的な小売活動を行っている。そのために，近代的小売業としての小売業態は，消費者ニーズに対応して計画的・組織的な小売マーケティング戦略を実践しながら小売活動を行っているのである（この点について，第4章「小売マーケティング戦略」を参照）。

この小売業態の最初の形態として百貨店があげられる。百貨店は，人口の集積と道路・交通システムの発達に基づき都心部に立地し，買回品をメインとした多種多様な商品品揃えによるワン・ストップ・ショッピングの便宜性を通して消費者のニーズに対応し，かつ部門別管理のもとに固定価格（定価）を設定

して消費者を取り込む近代的な小売業態である。その後、スーパーマーケット，コンビニエンスストア，通信販売等の多くの小売業態が出現し発展している。

(2) 小売ブランド

これら近代的な小売業態の多くは，広範な消費者の愛顧を獲得するために小売マーケティング戦略の一環としての小売ブランド（プライベート・ブランド：PB）を設定し展開している。小売ブランドは，小売業のイニシャチブの基に付与されたブランドであり，生産者を管理ないし生産者と協力しながら商品の販売や生産に強く関与してくる。欧米小売業界は，売上高でみるかぎり少数の大手小売業の割合が高く寡占的状況になっており，そのために小売ブランドの商品全体に占める割合も高く，小売ブランド戦略が小売販売にとって大きな役割を担っている（この点について，第5章「大規模小売業におけるプライベート・ブランド戦略」を参照）。

(3) 小売の情報・物流革新

小売業における情報技術の革新は，市場の不確実な取引のもとで情報技術を駆使した顧客管理に基づく実需把握による商品管理によって安定的な企業経営や店舗経営を遂行することができる。それと同時に情報革新に基づいた物流技術の革新が顧客ニーズに対応した商品の保管・配送等を効率的かつ安定的に遂行することを可能にしたのである。

特にPOS（Point of Sale：販売時点情報管理）システムの導入・普及は，小売業務である仕入・販売・在庫・会計等の業務を一元化のもとに節約し，それとともに消費者ないし顧客の管理においても重要な役割を果たしている。例えば，コンビニエンスストアによるPOSシステムによる商品管理やそれを支える多頻度小口配送などの物流管理によって効率的な商品売買を可能にしているのである（岩永2014, 46～47頁）（この点について，第6章「小売の情報・物流革新」を参照）。

第3節　アジア・欧米の小売構造

1．小売構造

小売構造[2]は，種々の属性を備えた多様な小売企業ないし小売店舗（事業所）を構成単位として構成され，かつそれらの相互関連の一定のパターンである（白石 1986，66頁）。したがって，小売業を小売企業ないし小売店舗自体としてミクロ視点から捉えるのに対し，小売構造は個々の小売業（小売店舗）を総体・全体的なマクロ視点から捉えるものである。

この小売構造の特徴を表示する指標としては，店舗（事業所）数，売上高，従業者数（人的効率），売場面積（物的効率）などから捉えることができる。ここでは小売構造を店舗（事業所）数，売上高からみていくことにする。

（1）小売構造の構成セクター

個々の小売業ないし小売店舗を全体的に捉えた小売構造ないしそれを階層的に捉えた小売ピラミッド（図表序-1）にみられるように，小売構造は，フォーマル・セクターとしての近代的小売セクター（百貨店，スーパーマーケット，コンビニエンスストア，ショッピングセンター等）と伝統的小売セクター（伝統的市場，中小零細小売店，屋台等）から構成されている。さらにインフォーマル小売セク

図表序-1　小売構造（小売ピラミッド）

出所：著者（岩永）作成。

ターとして非公式の露天商,簡易店舗,行商,屋台等も存在している。そこで,小売構造を構成する3つの小売セクターの特徴をあげておこう。

1）近代的小売セクター

近代的小売セクターは,資本主義的な事業体として企業化した小売業で構成され,小売管理ないし小売マーケティング戦略のもとに計画的・組織的に運営されている小売業として把握されている（齋藤 2006, 66 頁）。その具体的なものとして百貨店,スーパーマーケット,総合スーパーないしハイパーマーケット,コンビニエンスストア,さらに小売集積としてのショッピングセンターなどがあげられる。近代的小売セクターの特徴としては,①対象市場は広範な小売市場を対象としている。②小売市場における広域的な競争が展開されている。③品揃えは幅広い品揃えないし専門化・深化した品揃えが行われている。④価格は交渉による価格決定に代わって,一律的な固定価格が基本になっている。⑤与信としては割賦販売やクレジットカードなどの制度的なものになっている。

2）伝統的小売セクター

伝統的小売セクターは,小規模で独立した中小零細小売店で構成され,その小売店主は,普通,彼らの顧客を知っている。そこでは,日常の買い物としての経済活動ばかりでなく,社会的かつ文化的な情報の交換も行われている。

伝統的小売セクターの多くは,ほとんどが家族経営の小規模零細商店で生業として営まれ,その意思決定は個々の商店主によって行われている。したがって,伝統的小売セクターの特徴としては,①分断された市場として,消費者が徒歩等で日常の買い物する狭い範囲の市場（小売商圏）となっている。②長いチャネルとして,小規模零細商店は一度に仕入れる量が少なく,そのために卸売業（生鮮食料品などは数段階の卸売業）が存在し長いチャネルになっている。③局所的な競争として,分断された市場（狭い小売商圏）あるいはニッチ市場として地理的に狭い範囲において競争が行われている。⑤交渉次第で変わる価格として,小さな商店では値札を付けていないし,たとえ値札があったとしても交渉次第で決まる。つまり商品の販売価格は店主の意思で決まるのである。

⑥個人的な与信として，しばしば自ら顧客に与信を提供する。この個人的な与信（例えば，掛け売りや置き薬制度―岩永）は，販売を刺激し，顧客との長期的なパートナーシップを形成するために利用されている。顧客は与信を受けることができるという理由で小売業者ないし店舗を選択することもある（若林・崔他訳 2009，105～114頁）（Sternquist 2008, pp.117-123）。

3）インフォーマル小売セクター

インフォーマル・セクターの定義は明確ではないが，一般には，課税が難しく経済統計上把握することができない雑業層などによって成り立つ経済部門を総称するものと考えられる（内藤 2013, 20頁）。したがって，インフォーマル小売セクターは，不定期的な市ならびに家屋の一角や店舗の前ないし路上で営業されている非公式の露天商，簡易店舗，行商，屋台等などがあげられる。

(2) 小売構造の特質

1）小売構造の発展度合い

小売構造（小売ピラミッド）は，国・地域の経済発展段階によって3つの小売セクターのウエイトに差異がみられる。一般に，経済が発展するにしたがって近代的小売セクターの占める割合が高くなっていき，それだけ伝統的小売セクターが低くなり，さらにインフォーマル小売セクターが減少・消滅していくものと考えられる。

この小売構造（小売ピラミッド）を店舗数（事業所）レベルと売上高レベルでみると，初期（経済発展途上段階）には店舗数レベルと売上高レベルとも典型的な小売ピラミッドが形成され，経済発展が進展するに伴って，依然として事業所レベルでは小売ピラミッドが形成されるが，売上高レベルでは逆小売ピラミッド（あるいは逆台形）が形成される傾向がうかがえるという，いわば国・地域の経済発展度合いによって特徴がみられる。この点で，アジアの小売構造と欧米の小売構造に大きな差異がみられる。

2）小売構造の規定要因

小売構造の特徴は経済発展の度合いによって規定される。それを規定する要因としては，産業構造の構成比ならびにそれに基づく企業・生業の割合があげ

られる。一般に，企業は，利潤追求に基づき存続・成長や関係者の利益貢献を目的として組織的・計画的・戦略的な事業運営が主体となっている。これに対して，生業は，個人・家族等の生活と福利厚生を目的として家族経営が主体となっている。

この企業・生業のウエイトを経済発展段階でみると，経済発展の初期は，第一次産業の農業・漁業ないし手工業・商業に代表されるように，個人・家族の生活するための個人・家族経営（自営業）が主要部分を構成している。そのために，小売構造においても個人・家族経営の伝統的小売セクターが主要部分を形成している。その後，経済発展・工業化の進展に伴って，個人・家族経営の生業から組織的・計画的・戦略的経営の企業（会社）へとシフトしていく。それに伴って，小売構造も個人・家族経営の伝統的小売セクターの存在とともに，企業として組織的・計画的・戦略的な事業運営の近代的小売セクターが増加し発展してくる。

次に，所得水準があげられる。所得水準は購買力を示す指標であり，経済発展の進展に伴って所得水準が上昇し，それに伴って購買力も増加していく。一般に，商品の購買は，所得水準の上昇に伴って生活必需品とともに贅沢品・嗜好品へと広がっていく。そのために幅広い品揃えないし専門的な品揃えが行われている近代的小売セクターが増加し発展してくる。

2. アジアの小売構造

アジア諸国は，欧米先進国と比べ第一次産業，第二次産業のウエイトが相対的に高く，それぞれの産業に個人・家族経営の中小零細企業が主要部分を担っている。小売業界においても，個人・家族経営の中小零細小売商で構成されている伝統的小売セクターが主要部分を占めている。

(1) アジア諸国の小売構造の特徴

アジア諸国の小売構造を売上高の指標でみてみよう。この図表序-2で「食品小売店」全体の売上高を近代的小売セクターでみると，近代的小売セクターの比率は，中国（65.0％）が高く，タイ（44.6％），マレーシア（42.6％）も相対的に高く，これに対して，ミャンマー（28.8％），フィリピン（28.5％），イ

ンドネシア（16.2%）が低く，ベトナム（4.3%）が極端に低くなっている。

図表序-2　アジア各国の小売セクターの売上高と構成比（2014年）

（売上高：100万ドル，構成比%）

分類	ミャンマー	ベトナム	フィリピン	インドネシア	タイ	中国	マレーシア
1人当りGDP（ドル），（2013年）	1,113	1,902	2,791	3,510	5,676	6,959	10,457
全体（100万ドル）	10,978	83,069	69,615	150,474	90,028	1,930,764	54,590
食品小売店	7,029	59,653	41,714	99,200	53,888	689,110	18,292
近代的小売セクター	2,023	2,558	11,869	16,060	24,034	447,583	7,785
伝統的小売セクター	5,006	57,095	29,846	83,140	29,855	241,527	10,497
近代的小売セクター比率(%)	28.8%	4.3%	28.5%	16.2%	44.6%	65.0%	42.6%
伝統的小売セクター比率(%)	71.2%	95.7%	71.5%	83.8%	55.4%	35.0%	57.4%
全体（構成比率）	100.0%	100.0%	100.0%	100.0%	100.0%	100.0%	100.0%
店舗型小売	100.0%	99.0%	97.7%	97.8%	95.8%	90.2%	94.6%
食品小売店	64.0%	71.8%	59.9%	65.9%	59.9%	35.7%	33.5%
近代的小売セクター比率(%)	18.4%	3.1%	17.0%	10.7%	26.7%	23.2%	14.3%
伝統的小売セクター比率(%)	45.6%	68.7%	42.9%	55.3%	33.2%	12.5%	19.2%
非食品専門店	27.2%	26.9%	31.5%	29.6%	31.0%	45.5%	52.8%
百貨店等	8.8%	0.3%	6.3%	2.3%	4.9%	9.0%	8.4%
非店舗型小売	0.0%	1.0%	2.3%	2.2%	4.2%	9.8%	5.4%

原典：Euromonitor，IMFより作成。
出所：大和総研（2015），14頁の図表1-3-1を一部修正。(http://www.meti.go.jp/meti_lib/report/2015fy/000994.pdf　2016年月19日アクセス)

次に，「食品小売店」のうちの「店舗型小売」の売上高を伝統的小売セクターでみると，伝統的小売セクターの比率は，ベトナム（68.7%），インドネシア（55.3%）が過半数以上を占めて高く，ミャンマー（45.6%），フィリピン（42.9%）も4割以上を占めて相対的に高く，逆に中国（12.5%），マレーシア（19.2%），タイ（33.2%）が低くなっている。

したがって，食品小売分野を売上高でみると，一人当たりの国民所得（GDP）が高い国ほど近代的小売セクターの比率が高く，逆にそれが低い国ほど伝統的小売セクターの比率が高い傾向にあることがうかがえる（大和総研2015, 14～15頁）。

(2) インドネシアの小売構造

インドネシアの小売構造は，3層の小売セクター（近代的小売セクター・伝統

的小売セクター・インフォーマル小売セクター）によって形成されている。一つは個人・家族経営の零細小売店で構成されている通常「トコ」とか「ワルン」と呼ばれている伝統的小売セクターないしインフォーマル小売セクターがある。

　他方では，近代的小売セクターがある。その中心はスーパーマーケットや百貨店である。近代的小売セクターとしてのスーパーマーケットは，1998年にジャカルタに約200店があり，インドネシア全土では940店が存在していたが，小売売上高に占める割合はわずか3％を占めていたにすぎなかった。ほとんどの売上高は全国に140万店以上あるといわれる伝統的小売セクターとしての零細小売店で占められていたのである（中村2003，21～22頁）。

　インドネシアの首都ジャカルタ市の小売構造（図表序 -3）をみると，まず，近代的小売セクターとしては，富裕層や中間層をターゲットとしたブランド店などの小売店舗が集まったショッピングモールを頂点に，ハイパーマーケット，

図表序 -3　ジャカルタの小売構造

フォーマル・セクター	近代的市場（大資本による経営。価格交渉がなくレジで精算しクレジットカードが使用可能。清潔で安全）	ショッピングモール	専門店の集合体。映画館や飲食施設を兼ね備えている。食品や日常生活用品を供給するスーパーマーケットを併設。
		ハイパーマーケット	スーパーマーケットよりも大きく独立した施設であるケースが多い。ディスカウントがある。
		スーパーマーケット	ショッピングモールの中にある例が多い。ディスカウントがある。
		コンビニエンスストア	近年急増している。
	個人商店/小規模店		生鮮食料品の店は見られない。
	伝統的市場(小商人が集積。商品のほとんどに値札がなく相対の取引で価格が決定。レジはなくクレジットカードも使えない。不衛生な印象)		近代的市場との競争にさらされる中で，建て替えによる近代化をめざしている。
インフォーマル・セクター	路地裏(カンポン)のワルン		民家の一部をあてて開業。
	露天商(カキリマ)		主に路上や伝統的市場の周辺で営業。

出所：内藤耕（2013）「伝統的市場の近代化」倉沢愛子編著『消費するインドネシア』慶應義塾大学出版会, 19頁。

スーパーマーケット，コンビニエンスストアなどが存在している。

　次に，伝統的小売セクターとしては，個人商店・小規模商店，伝統的市場などが存在している。伝統的市場（パサール）は，ジャカルタに限らずインドネシアの至るところに存在して庶民の生活を支えている。テナントとして入っているのは，小商人で，生鮮食料品から雑貨，簡単な衣類などほとんどが日常的な商品が販売されている。パサールは全体に雑然とした雰囲気に包まれ，空調が整備されておらず，構内は熱気と臭気にあふれている。

　さらに，インフォーマル小売セクターとしては，路地裏の民家の軒先で営業する店舗（ワルン）や露天商（カキリマ）が存在している。ワルンは，路地裏の簡易店舗で庶民の生活を支えている。ほとんどが路地に面した部屋を改造したもので，駄菓子や洗剤などの日常生活用品を販売している。ワルンでは，普通，商品を小分けして「ばら売り」で販売して，日銭しかない住民の要求に応じている。露天商（カキリマ）は，パサール以上にインドネシア的あるいはアジア的なものとして存在している。自らの店舗をもつことなく，ほとんど商品だけで開業できる手軽さから，不況時には多くの人々がこのセクターに流れ込んでいる。こうした小売商いは，先進国にはほとんどみられない小売形態として特徴づけられている（内藤2013，19〜21頁）。

（3）タイの小売構造

　タイの小売構造は，バンコクに首都が移ったころから華人支配による小規模な雑貨商で構成されていた。その後，1956年にセントラル百貨店1号店が誕生し，それ以降1980年代まで，少数の近代的小売セクターとしての百貨店と多数の伝統的小売セクターとしての小規模雑貨店等によって構成されていた。1980年代に入り消費ブームを背景にキャッシュ＆キャリー，ハイパーマーケット，コンビニエンスストアなどの新たな小売業態が参入し，近代的小売セクターが注目されるようになってきた（森2011，72〜73頁）。

　特に，1997年から98年の通貨危機・経済危機を契機として，新興小売業態の主な担い手が多国籍小売企業に代わると，店舗網の拡大に拍車がかかり，売上高を急速に増大させていった。これらの新興小売業態は，巨大なバイイン

グパワーと高度なITを駆使して，低価格販売の実現と購買の利便性の向上に貢献した。とりわけ，ハイパーマーケットは，経済危機下で家計節約志向を強める消費者ニーズに合致し，短期間のうちにタイ小売業界の主役に躍り出た。それに伴って地場の零細小売店や中堅百貨店にも大きな打撃を受け，廃業や事業縮小に追い込まれた業者も少なくないといわれている（遠藤 2010, 2～3頁）。

タイの小売市場は，2006年現在で売上高が322.4億米ドルであり，そのうち小規模雑貨商を中心とした伝統的小売セクターの割合が56%（180.9億米ドル）を占め，百貨店やハイパーマーケットなどの近代的小セクターの割合が44%（141.5億米ドル）を占めていた（森 2011, 74～76頁）。

3. 欧米の小売構造

欧州の小売市場は，売上高をみると寡占的構造になっている。イギリス・オランダ・フランス・ドイツにおける小売業の上位5社の売上高が過半数を占め，特にイギリスでは80%を超えた寡占市場になっている。その理由としては，①地理的文化的多様性が少ない。②卸売業の発展度合いが低い。③上位小売業が革新的であるなどの要因があげられる。そのことはまた多数のPB（プライベート・ブランド）商品が登場し，PB商品の割合も高くなってくるのである。

例えば，イギリスのWaitrose（ウェイトローズ）は，PB商品が50%と過半数を占め，同一品目の中でも価格にバリエーションをもたせて幅広くPB商品を展開している。PB商品において価格に幅をもたせることも欧州の小売業の特色である。また，イギリスの最大の食品小売業であるテスコも，PB商品に力を入れており，PB商品を，①低価格の割に質のよい商品，②NB（ナショナル・ブランド）類似品のNBより価格を安く品質を高く訴求している商品，③テスコPBの最高級の商品という3つのカテゴリーに分けて展開している（欧州小売業視察①）。

(1) イギリスの小売構造

イギリスの小売構造を店舗数でみると，1960年に50万店超あった商店数が，1996年には30万店までに減少している。実際の店舗数の減少は，店舗数が

10店未満の独立店および生協の店であって，店舗数が10店以上を有するマルティブルと呼ばれるチェーン店（近代的小売セクター：岩永）の店舗数は増加傾向を示している（番場 2004，3頁）。

イギリスの小売構造は，商店数でみると，1992年現在でイギリスの小売業の多数を占めているのは1店のみ所有する独立店（伝統的小売セクター：岩永）であった。これを売上高でみると，1957年に商店数で8割強を占めている独立店が売上高の6割強を占めていたが，1996年になると商店数で2割強しかないマルティブル（チェーン店）が売上高で7割近くを占めるまでになったのである（番場 2004，4～5頁）。

特に，飲食料品・家庭用雑貨などといったグローサリーの分野においてマルティブル（チェーン店）の市場占有率が急速に拡大していった。1900年には独立店のそれが80％であったのに対して，マルティブルのそれは5％，生協のそれは15％であった。それが1970年になると，独立店・マルティブル・生協のそれぞれの市場占有率は44％・37％・19％となり，1990年には10％・76％・14％となった。そして，2000年にはマルティブルの市場占有率が88％までに達したのに対して，独立店と生協がそれぞれ6％にまでに低下してきたのである（番場 2004，4～5頁）。

したがって，イギリス小売構造の特徴は，店舗数でみるかぎり小規模独立店（伝統的小売セクター）の割合が圧倒的に高く，売上高をみるとマルティブル（近代的小売セクター）がほとんどの割合を占めている寡占状況にあったといえる。

(2) フランスの小売構造

フランスの小売構造の特徴を堀歌子「フランス小売業界の構造に関する一考察」の論文から紹介してみよう。1988年の国立経済統計研究所［INSEE］発行の『フランス統計年鑑・1987』によると，1987年現在，フランスには564,839店の小売店があった。そのうち9,582店は，百貨店，ハイパーマーケット，マガサン・ポピュレール等の大型店舗および通信販売事業所（近代的小売セクター：岩永）であり，余の555,257店が小規模個人商店（伝統的小売セクター：岩永）であった。このうち300,019店は従業員を雇用していない商店

であった。これら小規模小売業について，ある論者によると，「現在約40万の独立小売業者がおり，約160万の従業員を雇用している。これを平均すると1店が4人を雇用している計算になるが，しかし実際には50%以上が従業員なし，40%が雇用人数5人以下，わずかに1%が10人以上の雇用をしているという状況である」。そして，「40万の独立小売業者のうちの5万人は祭りや市に屋台などを出す無店舗小売業者である」との指摘があり，独立小売業者（個人商店），無店舗小売業者等の零細小売業者は今後のその数を減少し続けていくだろうという見解を示している（堀1989，200頁）。

ともあれ，過去半世紀以来，流通近代化が進んできているとはいえ，小売業界の主流を占めているのは小規模個人商店であり，これに百貨店，協同組合が続くのはフランスも他の諸国もあまり違わないと思われる。このような状況を概観すると，現在，フランス小売構造は，多数の零細小売業と少数の大規模小売業との二極に分化されている模様がうかがえる（堀1989，222頁）。

次に，佐々木保幸によると，フランスの小売構造は，1966年から1996年までの過去30年間に個人商店や従業者2人以下の小規模小売業（伝統的小売セクター：岩永）の商店数が生花小売業以外の全ての業種で減少させた。とりわけ，個人商店の一般食料品小売業（減少率86.9%），鮮魚小売業（減少率79.8%），食肉小売業（減少率58.0%）の店舗数の減少が著しい。

また，従業者規模別の商店数の構成比の推移をみると，商店主のみにて運営される店舗の構成比は，1954年に64.4%，1958年に61.2%，1966年に50.0%，1970年に43.2%と減少し，さらに従業者1人を擁する店舗の構成比も1966年の22.7%から1970年の19.0%へと減少しており，小規模零細小売業（伝統的小売セクター：岩永）の店舗数が減少している。それに対して，従業者10人以上の店舗の構成比は，1954年に1.6%，1958年に2.0%，1966年に4.3%，1970年に10.0%と増加してきている。

さらに，売上高でみると，小売業の売上高は緩やかであるが1990年代を通して増加した。そのうち，売上高が二桁増加したものは，ハイパーマーケット（増加率21.6%）やスーパーマーケット（増加率16.3%）などの小売業態であった。

反対に旧来の小売業態である大衆百貨店や独立小零細小売業としての食肉小売業，乳製品・チーズ小売業，内装等品小売業等は大きく売上高を低下させたのである（佐々木2011, 103～104頁）。

したがって，フランスの小売構造は，店舗数でみると，伝統的小売セクターが大幅に減少し，近代的小売セクターが増加し，全体として減少し続けている。これに対して，売上高でみると，小売業全体として増加しており，特に近代的小売セクターの売上高に占める割合が著しく高くなっているという傾向がうかがえる（佐々木2011, 31頁）。

(3) 今後の展望

アジアの小売構造は，インドネシアの小売構造に典型的にみられるように，店舗数でみるかぎり近代的小売セクター，伝統的小売セクター，インフォーマル小売セクターの3つの小売構造になっており，小売ピラミット型の小売構造がうかがえる。図表序-2でみられるように，売上高からみても，伝統的小売セクターの割合が近代的小売セクターよりも高くなっていることから小売ピラミット型の小売構造がうかがえる。

これに対して，欧米の小売構造は，店舗数でみると，近年，店舗数は減少し，その主要部分は個人経営の独立店などの伝統的小売セクターである。逆に，マルティブル（チェーン店）な近代的小売セクターは増加しているが，依然として多数の零細小売店などの伝統的小売セクターと少数の近代的小売セクターによって構成されているという小売ピラミッド型になっている。これを売上高でみると，マルティブル店（チェーン店）ないしスーパーマーケット・ハイパーマーケットなどの近代的小売セクターの割合はかなり高く，いわば寡占状況になっており，逆小売ピラミッド型（ないし逆台形型）の小売構造になっている。この点で，アジアの小売構造と欧米の小売構造に大きな差異がみられる。

近年，経済の国際化・グローバル化の環境のもとに，アジア諸国は経済発展や工業化の進展による所得水準の上昇によって市場が拡大してきている。そのために，アジア市場へ向けて，ウォルマートやカルフールなど欧米の巨大小売企業が参入し増加しており，地場大手小売企業を巻き込んだ市場競争を伴いな

がら近代的小売セクターが増加してきている。同時に，アジアの経済発展ないし工業化の進展により生業から企業への労働力のシフトよって伝統的小売セクターが減少している。そのためにアジアの小売構造も欧米の小売構造に収斂していく傾向がうかがえる。

今後，Eコマース（電子商取引），世界経済の動向，分析指標（従業者数・売場面積）等を取り入れた分析によって，より現実的な小売構造に対する理解が深まるだろう。

【注】
(1) 商品売買のための技術的操作は，商品に関する知識や取り扱い技能，需給情報の収集能力，商品販売のための施設や設備などから構成される。例えば，消費財という同じ範疇に属する商品であっても，最寄品ないし買回品を売買するための技術的操作，さらに最寄品のうち食料品と医薬品とでは異なった販売技術が要求される。このように，商品を売買するために必要とされる技術的操作は，商品において異なっている。それが必然的に，商業内部における社会的分業を推し進める原動力として作用するのである（西島 2011, 31 頁）。

また，石原武政によると，業種と業態の差異について，業種は伝統的な小売業の現実的態様を記述する重要な概念であった。小売業は膨大な商品の中から何を取り扱い，何を取り扱わないか決定する。その場合，小売業の決定は，取り扱い商品の集合の安定したパターンは業種と呼ばれている。業種は小売商が何を取り扱うかという側面から分類するのに対して，業態がそれをいかに取り扱うかという側面からの分類である。実際，業態を流通サービス水準ないし小売ミックスとの関連で捉えるのは，むしろ通説的であったと述べている（石原 2000, 183 〜 184 頁）。

(2) 小売構造を小売企業（小売店舗）の集合の一定のパターンと規定すると，小売構造は，関連構造，空間構造，経営構造という 3 つの視点から捉えられ，さらに経営構造は，①規模構造，②業種構造，③経営形態である形態構造という 3 つのレベルから捉えられる（白石 1986, 72 頁）。このうち，②業種構造は，小売企業ないし小売店舗を取り扱い商品の視点から捉えたものである。小売業の取り扱い商品をその類似性でみたとき把握される種類を小売業種という。小売業種は，小売業を「なにを売るのか（What to Sell）」という視点から分類する基準である。この分類は，取り扱い商品の類似性，用途の類似性，あるいは生産過程の類似性などに基づいている。つまり，商品の取り扱いに必要な知識や技術は専門性を有することから小売業の品揃え活動を基準として分化していく。この分化は，「生産者が自らその生産物を販売していた限り販売が生産物によって分化していた」（森下 1966, 146 頁）との指摘があるように，小売業の役割である生産者に対する「販売代理機能」として役割の側面が強くあらわれているといえよう。

さらに，③形態構造は，小売企業ないし小売店舗を営業形態・経営形態・企業形態の視点から捉えたものである。特に営業形態としての小売店舗別に捉えた形態は，小売業の小売ミックスを中心とした経営戦略を総合したものであり，小売業態として把

握できる（尾碕 2012, 45 頁）。
　小売業態とは，営業形態の略であり，小売業種と対応して用いられる概念である。一般に，それは小売業を「いかに売るのか（How to Sell）」という経営・販売の視点から分類する基準である。この分類は，立地・販売促進・価格帯・品揃え・レイアウト・サービスなどの小売業の基本的要素を組み合わせた小売ミックスや消費者の買い方に最も対応できるように構成された定型的な営業形態に基づいている（笹川 2006, 75 頁）。したがって，小売業の小売ミックスや消費者の買い方を基準として分類されている。この分化は，小売業の役割である消費者に対する「購買代理機能」[3]として役割が強くあらわれているといえよう（岩永 2014, 61 頁）。
　例えば，食料品や飲料品といった取り扱い商品についても，食品スーパーとコンビニエンスストアでは，類似の商品を販売しているが，明らかに消費者に訴求する営業や販売方法が異なっている。前者では「豊富な品揃え」「商品の新鮮さ」「低価格」といった品揃えの豊富さや品質・価格面を消費者に訴求するのに対して，後者では「便利な品揃え」「便利な営業時間（長時間営業）」「便利な立地条件への出店」といったサービス面を消費者に訴求している点に差異がみられる（鳥羽 2013, 67 頁）。
(3) この点で大野哲明は，「小売業の業務内容は，メーカーの販売代理業務から消費者の意志や行動を反映した購買代理業務としての性格をより強化したものへと歴史的に変貌をとげつつある」と指摘している（大野 2012, 133 ～ 142 頁）。

【参考文献・資料】

Brenda Sternquist(2008), *International Retailing*, 2nd ed., FAIRCHILD PUBLICATIONS NEW YORK.
石原武政（2000）『商業組織の内部編成』千倉書房。
岩永忠康（2014）『現代の商業論』五絃舎。
遠藤元（2010）『新興国の流通革命―タイのモザイク状消費市場と多様化する流通―』日本評論社。
大野哲明（2012）「転換する流通と小売業態分析」九州産業大学『商経論叢』第５２巻第２号。
尾碕眞（2012）「小売業」尾碕眞・岡本純・脇田弘久編『現代の流通論』ナカニシヤ出版。
齋藤雅道（2006）「小売りの理論」加藤義忠監修・日本流通学会編著『現代流通事典』白桃書房。
笹川洋平（2006）「業種と業態」加藤義忠監修・日本流通学会編著『現代流通事典』白桃書房。
佐々木保幸（2011）『現代フランスの小売商業政策と商業構造』同文舘出版。
白石善章(1986)「商業構造」合力栄・白石善章編『現代商業論―流通変革の理論と政策―』新評論。
大和総研（2015）『平成 26 年度　商取引適正化・製品安全に係る事業（アジア小売市場の実態調査）』(http://www.meti.go.jp/meti_lib/report/2015fy/000994.pdf 2016.9.19 アクセス)。
田村正紀（2001）『流通原理』千倉書房。
鳥羽達郎（2013）「小売商業」岩永忠康監修 / 西島博樹・片山富弘・岩永忠康編著『現代流通の基礎理論』五絃舎。
内藤耕（2013）「伝統的市場の近代化」倉沢愛子編著『消費するインドネシア』慶應義

塾出版会。
中村久人（2003）「ニュー・アジアにおけるグローバル小売競争」（その2）東洋大学『経営論集』第59号（2003年3月）。
　（http://www.toyo.ac.jp/uploaded/attachment/2817.pdf　2016.10.12アクセス）。
西島博樹（2011）『現代流通の構造と競争』同友館。
番場博之（2004）「イギリスにおける小売業の上位集中化傾向の進展」
　（cuc.repo.nii.ac.jp/index.php...　2017,1,1アクセス）。
堀歌子（1989）「フランス小売業界の構造に関する一考察」
（http://www.wakhok.repo.nii.ac.jp/?action...id...2017,1,1アクセス）。
森下二次也（1966）『現代商業経済論』有斐閣。
森隆行（2011）「欧州企業のタイ流通・小売市場参入とロジスティクスの発展に関する研究」『流通科学大学―流通・経営編』第24巻第1号。
　（http://www.umds.ac.jp/kiyou/r/R24-1/069-091.pdf　2016.10.12アクセス）。
若林靖永・崔容熏他訳（2009）『変わる世界の小売業』新評論。
欧州小売業視察①（http://www.cyberlinks-arms.com/report/20150331/　2017.1.29アクセス）。

第 1 部　小売商業の理論と戦略

第 1 編　小売商業の理論

第1章
小売商業の構造と競争

西島 博樹

第1節 流通と商業

1. 商業とは何か

　わたしたちは，日常的な欲望を全面的に交換（取引）によって充足しなければならない社会，いわゆる高度に発展した分業社会で生活している。分業社会の特徴は，生産と消費との間に多様な懸隔が生じていることにある。その主たる懸隔として，場所的懸隔，時間的懸隔，人的懸隔がある。

　場所的懸隔は，ある財の生産場所と消費場所が空間的に離れていることである。例えば，ジャガイモの生産地は北海道であるが，その消費地は九州であるということである。この懸隔は，生産場所から消費場所へ財それ自体を移転すること，すなわち輸送活動によって架橋される。時間的懸隔は，ある財の生産時期と消費時期が異なっていることである。例えば，コメは秋に収穫されるが，その消費時期は年中である。この懸隔は，生産時期から消費時期まで財それ自体を移転すること，すなわち保管活動によって架橋される。

　輸送活動と保管活動は，財それ自体が（場所的ないし時間的に）移転するという点で共通しているが，この2つの活動に関する流通を物的流通という。物的流通の主たる担い手は，輸送業者および保管業者である。

　人的懸隔は，ある財の生産者と消費者が分離していることである。例えば，トヨタは自動車を生産するが，それを自ら消費することはない。この懸隔は，

生産者から消費者へ財の所有権を移転すること、すなわち売買活動によって架橋される。

売買活動に関する流通を商的流通（または取引流通）という。商的流通の主たる担い手は、商業者である[1]。商業者は、生産者から商品を購入して、形態的には何の変化も加えずに、それを再び消費者へ販売する経済主体である。商業とは、商業者の売買としてあらわれる商品流通の側面である。言い換えれば、商業は、商品流通の全過程のうち、生産者ではなく、消費者でもない、商業者が両者の間に介入してなされる再販売購入の部分である。

生産者と消費者は、自らが流通活動を行うことによって直接結びつくことも可能である。これを直接流通という。しかしながら、現代経済における流通形態の主流は、商業者を媒介として生産者と消費者が間接的に結びつく間接流通である。なぜそうなるのだろうか。

2. 商業存立の根拠

高度な分業社会に暮らす消費者は、他者から商品を購入し続けることで生命を維持し日常生活をおくっている。消費者による商品の購買は、自らの消費を目的としていることから、量的および質的に限定されている。これを消費の使用価値的制約という。消費者は、量的限度を超えて商品を購買しないし、質的に不要な商品は購買しない。例えば、消費者は自らの昼食用にハンバーガーを100個購入することはあり得ないし、そもそもハンバーガーが嫌いならば1個たりとも購入しないだろう。

生産者からみれば、消費の使用価値的制約は、商品販売の困難性として現実化するが、商業者を介在させることでこの困難性を緩和することができる。商業者による商品購買は、他者への再販売を目的としているために使用価値的制約を受けないからである。第1に、商業者は生産者から一度に大量の商品を購買することができる。つまり、量的制約から解放されている。第2に、商業者は、自らの個人的欲求とは一線を画して商品を購買することができる。つまり、質的制約からも解放されている。商業者は、消費者への販売可能性を見いだせ

ば，ハンバーガーの好き嫌いに関係なく（質的制約を受けないで），それを一度に100個購入することも可能である（量的制約を受けない）。

　要するに，生産者から商業者への販売は，生産者から消費者への直接販売よりも，格段に容易になる。その結果，商業者の手元にはまるで市(いち)のような商品集合が形成される。この商品集合は，同種商品の集合として形成される場合もあれば，異種商品の集合として形成される場合もある。商業者の手元に形成されるこれらの商品集合を社会的品揃え物という。

　社会的品揃え物は，取引関係という視点からみれば，生産者の販売と消費者の購買とが商業者のもとへ社会的に集中することを意味している。商業論は，これを売買集中の原理と呼び，きわめて重要な概念として位置づけている。商業者への売買集中は，生産者と消費者に対して取引費用を節減する作用を有しているからである。

　取引費用は，取引相手を探索するための費用である探索費用と取引を実行するための費用である交渉費用から構成される。まず，前者の探索費用の削減効果をみてみよう。

　商業者介在による探索費用の節減で鍵となるのは，売買集中に伴う取引数の減少である。消費者にとって商業者の利用は，生産者集団との出会いを実現する。この出会いは，次の2つの側面を含んでいる。ひとつは，異種商品を生産する生産者集団との出会いであり，消費者は，商業者を利用することで，多種類の商品を同時に購買することができる。いわゆるワンストップショッピングの有利性である。もうひとつは，同種商品を生産する生産者集団との出会いであり，消費者は，商業者の社会的品揃え物を活用することで，同種商品群の品質情報と価格情報を同時に取得できる。

　いずれにしろ，消費者は，商業者と接触するだけで，自らが必要とする商品と巡り会う可能性は格段に高くなる。ここに，商品探索のために必要とする消費者費用が大きく節減される根拠がある。

　また，生産者からみても同様である。商業者の利用は生産者に対して消費者集団との出会いを実現する。生産者は，商業者へ商品を販売することによって，

その商品を必要としている消費者と巡り合う可能性が格段に高まる。消費者を探しまわる煩雑さから解放される。商業者の介在による生産者の探索費用節減根拠はここにある。

次に，商業者介在による交渉費用の節減効果について考えよう。ここで鍵となるのは，売買集中に伴う情報の集中である。

第1に，商業者は，一種のミニチュア市場として機能し，価格交渉を効率化する（田村 2001, 84〜85 頁）。商業者の内部に擬似的なミクロ競争市場が創造され，それが周辺市場における需給を整合させる価格を形成するのである。第2に，商業者は，商品に対する消費者の評判や苦情を中立的な立場で収集することによって，品質交渉を効率化する（田村 2001, 85〜86 頁）。仲介業者としての商業者は，品質保証者として機能するのである。

この2つの作用によって，生産者と消費者との直接交渉と比較して，生産者と商業者および商業者と消費者との交渉はよりスムーズに運ぶようになる。こうして，商業者の介在は交渉費用を節減する。

第2節　卸売商業と小売商業

1. 商業の段階分化

これまでは，生産者と消費者の間にただ1つの商業者（小売商業者）が介在するという前提で議論を進めてきた。しかし，現実は，小売商業者だけでなく，その上流に卸売商業者が存在するだけでなく，さらに，蒐集卸売商業者，中継卸売商業者，分散卸売商業者など，卸売商業内部においてタイプの異なる複数の卸売商業者が存在する。商業論では，こうした商業内部における多様性の問題は，商業分化論として議論してきた。商業分化は，大きく分けて段階分化と部門分化の2つの方向がある。本節では，卸売商業者の介在根拠を説明する段階分化からみていこう。

段階分化を解く鍵は，商業内部における宿命的矛盾である（森下 1967, 91〜99 頁。加藤 1994, 118〜119 頁）。その第1は，商業論の基底原理である売買集

中の原理の現実的作用として，商業者が大規模化を必然的に要求するという方向性である。商業者の大規模化は，特に大規模生産者との取引において取引時間と取引費用を節減させるだけでなく，商業者自身に対しても規模のメリットによる費用節減効果を与える。

その一方で，第2に，商業者は小規模分散性の方向もまた宿命的に背負わなければならないという方向性である。ここでいう商業者とは，消費者と直接向き合う小売商業者であり，彼は，疑いようもない事実として存在する個人的消費の小規模性，分散性，個別性を自らの行動に反映しなければならない。

この2つの方向性は，明らかに商業内部の矛盾である。こうした状況のもとでは，生産者と消費者との間にただ1段階の小売商業者しか存在しないならば，この矛盾は小売商業内部に滞ったまま一向に解消されることはない。小売商業者の抱え込んだ内的矛盾を外的に展開するための解決策として，生産者と小売商業者との間に新たにもう1段階の商業者である卸売商業者が介入する。このとき，卸売商業者は大規模化という必然的要求を体化し，小売商業者は小規模分散性という宿命的要求を実現する。

商業の段階分化は，社会的な商品流通をより効率化する方向に作用する。原理的にいえば，商品流通の効率性を高める限りにおいて，さらに数段階の卸売商業者（蒐集卸売商業者，中継卸売商業者，分散卸売商業者）が介入することもあり得ることになる。

2. 市場の広域化

商業の段階分化によって，最上流の生産者から最下流の消費者へ至るまでに，少なくとも卸売商業者と小売商業者という2段階の商業者を介在させた取引連鎖が形成される。生産者は，この取引連鎖を活用することで，より遠方の消費者と向き合うことが可能になる。つまり，販売市場を広域化することができるのである（石原 2002, 52～53頁）。そのメカニズムを簡潔に述べておこう。

小売商業者は，自らの商圏内に取引相手としての多数の消費者を抱えている。このことは，小売商業者が空間内に散在して存在する多数の消費者を，自らの

もとにいわば一つに束ねているとみることができる。そこで，生産者は，それぞれ別々の空間を商圏とする複数の小売商業者と取引することで，間接的にではあるが，その配下に存在する多数の消費者に向かい合うことができる。さらに，生産者は，その上位に位置する卸売商業者を媒介させることで，より遠方の消費者と向き合うことができるだろう。その原理は，小売商業者を介在させた場合とまったく同じである。すなわち，卸売商業者が広域空間に散在する多数の小売商業者を自らのもとに1つに束ねるという役割を果たしているので，生産者は，商圏を異にする複数の卸売商業者と取引することによって，間接的にではあるが，その配下に存在する多数の小売商業者および消費者と結びつくことができるのである。

卸売商業者の介在による市場の広域化によって，生産者は，より遠方の消費者と取引できる一方で，より遠方の生産者との競争関係に巻き込まれてしまう。生産者間における自由な競争が市場価格を成立させるとすれば，商業の段階的取引を媒介として，競争価格を成立させる空間的影響力は連鎖的に拡大していくのである。

卸売商業者は商品売買を広域的に媒介することによって生産者に広域市場を提供する役割を果たし，小売商業者は限定された空間内で多様な商品を提供することによって消費者の生活を支える役割を果たす。コックスは，都市産業を分析するなかで，2つのタイプの商業者について次のように述べている（Cox 1965, pp.91～92，森下監訳 1971, 102頁）。卸売商業は，外部との交易を通して都市の成長発展を支える「都市を形成する産業（city forming industry）」であり，小売商業は，都市内部の住民に対してさまざまなサービスを提供する「都市に奉仕する産業（city serving industry）」である。

第3節　業種店と商業集積

1. 商業の部門分化

部門分化は，卸売商業内部および小売商業内部における専門化である。部門

分化の根拠は，一言でいえば，商品販売のための技術的操作の相違である（森下 1977, 145〜149 頁）。例えば，消費財という同じ範疇に属する商品であっても，最寄品を販売するための技術と買回品を販売するための技術とでは明らかに異なっている。最寄品だけに絞って考えても，食料品と医薬品とでは異なった販売技術が要求されるであろう。このように，商品を販売するために必要とされる技術的操作は，商品間において異なっている。それが必然的に，商業内部における社会的分業を推し進める原動力として作用するのである。

商品販売のための技術的操作は，商品に関する知識や取り扱い技能，需給情報の収集能力，商品販売のための施設や設備などから構成される。もちろん，厳密にいえば，それらがすべて同じであるという商品など存在しないが，比較的似通った商品群が存在することもまた否定できないだろう。この似通った商品をひとまとめに区分した商品集合は，すなわち業種である。商業者は，同じ業種に属する商品群をまとめて取り扱うことの利益は大きいが，それ以外の商品まで同時に取り扱うことになればかえって不利益をもたらすのである（石原 2000, 118〜119 頁）。

経済発展に伴って生産部門における専門化が進展すると，商品はますます多様化し，商品間における販売技術の差異はますます拡大する。この事実は，商業内部における分業としての部門分化をますます進展させる方向に作用する。しかしながら，この方向が無限に続くわけではない。部門分化は，売買集中の原理に制約されるものであり，あくまでもその原理の作用を否定しない程度においてのみ認められる（森下 1967, 103 頁）。

2. 業種店

商業の部門分化は，消費者の商品探索を効率化する方向に作用する。消費者は，はじめに部門分化した小売店舗を探索し，その後その店舗の商品集合の中から必要とする商品を探し出すのである。これを段階的探索という。小売商業者が自らの得意に応じて商品を細かく分類し，整理しているからこそ，消費者は簡単に目当ての商品を探し出せる（石原 2000, 132〜134 頁）。

既述のように，十分な商品知識をもってある基準にもとづいて分類・整理された商品群（ないし小売組織体）を業種という。そして，それを販売する店舗が業種店である。業種店には，必然的に，取り扱い技能，用途，販売設備，保存方法，生産過程などが類似した商品集合が形成される。例えば，鮮魚店，精肉店，文具店，家具店，靴店，時計店，衣料品店などがこれにあたる。業種店は，「なにを売るのか（what to sell）」という視点から捉えた小売商業者であるといわれる所以はここにある。

消費者がほとんど悩むことなく目当ての商品を探索できるのは，業種店が当該部門の商品群を代表する役割を果たしているからである。消費者は，多様な姿をもって存在する多数の業種店を使い分けることによって，それほど困難を伴うことなく，欲望を充足する商品に巡り合うことができる。業種店ごとに区分けされた限定された商品集合が，消費者の段階的探索を手助けするのである。

3. 商業集積

小売店舗は相互に近接した場所に立地して商業集積を形成する。その根拠は，孤立して立地するよりも，複数の店舗が隣接して立地する方が，来店する消費者数を増加させることができる点にある。これを集積の経済という（田村 2001, 199～200頁）。

例えば，同業種店の集積は，消費者の探索費用を大きく削減するとともに，店舗間の移動費用や買物に要する時間費用も削減する[2]。この消費者費用の削減効果が，多くの消費者を同業種の商業集積に引き付ける。さらに，異業種店の集積もまた，消費者費用を削減する。それは，消費者が多目的買物出向をするケースであり，いわゆるワンストップショッピングの利益である。

集積の経済による顧客の増加は，①近接店舗の吸引顧客からの波及顧客，②複数店舗の近接による相乗効果で吸引した相乗顧客，この2つのタイプの顧客から構成される（田村 2001, 200頁）。つまり，個々の店舗からみれば，同業種であれ異業種であれ，商業集積を形成することによって競合店舗は増加するが，その損失を補って余るだけの利益を得ることができるのである。

さて，ここまでは，自然発生的に形成された商業集積，すなわち業種店の集合としての商店街を主たる考察の対象としてきた。しかし，そのもうひとつのタイプとして，人為的・計画的に形成される商業集積が存在する。その代表がショッピングセンターである。ショッピングセンターは，デベロッパー（開発業者）が全体計画を立案する。一般的には，広大な駐車場を備え，百貨店や総合量販店を核店舗として，それを取り囲むように飲食店，レジャー施設，専門店などが配置される。ショッピングセンターの主役は，業種店ではなく，百貨店，総合量販店，専門量販店などの小売業態である。そこで，節を変えて，近代的小売商業者としての小売業態について考察しよう。

第4節　小売業態

1.　小売業態の誕生

　小売業態は，業種店のように「なにを売るのか（what to sell）」という視点ではなく，「いかに売るのか（how to sell）」という視点で分類したものであるといわれている。例えば，百貨店，スーパーマーケット，コンビニエンスストアでは，いずれの店舗においても食料品という同種商品を販売しているが，明らかに売り方（how to sell）はまったく異なっている。こうした相違点に着目して，ある程度似通ったタイプをグループ化したものが小売業態である。

　石原によれば，まったく新しいコンセプトのもとに新しい技術に支えられた小売業が誕生するが，この新しいコンセプトと技術の総体が小売業態であり，それを具体的な小売業として体現するのが小売業態店である（石原 2000, 190頁）。

　新しい技術に支えられた小売業態店の代表例として，食品スーパーとコンビニエンスストアがあげられる。食品スーパーにおけるさまざまな技術革新は，生鮮食料品の中に存在した技術の壁を取り払い，野菜，果物，鮮魚，肉などを同列に取り扱うことを可能とした。また，コンビニエンスストアでは，徹底した単品管理，多頻度小口配送システムなどの新技術が，食料品，雑貨，トイレ

タリー，雑誌など，多くの業種にまたがる商品群を効率的に管理することを可能とした（石原 2000, 191～192頁）。それでは，以下で，代表的な小売業態の革新性を具体的にみていくことにしよう。

2. 小売業態の革新性

(1) 百貨店

19世紀中葉にフランスのパリで誕生した百貨店は，瞬く間に欧米各国に波及していったが，その大規模かつ豪華な店舗は近代大都市のシンボルとしての役割を担ってきた。

百貨店の第1の革新性は，部門ごとに商品を仕入れて販売する部門別組織にある。この革新によって，巨大な店舗の中に買回品を中心とした多様な商品を一堂に取り揃えて，消費者にワンストップショッピングと比較購買の便宜性を提供することを可能にした。わが国では百貨店をデパートと称しているが，いうまでもなくこれは「デパートメントストア（Department Store）」，すなわち「部門別店舗」に由来した呼称である。その意味では，部門別組織という革新は，百貨店におけるまさに核心部分である。

第2の革新性は，販売方法にある。すなわち，店頭での価格交渉を廃止して，現金取引，返品自由，品質保証という条件で商品を販売するという手法である。座売りによる店頭での価格交渉と信用取引（掛け売り）が一般的であった19世紀当時の小売店舗に比べて，この方法は低マージン・高回転（すなわち，低価格販売）という恩恵をもたらした。百貨店による低価格販売は，富裕層だけでなく大衆層までを顧客層に取り込むことで，買い物の楽しさを広く一般に浸透させる役割を果たすことになった。

(2) チェーンストア

チェーンストアは，単一の企業が多数の店舗を所有し，それらを本部組織が統一的に計画・管理する小売業態である。この業態の最大の特徴は，小売業に不可避な小規模分散性の制約を多店舗化により克服した点にある。

チェーンストアの革新性は，仕入れと販売の分離にある。すなわち，チェー

ン本部が一括して仕入れや販促活動などを担当する一方で，配下にある多数の店舗が分散した需要（消費者）に対応する。これにより，商圏という制約された領域を打ち破って，単一企業として大量販売力（規模の利益）を実現し，仕入れにおけるメーカーに対する交渉力を高めていった。そして，低価格販売を達成した多くのチェーンストアは，さらなる革新を目指して，スーパーマーケット化していくのである。

(3) スーパーマーケット

スーパーマーケットは，20世紀初頭にアメリカのニューヨークで誕生したといわれている。スーパーマーケットの最大の特徴は，食料品の低価格販売にあるが，その成長の背景には，世界恐慌（1929年）によって購買力が大きく減退した消費者の熱烈な支持があった。

スーパーマーケットの第1の革新性は，セルフサービスの本格的な導入である。いうまでもなく，これは，店舗内に並べられた商品群の中から消費者が好みの商品を自ら選んで，レジで一括して支払いをする方式である。この方式は，対面販売に比べて従業員の絶対的人数（人件費）を削減する効果をもたらし，低価格戦略の基盤となった。

第2の革新性は，品目別マージン率の設定である。これは，当時の小売店では常識であった全商品一律のマージン率ではなく，文字どおり，商品別に異なったマージン率（利益率）を設定する方式である。この方式では，意図的に原価を割った販売価格を設定する場合があり，これをロスリーダー（目玉商品）という。ロスリーダーのインパクトが大きければ大きいほど，より多くの消費者を店舗に引き寄せる。スーパーマーケットの主力商品である最寄品は，まとめ買いされることが一般的であるので，マージン率の高い商品と混在して販売することで店舗としての利益を確保するのである。

(4) コンビニエンスストア

コンビニエンスストアは，20世紀初頭のアメリカに起源をもつが，その最大の業態特性である年中無休・長時間営業が定着したのは第二次大戦後であるといわれている。アメリカ発祥のコンビニエンスストアが日本に移植されたの

は1970年代である。その後，日本型コンビニエンスストアと称されるように，本国アメリカとは一線を画した独自の進化を遂げていくのである。

コンビニエンスストアの第1の革新性は，文字どおり，消費者に対する便宜性（コンビニエンス）の提供である。具体的には，場所的便宜性としての地理的近接性と時間的便宜性としての長時間営業である。

第2の革新性は，POSシステムの導入による単品管理である。POSシステムは，レジ業務の煩雑さを解消し，販売員による入力ミスを防止する効果をもっている。だが，その最大の強みは，蓄積されたデータにある。すなわち，膨大なデータには，どの店舗で，どの顧客に，どの商品が，どの時間に，どのくらい販売されたのかという情報が記録されてあり，それを解析することで，売れ筋と死に筋を区分けするだけでなく，未来の販売予測を可能としたのである。

第3の革新性は，多頻度小口配送システムの構築である。狭い売場に3000品目に及ぶ商品を取り揃えているコンビニエンスストアでは，当然ながら，品切れのリスクと隣り合わせにある。すなわち，品切れを回避するためには店頭の在庫スペースを拡大する必要があるが，そうすれば他の売れ筋の商品群の展示スペースを犠牲としなければならない。この矛盾に対処するために構築したのが，ケース単位ではなく数個単位（小口）で，1日に何度も納入（多頻度）するという多頻度小口配送システムである。そのバックヤードには，卸売業者との信頼関係にもとづく配送の共同化や特定地域への集中出店（ドミナント出店）などの新たな革新があった。

第5節　小売市場と小売競争

1. 小売市場

小売商業者は，流通機構の末端に位置する消費者を対象として，具体的な場としての店舗を構えて商品を販売する経済主体である。小売店舗が吸引することができる消費者は，空間的に限定された範囲に居住する限定された消費者である。小売店舗からみたこの空間的範囲を商圏という。

空間的限定性という商圏の特徴は，消費者が買い物のために移動できる範囲が空間的に制約されていることに起因する。つまり，小売店舗までの移動距離が増加するにつれて，消費者の負担する買物費用が増加し，それはやがて限界値に達してしまうという制約である。

　小売市場は，商圏が重なり合う場所に居住する消費者の獲得を求めて，複数の小売店舗が競争する空間的な領域である。消費者からみると，買い物のために移動できる距離に複数の小売店舗が存在し，この中から買い物場所としての店舗を選択する。現実的に捉えた小売市場の空間的領域は，消費者の移動可能範囲という比較的狭い領域に制約されているから，地域小売市場と呼ぶことができる。そして，全体としての小売市場は，多数の地域小売市場が部分的に重複部分を含みながら鎖状に連結して構成される（田村 2001, 195頁）。

　地域小売市場（以下，単に小売市場という）の空間的制約は絶対的なものではなく，領域内の環境が変化することでその範囲は拡大する。例えば，マイカーの普及，道路状況の改善，交通機関の整備などは，消費者の行動半径を広げて，小売市場を広域化するであろう。あるいは，革新的な小売商業者の参入は，比較的安定していた小売市場の空間的範囲を打ち破る方向に作用する。革新的小売商業者が，魅力的な品揃え，安価な商品，快適な店舗空間，差別的なサービスなどを提供することで，より遠方の消費者を引き付けるからである。消費者は，追加的な移動費用を負担する以上に，その店舗から高い満足度を得ることができれば，遠距離の移動を厭わないであろう。こうして，小売市場は広域化する。

2. 小売競争

　小売市場では，複数の小売店舗が共通する消費者の獲得を巡って熾烈な競争を展開している。小売市場における店舗間競争を小売競争と呼ぶことにしよう。小売競争は，地域寡占，独占的競争，品揃え価格競争という特徴を有している（髙嶋 2012, 204～209頁）。

　小売競争は，空間内に閉じ込められた消費者の獲得競争である。言い換え

ると，小売店舗は，量的に制限された需要（限られたパイ）を互いに奪い合う。結果として，一定の空間的範囲に存在し得る小売店舗は数的に限られてしまう。こうして，競争力のある少数の小売店舗が市場を支配するという状況，いわゆる地域寡占が形成される。

　独占的競争とは，差別化を伴う競争である。小売店舗は，安価な商品価格だけで消費者を引き付けるわけではない。都市中心部など賑やかな場所に立地したり，きめ細かなサービスを提供したり，心安らぐ快適な買物空間を準備したりすることで，小売店舗はより多くの消費者の支持を得ることができる。あるいは，消費者の買物費用を低減させるような魅力的な品揃え，例えばワンストップショッピングの便宜性を提供することができれば，競合店舗よりも競争上優位な立場に立つことができるだろう。このように，立地，サービス，品揃えなどで差別化に成功した店舗は，価格が多少高くても特定の消費者需要を獲得することができる。この状況が小売市場における独占的競争である。

　品揃え価格とは，消費者による店舗選択の判断基準となる商品群の価格である。消費者の買い物行動をみると，ただひとつの商品だけを購入することはもちろんあるだろうが，複数の商品をまとめて購入するケースもまたけっして例外的な行動とはいえないだろう。むしろ，食料品や日用品など，最寄品の買い物行動では，後者が一般的であるといってよい。このとき，消費者は，複数の商品を購入する際に，個々の価格を店舗間で比較して購入するのではなく，まず買い物する小売店舗を選択して，その店舗でまとめて購入するだろう。そうであるならば，小売店舗がより多くの消費者を獲得するためには，総じて安いという店舗イメージを抱かせることが重要な戦略となる。これが，小売競争における第3の特徴としての品揃え価格競争である。

【注】
(1) 誤解のないように付言しておきたい。生産者と消費者はそれぞれ生産活動と消費活動を遂行するが，いうまでもなく売買活動もまた遂行する。したがって，売買活動は商業者だけの専権活動ではない。しかし，商業者は売買活動を遂行するが，生産活動と消費活動は遂行しない。そういう意味で，商業者は商的流通の主たる担い手なのである。同様の意味で，輸送活動と保管活動もまた輸送業者と保管業者だけの

専権活動ではないが，両者は物的流通の主たる担い手であるといってよいだろう。
(2) ただし，すべての業種についてこの効果を生み出すわけではない。その条件は，業種店における品揃えが多様な品目から構成され，各品目が店舗間で標準化されていないことである。それは消費者からみれば，買い物における不確実性（情報不足）が大きいことを意味する。例えば，骨董品，生鮮食品，家電品，ファッション衣服などがある（田村 2001, 199 頁）。

【参考文献】
Cox, R. (1965), *Distribution in a High-Level Economy,* Prentice-Hall, Inc., 1965.
（森下二次也監訳『高度経済下の流通問題』中央経済社，1971 年）。
荒川祐吉（1974），「商業および商業学の史的展開」，久保村隆祐・荒川祐吉編『商業学』有斐閣。
石原武政（2000），『商業組織の内部編成』千倉書房。
石原武政（2002），「商業の市場形成機能」大阪市立大学商学部編『流通』有斐閣。
加藤義忠（1994），「商業の分化と流通機構」保田芳昭・加藤義忠編『現代流通論入門〔新版〕』有斐閣。
佐藤善信（1989），「商業の機能と構造」, 石原武政・池尾恭一・佐藤善信『商業学』有斐閣。
高嶋克義（2012），『現代商業学』有斐閣。
田村正紀（2001），『流通原理』千倉書房。
西島博樹（2008），「流通と商業」, 岩永忠康・佐々木保幸編著『流通と消費者』慶應義塾大学出版会。
西島博樹（2011），『現代流通の構造と競争』同友館。
西島博樹（2013），「商業の基礎理論」岩永忠康監修・西島博樹・片山富弘・岩永忠康編著『現代流通の基礎理論』五絃舎。
森下二次也（1967），「商業分化と商業組織」森下二次也編『商業概論』有斐閣。
森下二次也（1977），『現代商業経論〔改訂版〕』有斐閣。

第2章
小売業態研究

宮崎 卓朗

はじめに

　小売業態研究はアメリカで1960年代に盛んになった。McNair（1958）などの先駆的な業績から、さまざまな進化形が現れたが、一方で1970年代には厳しい批判にさらされた[1]。1980年代初めには新しい研究方向も提示されたが、その後は多くの研究者の注目を集める領域ではなくなっていると考えてよいだろう。

　日本では1980年代に業態の発展についての研究が多くみられるようになった。それまではアメリカの特定の説に対する論評であったが、それらをまとめた業績がみられるようになった[2]。特にこの時期の業績では格上げが大きな論点であったと思われる。だがその後は、業態研究は国際比較や、国際的な業態移転という論点に研究の中心が移っていった。

　もともとアメリカで始まった業態研究は、後に小売業態論と呼ばれるようになるのだが、こうした研究は小売業の発展になんらかの法則性があり、その法則が業態の変化という形で現れると考え、その法則性やパターンを明らかにしようとする領域であった。しかしそのパターンが明らかにされたというわけではなく、ごく大雑把に過去にあった事例をモデル化してきたものといえる。そこには流通やマーケティングの理論と結びついた説明はなかった。そもそも先行研究に理論的な問題意識はなかったのであろう（石井 2012, 262〜263頁）。そのためアメリカでの先行研究を批判的であるにしろ、受け継いだ日本の先行研究は、アメリカ

での見解のどこに欠点があり，一般化には何が必要かという分析枠組みの提示にとどまった。

こうした流れとは別に，個別の小売業態の研究は進められてきた。特にコンビニエンス・ストアについては業態や企業の発展を論じた優れた業績が出されている。しかしこれらは小売業態研究そのものとは考えられなかった。これらの研究は特定業態の研究であったが，業態をまたがって動く傾向を示そうとしたものではなかったからである。

しかし近年では新たな分析枠組みを提示し，業態変化のパターンに踏み込もうとする動きが数多く出されている。本章ではこうした新しい試みをいくつか紹介し，かつ過去の論点を踏まえて，小売業態研究の課題について考えようと思う。

第1節　小売業態論と小売流通革新論

高嶋（2007）は小売業態を対象とした研究を小売業態論と小売流通革新論に区別している。両者は小売業における革新の把握に違いがある。小売業態論では革新の共通性を捉え，小売業全体や業態の歴史に注目してきた。小売流通革新論では業態内部や企業内で発生する連鎖的なプロセス革新を対象としてきた。このプロセス革新に関する論点を小売業態論は重視してこなかったため，いくつかの問題がこの研究領域で残されているといえる。

小売業態論では McNair（1958）の「小売の輪」以来，多くの研究がなされたが，ここでは新しい業態が発生し，それがやがて成熟し，さらに新しい業態が生まれるというメカニズムを研究の中核にすえてきたといえる。「小売の輪」の欠点を指摘したもの，「小売の輪」を補完する立場のもの，異なった視角から業態の生成を説くものなどが出されてきた。これらを Brown（1987）は循環理論，環境理論，衝突理論の3つに類型化した。またこれらの類型にある欠点を補うべく，諸類型の統合が進行してきた[3]。しかし「輪」概念，つまり循環のあいまいさ，因果関係の不明瞭さなど多くの欠点が指摘され，小売業態論は1980年代には下火となったとされている[4]。しかしそれでも「小売の輪」

やその議論の不十分さを補ったとされている「真空地帯論」は厳密な議論ではないにしても，新規参入者による革新，やがて革新者が格上げ（格下げ）を行う，やがて業態として衰退するといったことを図式的に示すことができる点で，現在の小売技術革新の論点に大きな影響を与えてきた。

　一方で小売流通革新論は特定の小売業態や小売企業の事例分析から，技術革新の特徴や優位性を明らかにする研究である。コンビニエンス・ストアを対象とした矢作敏行（1994）や金顕哲（2001）などが代表的である。これらの研究は小売業態論の中から現れたわけではなく，両者は別の研究領域と考えられるのだが，高嶋（2007）は両者を小売業における技術革新の研究領域として結びつける。

　小売業態論の特徴は「小売の輪」で代表させて考えれば，新業態は低価格訴求を行う革新をもって現れる。これらはやがて高価格販売に格上げされる。格上げが行われる理由について本家のMcNair（1958），マクネア＆メイ（1982）は明確に指摘してはいないが[5]，他の論者によって以下のような理由があげられている。一つは同業態との競争の過程でサービスや品揃え追加するため，つまり不完全競争下で価格競争を避ける行動をとるため，二つ目は経営者が革新気質を喪失して経営が硬直化するため，企業成長により過剰設備をもってしまうためなどが指摘されている（白石1987，122～123頁）。

　「小売の輪」についての多くの批判の中に新業態としての革新は高価格・高サービスにおいても発生するという点があったが，それにこたえようとするものが真空地帯論である。この見解では低価格・低サービスか高価格・高サービスのどちらかで革新者が参入するが，革新者はやがてより大きな市場である中価格・中サービスに移行する（格上げか格下げ）というものである。つまり格上げ（格下げ）の論理に大きな市場への移行を加えることができるだろう。この格上げ（格下げ）こそ「小売の輪」の鍵となる点であったとおもわれるが（白石1987，122頁），この点についての研究はその後十分には展開されてこなかったようである。

　高嶋（2007）は格上げ（格下げ）も含めて小売業態論の特徴として2つの想

定をあげている。一つは「業態革新は，既存業態の小売業者ではなく，新規参入者によってもたらされる」ことであり，もう一つは「既存業態や新規参入業態の小売業者は，その集合を形成・維持しながら，価格・サービス水準をシフトさせる」こと，つまり業態が収斂することである。

　第1の想定は業態革新とは何かという問題につながっている。革新者のジレンマの考え方からすると，破壊的なイノベーターは外部から現れる。この点では他の業界と同様に小売業においても革新者のジレンマ，つまり昔は革新者であった既存企業は，すでに獲得した能力を無駄にしかねない抜本的な技術革新に対しては消極的になる傾向があると想定していたことになる。しかし日本におけるCVSでは，業態を成立させているのは矢作のいう「創造的連続適応」という一連の革新であり，これは既存企業によってなされたものである。これは小売業態論では業態革新に入らないことになる（髙嶋2007, 36～37頁）。

　第2の想定はより直接に格上げや格下げの過程についてである。業態が成立した後も，各企業は個別に差別化を続けていく。この過程がプロセス革新であり，結果として格上げや格下げが発生することになる。この過程で同時に格上げと格下げが発生することを小売業態論では考えてこなかった。どちらか一方だけが業態内で発生するため，どこかに真空地帯が生まれると考えてきたのである。しかしなぜどちらか一方にだけ業態内の企業はポジションを移動するのかについては明確な理由が示されていない。髙嶋（2002）はこの点について次のような一応の説明をしている。革新的な業態が誕生し，それが消費者や取引先から受容された後は，その既存の状態から大きく逸脱しないほうが有利である。業態のライフサイクルを考えると，業態成立の初期には革新的な消費者が対象であるが，成長期や成熟期には，初期採用者のような革新的な消費者ではなくより保守的な消費者を対象とすることから，そのイメージから大きく外れない革新が採用され，そのために業態は大きくは拡散しないというのである（髙嶋2002, 73～75頁）。しかし髙嶋（2007）はこのような説明は可能でも，「同じ業態の小売業者間で差別化を通じて競争優位を形成しようとするというのは，業態のイメージを同質化することとは対立する行動であると考えられる」

との問題点を指摘している（高嶋 2007, 38 頁）。必ずしも業態は収斂しないのである。

　高嶋（2007）はかつて別のものと考えられていた 2 つの研究領域，小売業態論と小売流通革新論を一つのステージに統合しようとするものであり，それによって小売業態論で不明確であった小売業の革新の中身に踏み込むものである。そのために小売業の革新をアウトプット革新とプロセス革新に分けて，それぞれの革新の違いに注目する。これは製造業におけるプロダクト革新（新製品開発）とプロセス革新（生産工程の革新）に対応するものと考えてよいだろう。

　小売業において他の企業と差別化する方法は小売ミックスとバックシステムであると考えられる。この両方の差別化が小売企業にとって革新である。高嶋（2007）は小売ミックスにおける革新をアウトプット革新と呼び，バックシステムにおける革新をプロセス革新と呼んだ。前者は小売業態論が注目してきた革新であり，後者は小売流通革新論で取り扱われてきた革新である。実際の小売業態の革新は両面をもっており，さらに両者は密接に関連しているために両革新の境界線があいまいではある。しかしこの両方の革新を対比すると小売業態論と小売流通革新論の違いが意味をもつのである。

　小売業態論においては抜本的な革新がアウトプット革新として発生し支配的な業態となるが，その後は漸進的な革新，つまりプロセス革新は考えられておらず，格上げや格下げが論じられる。一方で小売流通革新論では業態の境界を重視せず，個々の企業の差別化や漸進的なプロセス革新の結果として，業態の拡散を暗黙の裡に想定する（高嶋 2007, 42 ～ 43 頁）。この拡散化の基礎にあるのは小売技術に関する模倣困難性である。この模倣困難性は企業能力の格差によってもたらされるが，その能力とは供給業者との共同革新能力であり，もう一つは多店舗管理能力である。この両方の能力が高い企業が漸進的なプロセス革新を実現しやすく，小売業態の多様化をもたらすため業態の拡散化傾向が発生すると考えるのである。さらにこのような革新は納入業者との関係ができていない新規参入者には困難であるため，漸進的な革新は既存業者によって引き起こされると考える。

以上のような考えから高嶋（2007）は歴史的に初期の百貨店やスーパーは，仕入れ先との共同革新も多店舗管理の革新も現在ほど行われず，そのほかの小売技術は模倣可能であるため，業態革新後に小売技術が速やかに移転して業態がまとまりをもったまま維持されてきたと考える。一方で現在では情報技術の導入により供給業者との共同革新が重要となったため，そのような組織能力が必要とされる業態では業態が拡散化し，そのような能力に基づくプロセス革新ではない抜本的なアウトプット革新が行われる業態では拡散化は生じないし，そのような革新は新規参入者によって引き起こされる。

このように高嶋（2007）は相互に別の分野であると考えられてきた小売業態論と小売流通革新論を，小売業における革新とはなにかを明示することによって統合し，さらに自ら設定した問題にも技術革新の性質をもって答え，小売業態革新のダイナミクスを歴史的に説明しようとしたのである。

しかし高嶋（2007）によってこれまで小売業態を巡って論じられたすべての問題が解けたというわけではない。以下では高嶋（2007）が設定した小売業態論がもつ2つの想定をもとに残った論点を検討していく。

第2節　格上げと模倣

従来の小売業態論では格上げ（格下げ）が重要な論点の一つであった。小売の輪では新規参入者が低価格販売を行う革新的技術をもって市場に現れ，やがて出現する模倣者との同業態内競争で格上げがなされる。そして最初は低価格販売を行っていた新規参入者が，高価格販売へと移行したため，低価格販売を行う業者が存在せずそこが空白地帯となる。そこをめがけて新たな参入者が低価格販売を行う革新的な技術をもって参入してくるのである。真空地帯論では格上げだけでなく，当初は高価格販売を行っていた業者が中価格・中サービスの最も顧客が多い市場にシフトする格下げを論じ，かつもともとの業者が中価格に移行したのちに生じた空白地帯を真空地帯と呼んだ。従来の小売業態論の中心的な前提は，格上げ（格下げ）が発生することと，新規参入のために真空

地帯が生まれる必要があることであった。

　格上げ（格下げ）が生じる理由は2つある。一つは同業態内の競争であり，もう一つはより大きな市場セグメントを目指すからというものである[6]。真空地帯論は後者の要因を重視したわけだが，これについては問題点が指摘されている。それは中価格・中サービスで営業していた既存業者との競争を考えておらず，必ず競争に勝てるとは限らないのではないかということである。この点を検討したのが中西（1996）である。

　中西（1996）はこの問題を，小売技術フロンティア線を使って説明している。技術フロンティアとはその時代の物流・情報技術および管理水準に応じて決まる，小売価格と小売サービスの水準の組み合わせを示した線である[7]。この線に消費者の等効用線が接する点が，その消費者が選択する店舗がもっている小売価格と小売サービス水準の組み合わせである。技術フロンティアはその時代に使用できる技術で可能な小売ミックスを結んだものだから，技術フロンティア上のどこで営業している企業でも優位性はない。そのため中西（1996）は技術フロンティアを使っても新規参入業態が競争に勝って，中価格・中サービスの位置につくことは論理的に導き出せないとしている（中西 1996, 28～29頁）。しかし格上げの過程で技術革新があれば別である。中西（1996）は技術革新が存在し，技術フロンティアが一部だけシフトする状態を考えた（図表2-1）。

　図表2-1では右上の方がサービス水準も高く価格も高い小売ミックスである。この線上のどのポジショニングでも優位性はない状態であり，また図中には記されていないが消費者の分布は中価格・中サービスを好む消費者が多く，中央が盛り上がった釣鐘型になるという真空地帯論の前提に沿っている。この状態で技術フロンティアの一部が矢印の方向にシフトする。つまり同じ価格でより高いサービス水準を提供できる新技術が開発されたのである。技術フロンティアは不連続となり，新しい技術フロンティアの突き出した部分の「上下端はより多くの消費者の等効用曲線と接触するから，新業態がここに向けてサービス水準を向上していこうとする強い誘因が働く」（中西 1996, 31頁）のであり，

図表 2-1 小売技術フロンティアのシフト

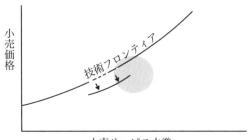

出所：中西 (1996), 31 頁。

　特に釣鐘型の消費者選好分布を仮定すると，上端（網掛け部分）が最も多くの消費者を引き付けることになる。業態内の競争だけでなく，ここにも格上げが生まれる理由があったと中西 (1996) は述べている。

　技術革新について真空地帯論は格上げの原因としていない。それはそもそも技術革新による費用の優位があれば，新規参入者はどこに参入してもかまわなかったのであり，真空地帯という論理仕掛けは必要なくなる。その論理が必要とされるためには，むしろ技術的な費用優位が存在してはならなかったのである。しかし技術革新がないという条件では格上げの結果，既存の小売業態との競争に勝つ論理は出てこないことを中西 (1996) は示したのである。技術フロンティアが一部しかシフトしないのは，その技術が採用できる小売ミックスが限られている，つまり同じ技術がすべての小売ミックスに使用できるわけではないことを反映しているのかもしれない。

　同様に小売技術フロンティアを使用して格上げを説明したものに池尾 (2005) がある。池尾 (2005) は横軸に経済性（右のほうが価格が安い）をとり，縦軸にサービス水準をとる（図表2-2）。その中で同じ技術フロンティアC上の3つの小売店を考える。小売店1は低価格でサービス水準が低い。小売店3は高サービスだが価格が高い。小売店2はその中間である。選好ベクトルaをもつ消費者aにとって小売店3はピッタリの店舗である。一方，選好ベクトルbをもつ消費者bはピッタリな店舗がないので，最も好みの近い小売店1を選ぶ。

小売店1と小売店2を結ぶ線分に垂直で原点を通る直線Xを引いたとき，この直線Xが小売店1と小売店2の選好の境界線となる。直線Xより傾きの小さい選好ベクトルをもつ消費者は小売店1を選び，選好ベクトルの傾きが大きい消費者は小売店2を選ぶ。同様に小売店2と小売店3の間の境界線は直線Yとなる。小売店1が格上げを行うと，小売店1のポジショニングは曲線C上を上方に移動する。そうすると直線Xの傾きはより大きくなり小売店1と小売店2の境界線は小売店2に近づく。小売店1は顧客となる消費者を増やしたのである。池尾（2005）では3店の小売店しか考えられていないが，低価格・低サービスにはほかにも小売店が存在し，特定の店舗が格上げを行った場合には，もともとの消費者を失うことになるので，その失った部分より中価格・中サービスの店舗から奪った消費者の数が多くなければならない。そうなるためには中価格・中サービスを選好する消費者が多い，釣鐘型の消費者選好分布が必要である。池尾（2005）では釣鐘型の消費者選好分布を前提にしているので，より多くの顧客を得るためにゆっくりではあるが格上げが生じるという結論を導いている。ただしこの説では中価格・中サービスの店舗の顧客を，しだいに侵食していくことになり，自らが中価格・中サービスのポジショニングに至る

図表2-2　小売技術フロンティアによる消費者分割

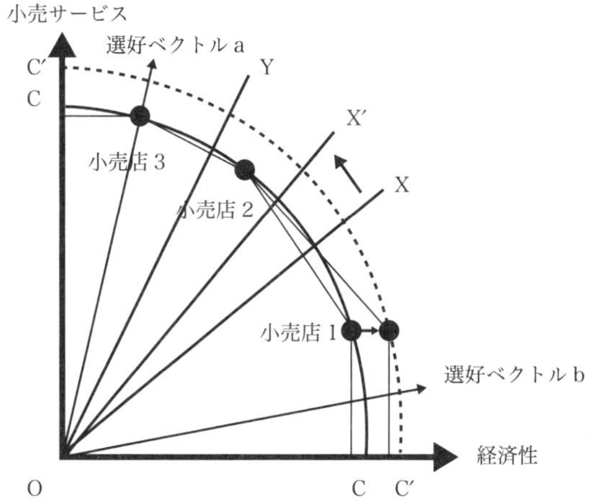

出所：新倉（2012），21頁。

ことはないということになるだろう。

　さらに池尾（2005）は技術革新があった場合を考えている。小売店1がポジショニングを右側に移し，曲線 C′ に移した場合である。点線 C′ は流通フロンティアであるが，すべての小売企業が即座にこの点線上に移動できるわけではない。そのため小売店1が右側に移行した場合の小売店2との境界線は小売店1が移行した点と小売店2を結ぶ線分に垂直で，原点を通る直線 X′ になる。小売店1は小売店2に向かっていた境界線付近の顧客を奪うことで，顧客を増やすことができるのである（池尾 2005, 88〜92頁）。

　池尾（2005）は中価格・中サービスを選好する消費者が多い選好分布を前提とする限り，時間はかかるが格上げの指向は存在すること，技術革新があった場合に格上げはなくても消費者の選好境界は変化することを示したのである。

　以上のように中西（1996）池尾（2005）は真空地帯論に技術革新という要素を加えて業態変化の原理を説明してきた。池尾（2005）は技術革新だけでなく，小売ミックスの変更にも時間がかかると述べている。小売ミックスを変更するためには，「支える運営システムを構築しなければならず，それにはノウハウの取得を含め一定の時間」（池尾 2005, 84頁）が必要なのである。これはバックシステムの革新が既存業者によって起こると考えていることであり，その模倣もまた時間はかかるが生じるということである。中西（1996）や池尾（2005）は業態を小売ミックスで規定しており，格上げは異なる業態になるものとしていることで，すでに高嶋（2007）と異なっているが，両者は既存業者にとってバックシステムの革新とその模倣が重要である点では共通していると考えてよいだろう。

　しかし既存業者を考えた場合はよいが，新規参入者の後の追随者はなぜ即座に模倣できたのかが問題である。これについては高嶋（2007）が既存業者は模倣がむつかしいことを前節で述べたように革新者のジレンマで説明している。だが高嶋（2007）が想定するように新業態を採用する際に，それまで行っていた小売ミックスを全店舗で変更することは一般的なこととは思われない。高嶋（2007）の論理が成立するのは，小売企業が1つの業態しか選択しない

場合である。池尾（2005）はアウトプット革新とプロセス革新を結びついたものと考えるため，新規参入者はプロセス革新も同時に行っていることで論理が成立している。

しかし格上げの論点はこれで終わったわけではない。白石（1987）は格上げの過程をサービスと価格の上昇という2点に集約させることに疑問を呈している。非価格競争としての格上げ過程には品揃えが含まれるというのが白石（1987）の主張である。品揃えの拡大が重要であることは，百貨店の例で特にはっきりしている。また後述するが品揃えの拡大だけでなく，品揃えの変更が格上げになる場合も存在するだろう。まさに百貨店の場合がそれであり，格上げとはむしろこのことであったのではないかとさえ思える。格上げとは何かという問題は単純ではないのである。

また格上げの程度については全く論じられてこなかった。前述したように池尾（2005）は格上げすることは示したが，範囲に限度があった。しかし過去の研究では真空地帯ができるほどの格上げが生じることが必要とされたが，それは少なくとも新規参入者が現れた時に，すぐには小売ミックスを変更できない程度であると考えられる[8]。だが現実に起こった百貨店の格上げはどこまでこの論理で説明できるかわからない。格上げを始めた当初は，以上のような論理で顧客の多いポジショニングを求めたかもしれないが，やがて高価格・高サービスの地点まで到達しており，そこが最も顧客の多い階層とは思えないのである。また別の論理で動く格上げが考えられなければならない。

真空地帯論では格上げの結果，新規参入の余地が生まれると説いてきた。しかし真空地帯は技術革新をもった新規参入者には必要ないものである。むしろ逆の傾向があったのではないかと考える。つまり新規参入者が現れた結果，既存業者は格上げせざるを得なかったというものである[9]。この論理なら中価格・中サービスを好む消費者が多いという不確かで疑問のある設定を捨てることができるし，なにより真空地帯という設定を捨てることができる。しかしまず新規参入者ありきという想定も確かなことではない。

第3節　業態とフォーマットの収斂

　業態に類似した言葉にフォーマットとフォーミュラがある。業態も含めてこれらの用語は使用する論者によって異同がみられる。例えば田村（2008）は業態を「店舗がその小売流通機能を遂行する基本的な様式」という一般的なとらえ方をするが，この機能は消費者に提供される諸々のサービスから構成され，サービスは小売商の戦略によって異なることから，業態を「戦略に共通したつくりを持つ企業の集まりを認識するためのコンセプト」であるとしている。しかし同じ業態内の企業であっても直面する市場環境によって活動様式が多様化するし，同じ企業でも市場変化に対応するために活動様式が進化するこうした多様化や進化は業態ではひとくくりにされるためとらえきれない。そのため分化レベルでとらえた業態としてフォーマットというコンセプトを導入する。これは業態の分化した種々のかたちのことであり，企業の戦略行動を反映している（田村2008, 20～27頁）。

　一方，ドーソン・向山（2015）は小売業が採用しているビジネスモデルの取引場所での産出物をフォーマットとしている。取引場所によって消費者は異なった行動をとり，小売企業はそれに対応して行動する。そこで小売業者によって生み出される価値のかたちがフォーマットである。この「フォーマットとそれを支えるビジネスモデルは，その時の社会や経済的政治的制度体が生み出した成果」である[10]。だがフォーマットは小売業者ごとに異なって理解されている。ドーソン・向山（2015）はフォーマットというビジネスモデルの制約内で各小売業者がとる流通サービスの束をフォーミュラと呼んでいる（ドーソン・向山2015, 45頁）。フォーマットはマクロレベルの環境要因で進化するが，フォーミュラはフォーマットを解釈する経営者や組織の能力によって進化する。

　いくぶんかの概念上の相違はあるが，田村（2008）の業態が概ねドーソン・向山（2015）のフォーマットに当たり，田村（2008）のフォーマットがドーソン・向井（2015）のフォーミュラに当たる。ここではこれまで業態という概念を使用してきたので，田村（2008）の用語に倣うことにする。

高嶋 (2007) ではアウトプット革新は模倣可能性が高いので業態は収斂するが，プロセス革新では技術の模倣が困難なので業態は拡散するとされている。業態が拡散する過程で業態内に現れる多様化がフォーマットと考えられる。高嶋 (2007) では拡散をもたらすものがプロセス革新という店舗での小売ミックスにかかわらないものなので，拡散をどのように理解するかはわからないが，プロセス革新が店舗に影響を与えて拡散が生じるとしているものと思われる[11]。高嶋 (2007) の特徴は，業態の収斂は格上げなどの過程で顕著に表れるが，これは競争的な過程ではなく，競争するなら差別化競争を通じて業態が拡散すると想定しているところにある。フォーマットの多様化は少なくとも差別化競争なので，プロセス革新とつなげて理解するしかない。

だが以上のような理解に立ってもいくつかの疑問はある。一つはプロセス革新がフォーマットを規定する関係は理解できるが，フォーマットの多様化がバックシステムと独立して競争的になされることはないのかという点である。第2はフォーマットの多様化とは別に業態を競争的に収斂する方向性は存在しないのかということである。言い換えれば格上げや格下げのプロセスに競争的要素はないのかということになる。そして第3はフォーマットの多様化は現代的な傾向なのか，昔から存在していたのかということである。

第1のフォーマットが独立して多様化する理由はドーソン・向山 (2015) では業態（彼らの言葉ではフォーマット）の理解が小売業者間で異なり，経営者の考え方や小売業者の組織能力（小売技術を使う能力や企業文化）に応じて業態の実施形態が異なる，それがフォーマット（彼らの言葉ではフォーミュラ）である。この点からは環境要因に規定された業態内で，自らの経営資源に応じて市場対応をとる小売業者の姿を想定でき，その限りでは積極的な競争的差別化は出てこない。しかし一方でドーソン・向山 (2015) はブランド付与をフォーマット創造の中核であると考えている。技術の応用や企業文化などと並んで，ブランド付与は小売業者が競争者のフォーマットと自らを差別化する仕組みであるとしている（ドーソン・向山 2015, 48頁）。つまりフォーマットの多様化は競争的なものと考えられているのである。また片野 (2014) は高級食品スーパー

を対象に，成熟業態でもバックシステムのプロセス革新に向かうのではなく店舗での漸進的なアウトプット革新がなされ，それが模倣困難性と競争優位の維持を可能にしている例を論じている。

　これらをふまえると抜本的革新＝アウトプット革新＝フロントシステム＝模倣可能，漸進的革新＝プロセス革新＝バックシステム＝模倣困難という構図だけでなく，漸進的なアウトプット革新や抜本的なプロセス革新も考えることができる。またアウトプットの多様化はそれ自体がフォーマットの多様化という競争的過程であることを考えるべきであろう。

　第2の点については，先行研究では格上げ過程の競争的性格が主張されていた。白石 (1987) は先行研究を検討して循環論に属する小売業態論の骨子を要約している（白石 1987, 134～137頁）。新規参入業者が革新的小売業者として既存の小売業者に競争で勝ったのち，競争は革新的小売業者間の競争に移行する。ここでの競争は非価格競争であり，この段階が諸費用の増大を結果する格上げの過程である。こうした先行研究は小売市場を不完全競争，独占的競争の場と認識することによって成り立っていると白石 (1987) は考えるのである。

　いうまでもないが高嶋 (2007) でも格上げ過程でまったく小売業者間の競争が発生しないなどと考えているわけではない。高嶋 (2007) では競争が起これば同じ業態内で格上げ方向にポジションを移動する業者と格下げ方向に，つまり価格競争をする方向にポジションを移行する業者がいてもよいはずなのに，格下げ方向への移行，つまり価格競争しないのはなぜかということが問題とされたのである。つまり高嶋 (2007) では同業者間で非価格競争だけでなく価格競争が生じることも考えていたのである。そして現実に同業者間の価格競争は生じるし，またプロセス革新も進む。

　しかし格上げでは価格競争は生じないと先行研究では考えた。おそらく高嶋 (2007) はかつて実際に起こった格上げが，設備の追加や付加的なサービスなどであったこと，価格の上昇があったこと，その逆で価格の低下方向に業態がまとまって進まなかったことなどがあり，だから差別化競争的過程ではないと位置付けたのであろう。

白石（1987）では同じ業態内の小売業者間で行われる競争の場は，不完全競争の場だけであると先行研究が認識した理由は明示されていない。おそらくアメリカで実際に起こった格上げに，低価格販売を行う方向に移行した例がなかったのであろう。また少ない小売業者間の競争であったことも影響したかもしれない。しかし寡占企業間の競争が価格競争になることも珍しくない。

ところでアメリカでの最も代表的な格上げ例は百貨店である。百貨店はいくつかの革新とともに市場に参入してきた。そしてやがていくつかの大きな業者が現れ，付加的なサービス，豪華な店舗などの格上げを行った。しかし格上げしたのはこれだけではない。前述したように取扱商品も格上げしていたのである。中小小売店と百貨店では販売している商品が異なるのである。一般に価格競争は同じ商品を安く売ることを競うものである。その意味では格上げは一般の中小小売店と百貨店の価格競争を無くしているとはいえる。しかし百貨店間で価格競争がなかったとはいえない[12]。だが百貨店は格上げ競争を続けていたのであり，一方で高い価格で売れる商品を新しく品揃えに加え続けていた。だから絶えず販売価格は上昇する方向にあったとも考えられるのである。価格競争と格上げは両立しうる。この方向で競争してきたのである。現代の日本で高級スーパーが成立するのもこの方向であると思われる。

格上げ過程で競争的であると考えられる価格競争が行われなかったと断ずることはできず，格上げ自体も競争過程であったと思われる。だがなぜ普及品を低価格で販売する方向に向かわなかったのかについてはわからないままである。

第3の疑問であるフォーマットの多様化は，高嶋（2007）は現代的な特徴と考えていることになる。かつてはアウトプット革新が中心であり，そのときには模倣可能性が高いので業態が収斂していたとしている。しかし格上げ過程ですべての企業が同様に高額製品の取り扱いを始めたわけではないし，豪華な店舗の建設も同時であったのではない。その時点ではさまざまな差別化手段がおそらくかつても取られたであろう。その中で効果的であったものは模倣されて，効果的ではなかったものは模倣されなかったし，またもともと行っていた業者も取りやめたかもしれない。これが動態的な過程であるということが重要

である。高嶋（2007）が業態の収斂というとき，それは結果として収斂したものと初めから収斂しようとしたものとが混在している。つまりアウトプット革新の模倣は収斂の過程であり，これと同時に差別化の過程も進行していたと考えられる。最初に当該のアウトプット革新を行った小売業者も収斂することを意図していたわけではなく，差別化であった。結果として模倣され同質化が進行したのであるが，模倣した企業にとっては収斂である。時間がたってから業界全体を見渡せば，ファーマットが同質化し業態が収斂したようにみえるが，収斂に至る過程でも差別化は進行していた。

これは現在のプロセス革新でも進行している。日本のCVSはプロセス革新で競争優位を形成した代表例といわれているが，こちらも時間はかかったがセブン - イレブンが作ったシステムがある程度は模倣されたと考えることができる[13]。この点でも拡散だけではなく収斂の過程も同時に進行しているといえよう。

しかし以上の論点に対する解答は，業態史の研究成果を待つほかないのが現状である。

第4節　業態の実体と差異

業態概念が相対的なもので，かつ曖昧であることは多くの論者が指摘している。また時代によって，あるいは国によって業態区分は異なっている。そのため論者によって業態をどのように規定するかが異なるのである。

一般的に業態は小売ミックスか小売技術のどちらか，あるいは両方で規定されている。前述した中西（1996）や池尾（2005）は小売ミックスで業態を規定していた。一方，高嶋（2007）は小売技術を軸に業態をみている。また小売業態論は小売ミックスをもたらす技術（アウトプット革新）で小売流通革新論はバックシステムでの技術（プロセス革新）で業態を規定しており，両者とも技術を中心に業態をみているとすることもできる（坂川 2011, 61～64頁）。

小売ミックスで業態を規定する方向は，消費者の小売業者を選好する指標が小売ミックスであることから，多くの論者によって取られている。しかしこの

方向の問題点の一つは業態が発展するという視角を与えてくれないということである。アメリカにおいて百貨店は低価格販売業者としてスタートしたわけだが，格上げの結果として高価格・高サービスの小売業者となった。この場合，小売ミックスを軸に考えると，当初とその後では百貨店が進化しているにもかかわらず，同じ業態が進化したものと考えられず，別の業態になったと把握される。別の業態とされることは問題ではないが同じ企業群が進化した姿であるという，小売業態論が本来もっていた発展という要素を切り離しているのである。もっともある業態が別の業態に発展・進化したと考えればことは済むのだが，ここにも問題がある。業態は小売ミックスの程度の差であるという立場について，石井（2012）は「業態を区分し，類型化し，その属性を明らかにしようとすることの限界を克服しようとするものとして理解できる。ただこうした連続変量（小売ミックスを構成する要素－引用者）で業態全体を把握するという立場は，業態概念の理論的可能性を無視することになる」としている（石井2012, 280頁）。つまり業態概念を使用する必要がなくなるのである。

　一方で小売技術を用いて業態を規定する方法である発展を軸に置いた小売業態論にも問題は指摘されている。それは小売技術が特定の業態にだけ使用されるものではないため，小売技術と業態が一対一の対応関係にならないというものである。小売技術を販売や店舗の運営技術であるアウトプット技術と商品の仕入や管理局面のプロセス技術に分けて考えて，坂川（2009）は同じプロセス技術が異なるターゲット市場に対して使用されており，同じターゲット市場に対して異なるアウトプットが使用されている例を見出している[14]。また先行する小売業態で使用されている技術を，後発の小売業態は使用することができるため，その多くが重なっている。つまり後発の業態を先発業態から区別するのは，新しく採用された少数の技術だけである。そのため，その技術がもたらすアウトプットの差異が大きくない場合には，同じ業態であると消費者には認識されてしまうのであり[15]，こうした技術は模倣されることがあり，確固とした業態区分には使用できないというものである[16]。

　また小売技術で区分した業態も，小売ミックスで規定した業態も，いずれも

消費者の認識と合致していないという批判もなされている。従来の小売業態論は「小売ミックスや取扱い技術などの売り手の視点で定義が試みられてきたものの，消費者の受容や拒絶といった消費者反応や消費者ニーズの視点が欠落している」というものである[17]。この方向性では小売業態を区分するのは小売ミックスではあるが，その違いを消費者がどう認識するかということであり，小売企業が設定する小売ミックスがいかに消費者に反映されているかに着目する必要が出てくる。新倉（2012）は原型としてとらえられるフォーマット（具体的な店舗像）と抽象的にイメージされる業態の関係を整理し，消費者の業態認識の方法をモデル化している[18]。ここでは消費者の業態認識が，新しいタイプの小売業者が生成することで別の業態認識が消費者の中で作られることが述べられている。この見解は業態認識と抽象的な店舗像をイコールにしないことで，業態認識の変動と具体的な店舗イメージを結びつける特徴をもっている。

消費者の業態認識で小売業態を分析する方法は，業態がグループのまま別の小売ミックスへ移動することの説明や，小売業態論の問題点として指摘された国際比較が困難だという点を可能にすると思われる[19]。しかし業態は「マーケティングについて集団的な行動をとる企業グループ」として把握されている[20]。いわゆる戦略グループである。消費者の認識がそのグループを区別する基準になりえるのかが問題である。これまでの小売業態論は小売業の長期にわたる発展法則を見出すことを課題としてきた。近年の小売業態研究で課題とされているのは業態とフォーマットの関係などを戦略的側面から明らかにすることであったと思う。こうした戦略は小売企業のもつ能力や位置によって異なる。だから業態が戦略グループとして把握され，フォーマット開発が議論された。だが消費者の業態認識は全く関係ないとは言えないが，少なくとも直接的には戦略グループを区分する第1要件にはならないと思われる。

さらに消費者の認識での業態区分は小売ミックスを消費者がどう捉えるかというものだから，基本的には小売ミックスで捉えた業態と同様の批判が当てはまるであろう。石井（2012）は業態概念を実体と差異とに分けているが，その問題意識はなぜ業態として把握されなければならない現象が現れるのかという

ことであると思われる。これは言い換えればなぜ現在では業態を基準として流通を分析しなければならないのかという問題である。石井（2012）の意味するところでは、業態の変動性を認めたとしても、業態概念の歴史性が認められないなら、それは実体としての業態概念なのである。

石井（2012）が差異として業態を把握したものとして評価したのは石原（2000）である。石原（2000）は「売買の集中」概念の再検討を通じて商業組織の内部編成についての視座を提供するものである。業態もこの「売買の集中」を通じて説明される。理論的には「売買の集中」はただ一人の商人の下に全商品が集まることが最も望ましい姿と捉えることになるが、実際にはそのようなことは起こらない。それは「売買の集中」には制約があるからだと石原（2000）は説明する。制約要因の第1は消費者の購買行動の中にある。消費者はあらゆる場面ですべての商品を探し求めているわけではない。特定の場面で特定の関連商品しか買い求めない。つまり場面ごとに消費者の購買にとって、意味のある関連購買の幅があるのであって、「売買の集中」はその範囲の中でしか意味をもたない。小売業者がそれを超えて多くの商品種を集めても無意味になる。

第2の制約要因は商人の取扱い技術である。商品の物理的な属性によって、商品の取扱い技術は大きく異なる。どのような商品でも同様に取りそろえることはできないのである。取扱い技術の異質性が大きくなっているところで、取扱う商品種の幅が決定されるのである[21]。

石原（2000）では昔は関連購買の幅と商人が商品を取扱う技術の制約で、いわゆる「業種」分類で区分される店舗が現れていたと捉える。このパターンは2つの制約要因が変わらなければ変わらないが、取扱い技術の制約は革新的な起業家によって突破される。この革新的な試みが成功し、他の企業も模倣するようになるとこれまでの取扱い技術の幅は大きく変化する。消費者もそれまで関連購買の中になかった商品群を関連購買の範囲でとらえるようになり、ついには異なった関連購買に対応した取扱商品の幅が現れる。それまでの取扱商品の幅で規定された商店の区分が「業種」であったが、その区分が意味をもたなくなり「業態」として区分されることになるのである。

石原（2000）はそれまで商業経済論で理論的に取り扱うことが困難であった業態で区分される小売業者を，商業経済論の中に含める方法を明らかにした点で画期的であった。なぜ業態として区分される小売業者が現れなければならないのかを，「売買の集中」で説明したのである。業態は業種からの差異として把握された。さらに小売業者（石原（2000）では経営者）の革新を要因にすることで，既存の小売業態論とのつながりもあることから，この方向で業態研究を進めていくことが考えられる。

実体として業態を捉える考え方では商業経済論との関連で業態を捉えることはむつかしい。業態は業種を成立させた論理の中から説明されるのであり，それはなぜ業態として把握される小売業が現れるかという問題意識をもつものである。このなぜ業態として小売業を分析するのかということが重要なのである。業態があるものだと判断し，ともあれ業態はあるのだから業態や業態内の小売企業から業態を分析すると，フォーマットについても同様だが業態を特定することができなくなる。むしろ業態成立のプロセスを理解できなくなると思われる。

第5節　小売業態研究の課題

三村（2014）では業態という用語は1980年代から使用され始めた日本独特のものであるとされている。三村（2014）によると，それまでアメリカのスーパーやCVSなどの紹介で使用されていた小売商業形態，小売形態や小売営業形態という言葉ではなく，あえて業態という言葉が使用されるようになった理由は，それまでのパターン，つまりアメリカのパターンとは異なる現象が日本では現れ，そのために日本独自の現象を説明する道具が必要であったためである。日本とアメリカの異なっていた点は，第1にはアメリカでは「それぞれの企業は，その依拠する『小売形態』の成長・成熟とともに消長（生と死）を繰り返すというダイナミック過程が示され」（三村 2014, 32頁）[22]，「小売形態」の盛衰を乗り切って存続する小売企業はまれであったのに対し，日本の小売企業は「多様な店舗形態を複合して事業展開を図る傾向」（三村 2014, 32頁)があり，

「小売形態」の盛衰と企業の盛衰が一致しない。そのため日本では多様な事業モデルを含んで事業展開を説明する業態という用語が必要とされたのである。

第2はアメリカでは大型小売企業の店舗形態は標準化しているが，日本では環境変化に独特に適応したため店舗は標準化されていない。これはバックシステムと店舗との関係においても同様で，アメリカではチェーン・オペレーションを標準化された店舗を通して一体化した形で運営する。だが日本では標準化されない店舗で，店頭でのきめ細かい適応を行う可変性の高い経営，しかし物流や在庫のコスト管理を困難にする経営を行ってきた。そのためバックシステムと店舗を一体のものとして「小売形態」を規定できず，両方を個別に含んだ業態という言葉が使用されたと考えられている（三村 2014, 33 頁）[23]。

第3は日本での「小売形態」の可変性である。日本ではアメリカから導入されたモデルは部分的には参考にされたが，日本国内で試行錯誤の末修正された業態が構築された。業態は変化してきたのである。そのため形として固定して，その形の盛衰を論じるための概念である「小売形態」ではなく，変化することを内包した「業態」が言葉として必要とされたと考えられた（三村 2014, 33～34 頁）。

こうした認識から三村（2014）は顧客関係性を軸に業態区分を行うことを提唱しているが（三村 2014, 39～41 頁），それは顧客対応による店舗の変化が業態という概念を必要としているとすることからくる帰結である。業態を技術で規定するか小売ミックスで規定するかという議論があるのが，およそ日本だけであることは三村的な理解をすればわかりやすい。また業態を普遍的なものと把握しないことで，なぜ業態として流通を研究するかという点で成功していると思われる。だが最終的に業態を類型化する作業は，むしろ業態を静態的に捉えることになると思われる。

また三村（2014）は「小売の輪」などの循環論の功績を，業態（三村の用語では小売形態）の「盛衰の論理」が内在している点に求めている（三村 2014, 30 頁）。「小売の輪」は生まれてから衰退するまでが繰り返される「輪」なのである。新しい業態が生まれてくることの「輪」ではない[24]。だから三村（2014）においても業態はともかく「小売形態」には盛衰があることが前提になっている。

だが衰退の論理は今のところコンセンサスをえられる論理が提示されているわけではない。古典的な業績である Davidson Bates, and Bass（1976）では小売のライフサイクルを革新期・成長期・成熟期・衰退期の4つに分け，それぞれの段階での競争の状況と小売業者の適応経営行動，小売業者の適応チャネル政策に3つの次元の差異を述べている（Davidson Bates, and Bass 1976, p.92, Exhibit II）。ここでは成長期には続いていた革新が止まり，企業が大規模化したことによる管理上の問題や過剰設備が現れること，新形態からの攻撃のため成熟から衰退に向かうとされている。しかしこれは企業の盛衰ではあっても業態の盛衰ではない。企業の盛衰がその企業が分類されている業態の盛衰と同じであると考えられるためには，まず業態の盛衰が説かれなければならなかった。しかしアメリカでは企業と業態が一対一の関係であったからなのか，この両者は区別されなかったのである。だから正確な意味では業態の盛衰は説かれていないことになる。

業態の盛衰になんらかの法則性があって，それを解明することが小売業態論の課題であると考えられてきたが，そのためには小売業の内部要因だけでは説明できない。環境理論が必要であると考えられたのはそのためである。しかし環境理論はその時点でのその国の環境を説明要因とすることはできても，それは法則でもなければ理論でもないであろう。こうした困難が業態の盛衰を説明しようとする際には付きまとう。

一方で現在の業態研究は技術革新と小売ミックスの関係を，小売企業の戦略を軸に解明しようとする方向に向かっていると考えられる。そこには成長はあっても衰退はない。また格上げは考えることができても真空地帯の論理は不要である。真空地帯という設定は同じパターンを繰り返すことを説明するために必要とされた道具だからである。だから事実として格上げはあったことが分かっているが，真空地帯は確かめられてすらいない。その状態では業態ライフサイクルの法則性を明らかにすることは無理なのである。だから真空地帯の設定を捨てて格上げ論だけで業態研究を進めることしかない。そこでのポイントが小売技術の革新であることはいうまでもない。

現在は多くの論者が業態研究の枠組みを提示している。一方でその枠組みにそった具体的な業態研究が少ない。石原（2000）や三村（2014）の把握を前提にした具体的な業態論もない。なぜ業態として把握されなければならないかを明らかにしているが，特定の業態として区分される企業群の商業理論とつながった「業態研究」はまだない。

業態史の研究を上記のような問題設定で行うことが求められているのである。

【注】
(1) 先行研究の概要と，それに対する批判については白石（1987）と関根（2000）に詳しい。
(2) 向山（1985），向山（1986），白石（1987），小川（1993）など。
(3) 統合の試みについては関根孝（2000），29～45頁。
(4) 関根（2000），45頁。もっとも新しい研究方向が示されていることも紹介されており，この中に個別の小売企業研究が含まれている。
(5) McNairも格上げがあることについては記している。しかし彼の意図は，新しい業態が生まれてくるという回転ではなく，あらゆる業態がやがて衰退するが，その理由が新業態に客を奪われることにあること，つまり小売形態にライフサイクルがあるという意味での輪であった（清水猛（2007））。そのため新業態が生み出される論理的な仕掛けである格上げについては重視していなかったのであろう。
(6) 真空地帯論では新規参入の際に技術革新は必要ないと考えられていた。そこに空白の市場が存在することが新規参入の要件である。この点については白石（1987）129～130頁。
(7) 技術フロンティアは収穫逓増が働くため右上がりであると考えられている。中西（1996），25～26頁。この論理を拡大して論じたものとして池尾恭一（2005）がある。技術フロンティアはもともと池尾（1989）で論じられていたが，それを中西（1996）が応用し，さらに池尾（2005）が論理を拡大したものである。
(8) 池尾（2005）は新規参入が起きない程度の格上げを，防衛策として小売店がとることも考えている（88頁）。
(9) 坂田（2007）。ここでは日本の百貨店がスーパーを兼営するようになって，サービ
(10) ドーソン・向山（2015），45頁。
(11) プロセス革新が字義通りの仕入プロセスや納入業者との共同開発だけであるなら，業者間の差別化は進行するが，業態は拡散しない。もしバックシステムの革新も含めて業態という言葉が使用されているなら，「業態の拡散」は従来の小売業態論で業態が拡散しないとしていたことと矛盾はない。業態としての集合を保ったまま差別化競争を行っていたのである。
(12) 日本の例ではあるが，百貨店が他店より安いことを重視していたとする研究もある。この場合の他店はいうもでもなく中小小売店のことではなく，他の百貨店のことである。坂田（2007）。
(13) 設立当初の日本のCVSは生鮮品の取り扱いが行われ，FCでのロイヤルティ徴収

方法が粗利益分配方式でなかったものがあった。納入業者との共同製品開発も優劣の差はあるが他社もある程度は行うようになっている。
(14) 坂川（2009）。ここでは小売フォーマットが小売ミックスと小売技術で規定される際の問題点を考察している。その見解は小売技術だけでなく，小売ミックスだけでも同様に小売フォーマットと小売ミックスを一対一で規定できないというものである。これは小売フォーマットを小売業態に変えても成り立つ。
(15) 業態という用語はそもそも競争関係を意味しているものではないが，まずは当面の競争相手をイメージしやすいとして現在の業態区分（というより業界区分）を問題としてるものとして北島（2015）がある。これによればそもそも内部オペレーションの共通性で区分された百貨店業態という言葉が示す企業群は，消費者が競合店であると考えるものと異なっており，競争関係を表現していないという。
(16) 坂田（2004）は日本の百貨店が採用したイノベーションは，多くがスーパーによって採用されていることを述べている。坂田（2004）の問題意識の一つはその際に百貨店がなぜスーパーと同じセルフサービスを採用しなかったのかということにあるが，その答えは既存業態（百貨店）のそれまでの姿と整合性が取れなくなるようなイノベーションでなくては模倣が繰り返されるためイノベーション，つまり小売技術革新は業態の区分にならないというものである。
(17) 高橋・新倉（2012），127頁。
(18) バックシステムはフロントシステムにどう反映してきたのかを論じたものが小売流通革新論であるという理解から，新倉（2012）ではフロントシステムの消費者認識を重視している（20～21頁）。
(19) 小売の輪についてなされた批判を白石（1987）は5点にまとめている。ひとつは消費者側の要因を無視していること，第2はトレーディングアップ過程での既存の小売形態の反応を無視していること，第3は途上国では高価格での参入があるなど当てはまらないこと，第4は外部の環境要因を無視していること，第5は低価格が実現できる理由が不明確なことである。この中の第1と第3は消費者の業態認識を分析することで，ある程度は回避できる可能性があると考える。
(20) 坂川（2011）64頁。
(21) それまでの品揃え幅決定の仕組みについての説明は，商品取扱技術の差による商品別専門分化の説明と（森下（1960）），需要の大きさによる社会的分業（需要量が大きいとより小さな幅の取扱商品で店舗が成立し，需要量が小さいと品揃えの幅を広げなければ商店が経営できない）であった。これは以前の小売商はよろず屋であったが都市の成立とともに専門店が増えていったという現象を説明するものであった。しかしこの説明には取扱技術の進歩が含まれていない。そのため業種の成立を説明することが困難であった。もっとも石原（2000）の説明でかつて現れた商品別専門分化傾向をどう説明するのかは不明である。
(22) アメリカではウォルマートは例外と考えられている。
(23) 日本ではセブン-イレブンは例外と考えられている。
(24) 清水（2007）はMcNairの著作の検討を通じて，かれの意図が新しい業態の生成ではなく，業態の盛衰にあったことを述べている。

【参考文献】

Davidson W.R., Bates A.D. and Bass S.J., "The Retail Life Cycle", *Harvard Business Review*, Vol.34, November/December, pp.89-96.
McNair M.P.(1958)," Significant Trends and Developments in the Postwar Period ", in A.B. Smith（editor）, *Competitive Distribution in a Free, High-Level Economy and Its Implications for University*, Univ. of Pittsburgh Press, pp.1-25.
石井淳蔵・向山雅夫（2009）『小売業の業態革新』中央経済社。
石井淳蔵（2012）『マーケティング思考の可能性』岩波書店。
石原武政（2000）『商業組織の内部編成』千倉書房。
池尾恭一（2005）「小売業態の動態における真空地帯と流通技術革新」関西学院大『商学論究』52～4，71～95頁。
小川進（1993）「小売商業形態変化研究の現状と課題」神戸大学『研究年報』XXXXIX号，219～241頁。
片野浩一（2014）「小売業態フォーマットの漸進的イノベーションと持続的競争優位」日本商業学会『流通研究』17～1，75～96頁。
近藤公彦（1998）「小売商業形態論の課題」日本商業学会『流通研究』1-2, 44～56頁。
坂川裕司（2009）「小売フォーマット概念の再検討」北海道大『経済学研究』58-4, 271～287頁。
坂田隆文（2004）「業態識別要因としてのイノベーション」『中京商学論叢』51-1, 51～64頁。
坂田隆文（2007）「スーパーマーケット誕生期における百貨店の業態変容」53, 29～49頁。
清水猛（2007）「マーケティング研究の分析枠組み」『横浜商大論集』41-1, 49～69頁。
白石善章（1987）『流通構造と小売行動』千倉書房。
関根孝（2000）『小売競争の視点』同文舘。
高嶋克義（2003）「小売業態革新の分析枠組み」神戸大『国民経済雑誌』187-2, 69～83頁。
高嶋克義（2007）「小売業態革新に関する再検討」日本商業学会『流通研究』9-3, 33～51頁。
高橋広行・新倉貴士（2012）「業態の芽の方向性」『流通科学大学論集―流通。経営編』24-2, 125～149頁。
田村正紀（2008）『業態の盛衰』千倉書房。
中西正雄（1996）「小売の輪は本当に回るのか」関西学院大『商学論究』43-2・3・4, 21～41頁。
新倉貴士（2012）「消費者の業態認識」法政大『経営志林』49-1, 17～29頁。
三村優美子（2014）「日本的小売業態の成立と展開」『青山経営論集』49-3, 27～43頁。
向山雅夫（1985）「小売商業形態論の分析枠組み-1-諸仮説の展望」『武蔵大学論集』第33巻第2・3号, 127～144頁。
向山雅夫（1985）「小売商業形態論の分析枠組み-2完-分析次元とその問題点」『武蔵大学論集』第33巻第4号, 17～45頁。
向山雅夫編（2015）『グローバル・ポートフォリオ戦略』千倉書房。
ジョン・ドーソン（2013）（南知惠子訳）「食品小売業の持続的競争優位性基盤としてのイノベーション」『マーケティングジャーナル』32-4, 5～20頁。
マクネア，メイ（清水猛訳）（1982）『"小売の輪"は回る』有斐閣選書。

第3章
小売国際化の論点と検討課題

柳 純

はじめに

　小売企業が国境を越えて行う活動，すなわち小売国際化には，「小売企業の国際化」および「小売市場の国際化」の2つの側面がある[1]。前者は小売企業の国際事業展開における当該国・地域における商品，小売経営技術，労働力，資本などが国際化することを指し，後者は小売企業の国際化にともなう当該国・地域における市場の国際化を意味している。

　小売国際化に関する研究は，ここ20年ほどで飛躍的に進んできたと思われる。これまでの小売国際化の研究成果を大きく3点に集約すると，第1に小売企業の海外出店状況や活動の紹介，すなわち「小売国際化の事象把握」に始まり，第2に小売企業の海外出店の定義や要因分析等を含む「小売国際化概念の理解とその整理」，そして，第3として小売企業の国際的活動の進展，小売ノウハウや人的資源の移転をともなう小売企業の国際的活動の進展ないし，小売市場の国際化過程（プロセス）に焦点を当てる「小売国際化プロセスの解明[2]」となるであろう。

　いまや小売国際化研究は，小売企業の国際展開を「点」から「面」へ，定量的分析だけではなく，定性的分析を必要とする段階にきている。そこで本章では，上述の小売国際化の2側面を意識しながら，これまでの小売国際化の概念整理を行い，改めて小売企業の国際展開に係る論点を抽出して検討することで，小売国際化に向けた課題を明らかにすることを目的としている。

第1節　小売国際化の概念と理論

　小売国際化研究における「小売国際化」とは，どのような現象や状態を意味するのであろうか。以下では，小売企業の国際活動ないし小売市場の国際化に関する代表的な研究者の見解を取り上げてみたい。

　まず，小売国際化を分析する上で起点となる「小売国際化の諸側面」における研究成果を上げている McGoldrick（1995）は，①国際的拡張，②海外競争，③国際的商品調達，④国際的提携，⑤ノウハウやアイディア移転の5つの小売国際化の側面を主張している。すなわち，上記の①から⑤のそれぞれを本国小売企業の海外市場参入，海外小売企業の本国市場への参入，小売企業の国境を越えた商品調達，国境を越えた小売企業間の提携，国境を越えた小売経営における知識の移転を「小売国際化のベース」として捉えている。

　また，Alexander（1997）は，小売経営技術を海外移転させること，もしくは国際的取引関係を確立することが国際的小売活動であり，規制，経済，社会，文化，小売構造などの国境を克服して小売業を自国とは異なる環境のなかで成立させる国際的統合段階にまで小売組織を発展させる必要性を説いている。すなわち，彼は規制，経済発展度，社会状態，文化的環境，小売構造などにおいて相互に異なる市場における小売オペレーションのマネジメントを「国際的小売活動」と強調し，小売企業が国際展開するためには小売組織が重要であることを唱えている。

　一方で，向山（1996）の見解では，小売国際化概念とは，①日本から海外へ企業が進出すること，②日本から海外へ商品が供給されること，③海外から日本に商品が供給されること，④海外から日本に企業が進出することを意味している。彼の研究成果は，小売国際化を「戦略行動次元」と捉えて，「内から外」，「外から内」を意識しながら「出店行動」と「商品調達行動」を4つのセルで説明しながら，小売企業の国際展開の道程（パス）は多様であることを言及したことである。

川端（1999）は，小売国際化を小売市場の特性や構造[3]に適応した小売企業の行動に求め，標準化戦略である「①飛び地戦略」，「②優位性戦略」，適応化戦略として「③特定市場適応化戦略」，「④複数市場適応化戦略」，そして「⑤グローバル戦略」の5つの戦略を提示した。彼の指す標準化戦略では，母市場フィルター構造と共通性が高い市場フィルター構造をもつ海外市場への小売企業の進出を意図し，母市場でのノウハウ等や出店様式をそのまま活かしやすい点が強調されている。もう一方の適応化戦略は，程度の差はあるが特定市場を絞りながら現地化を目指す意味で採用され，そしてグローバル戦略は多くの市場フィルター構造に適合させるべく，小売企業が大きく戦略変化させながら目指す戦略であるとしている。さらに川端（2000）では，①店舗立地の国際化，②商品調達の国際化，③資金の国際化，④金融機能の国際化，⑤非小売事業の国際化，⑥労働力の国際化の5つの小売企業の国際化の諸側面についても言及している。

青木（2000）は，単一あるいは複数の小売企業の協業によって国境を越えた（2カ国以上で展開される）流通活動が展開される場合を小売国際化と呼んでいる。具体的には「市場参入」，「商品調達」，「知識移転」の国際化側面を取り上げ，早い段階から小売企業が採用する進出先国・地域における小売営業形態の生成過程，すなわち小売業態の進化プロセスにも着目している。

さらに，時期を同じくして小売国際化プロセスについて詳細な分析を行っている矢作（2001）は，小売企業の国際化を，①商品の国際化，②経営技術の移転，③資本の国際化に求め，そのなかでも資本の自由化政策に直接影響される「資本の国際化」を小売国際化の最重要キーワードとして認識している。続いて，矢作（2007）においては，分析視点を「市場」と「組織」に絞り，小売国際化は小売業の諸活動が国境を越え，異なる経済的，政治的，文化的構造を備えた国際市場に組み込まれていく過程を意味することを言及している。

金（2008）では，国内市場と海外市場とを区別することを小売「国際化」，国内および海外の市場を一元的に捉えることを小売「グローバル化」とし，小売企業の海外進出の戦略性を意識して，あえてグローバル戦略は標準化であり，

多国籍戦略は適応化であると述べている。

近年の研究成果では，今井（2014）が明らかにしているように，カルフールの日本撤退を通じて小売システムの国際移転プロセスとそのメカニズムの解明も進んでいる。この研究からは，本章でも取り上げる小売知識の国際移転問題に関する多くの示唆が得られている。

第2節　小売国際化をめぐる論点

1. 論点の所在

前節では，小売国際化概念について整理してきたが，本節では，小売国際化の本質に迫る意味で，小売国際化をめぐる論点となる小売企業の国際的取引における「市場」と「組織」の2点に注力することにする。より具体的には，前者は「国際的小売市場環境」，後者は「国際的小売組織の構築とその編成」となる。ここでは前者の議論として，小売国際化の原動力となっている「市場環境要因」について，過去の研究成果を取り上げて検討する。そして，後者は小売企業の内部環境における資源問題，すなわち「小売知識の国際移転」と，国際的小売組織のあり方である「小売組織の国際編成」の問題として取り上げる。

2. 小売内部環境要因分析の欠落

小売企業の当該国・地域への進出における環境分析を行ったのが，Treadgold = Davies（1988）である。彼らは欧米諸国の大規模小売企業を分析する過程において，当該小売企業を本国市場から海外市場へと後押しする要因（プッシュ要因）と，当該小売企業が海外市場から引きつけられる要因（プル要因）に分けて分析している。そして，小売企業の国際進出の参入規定要因は，社会文化的距離，国際経験，企業理念，小売企業特性などであると言及している。

Alexander（1990）においては，①進出先国の市場規模，②進出先国の経済的繁栄水準，③自社の業態，④自社の取扱商品ライン，⑤進出先国における小売業の発達度なども大きな環境要因である点を指摘している。

小売企業を海外へ押し出す要因には，小売企業内部における環境要因と，小売企業を取り巻く外部環境要因が考えられる。例えば，Williams（1992）は，前者の小売企業内部の「国際市場で通用する経営革新性」，「能動的成長志向」を大きな因子として主張している。一方，後者では，Dawson（1994）のように「切迫した本国市場の飽和」を要因とするアホールドや GIB の海外進出,「本国の出店規制による立地余地の限界」を要因とするカルフールやオーシャンが展開するハイパーマーケット業態の海外出店研究の成果も上がっている。

他方の小売企業が海外から引きつけられる環境要因にも，小売企業内部における環境要因と，小売企業を取り巻く外部環境要因が多く存在している。例えば，Alexander（1990）で言及されているのは，当該小売企業の進出先国・地域における外部環境下での「ニッチ市場の存在」である。同様に先の Dawson（1994）の研究では，小売企業を取り巻く外部環境要因に関して，「進出市場の未開拓性や成長性の存在」を要因とするトイザらス，イケア，ボディショップなどの海外出店を挙げている。また彼の研究からは小売企業内部環境要因として「複数市場へのリスク分散」を要因とするメトロ，テンゲルマンなどの多角的海外投資，「企業家精神，冒険心」を要因とするマークス＆スペンサー，C&A，ヤオハンなどの海外進出や「海外での顧客対応」を要因とする日系百貨店の例などが取り上げられている。

図表 3-1 は，Alexander（1997）の研究成果に，Alexander（1990），Williams（1992）や Dawson（1994）の見解を付け加え，さらに小売企業の内・外部環境要因別に分類したものである。小売企業の内・外部環境要因に着目した小売国際化の環境要因分析は，小売企業の海外進出先国・地域への参入要因，すなわち小売企業の国際展開を促す内側と外側からの動機づけとなっているが，図表 3-1 の通り，小売企業の外部環境要因に比べて内部環境要因が極端に少ない。

実のところこの小売国際環境要因分析で最も欠落している点は，小売企業内部における環境要因を十分に説明していないところにある。先の Alexander（1990）や Dawson（1994），Alexander（1997）に至るまでの研究では，小売企業の外部環境要因としての項目が大半を占めている。しかも，Williams

(1992) の「国際市場で通用する経営革新性」や，Dawson (1994) の「企業家精神，冒険心」においても，小売企業の自発的・能動的行動による国際進出のメカニズムを具体的かつ詳細に説明するものではないと言える。

図表 3-1 小売国際環境要因

		プッシュ要因	プル要因
小売企業の外部環境要因	政治的	政治的な不安定 厳しい規制環境 反商業振興的な政治風土の支配 消費者金融の制限	政治的な安定 ゆるやかな規制環境 商業振興的な政治風土の支配 ゆるやかな消費者金融の規制
	経済的	経済の低迷 低成長 高いオペレーションコスト 市場の成熟 国内市場規模の小ささ 切迫した本国市場の飽和化 (Dowson 1994) 本国の出店規制による立地余地の限界 (Dowson 1994)	良好な経済状態 高度成長の滞在的可能性 低いオペレーションコスト 発展市場 資産投資への期待 巨大市場 好ましい為替レート 安い株価 ニッチ市場の存在 (Alexander 1990) 進出市場の未開拓性や成長性の存在 (Dowson 1994)
	社会的	ネガティブな社会環境 魅力に欠ける人口統計上の傾向 人口の停滞もしくは減少	ポジティブな社会環境 魅力的な人口統計上の傾向 人口増加
	文化的	排他的文化風土 異質な文化環境	文化的共通点によるなじみやすさ 魅力的な文化の組織構造 革新的なビジネス・小売文化 企業エートス 同質な文化環境
	小売構造	厳しい競争環境 高い市場集中度 業態の飽和 好ましくない経営環境	ニッチ機会の存在 自社保有設備の存在 追随的拡張 好ましい経営環境
小売企業の内部環境要因		—	国際市場で通用する経営革新性 (Williams 1992) 能動的成長志向 (Williams 1992)	複数市場へのリスク分散 (Dowson 1994) 企業家精神，冒険心 (Dowson 1994) 海外の顧客対応 (Dowson 1994)

出所：Alexander (1997), p.129 をベースに Alexander (1990), Williams (1992), Dowson (1994) の見解を追加し，さらに小売企業の内・外部環境要因別に分けた。

このように，小売企業が進出先国・地域へ進出する際の動機づけや参入要因の大部分が外部環境にのみ委ねられるならば，小売国際化の領域は非常に狭くかつ限定的なものになるであろう。その点を回避するべく，Bartels (1970)

のように，①社会的要因，②マーケティングタスク，③マーケティング行動，④技術マーケティングシステムの関数を用いることは有効であろうし，現実的には小売企業を取り巻く外部環境を小売システムと捉えることで，小売企業のマーケティングプロセスとその環境との関係性における多国・地域間の比較が必要となってくる。その先駆的研究として，Kaynak (1986) や白石・鳥羽 (2002) が主張する，環境条件と小売企業との関係ないし小売システムとしての多国・地域における比較流通の視点が重要となるであろう。

しかしながら，白石・鳥羽 (2002) が言及する小売システムの「①供給システム」，「②業態特性・補助技術」，「③提供物（オファーリング）」が一体となり，制度的な体系をなす点に異論はないが，これは小売国際化分析の困難性を示している。つまり，当該母市場における小売企業のビジネスモデルあるいは競争優位性を，どのように小売システムのセットとして柔軟性をもって変化させていくかという新たな問題点に突き当たることになる。例えば，②の業態特性についても進出先国・地域の環境変化への適応および当該小売企業のフォーミュラ（地域特定的な小売業態のこと）の開発などの小売革新の必要性に迫られ，結果，その開発に成功したとしても，現地での小売技術の移転の仕組みとその競争優位性を簡単に証明することはできない。

したがって，小売国際化研究では，当該市場における「小売システムをセットとして捉えた小売国際化分析」の必要性があるにもかかわらず，その分析には限界が見え隠れするのである。

3. 小売知識の国際移転の捉え方

小売国際環境要因には，上述のように外部環境要因と内部環境要因が存在するが，とりわけ小売国際化の進展で重要となるのが内部環境要因である。小売企業の内部環境で蓄積されている有形無形の資源は，外部環境下における競合企業に対して競争優位に働くことがしばしばある。企業行動および企業の成長を説明する際に，海外直接投資を事業機会の拡張と認識している Penrose (1956) の研究を拡張させた Wernerfelt (1984) や Barney (1991) の研究でも，どのよ

うな資源が競争優位の獲得に有効であるかが論じられている。

　小売企業研究において，いわゆる資源ベース論（Resource-Based View：RBV）を意識した研究者としてKacker（1988）を挙げることができよう。彼は，小売業の国際化を小売ノウハウの海外市場移転として捉えており，「移転」と「伝播」を明確に区別し，前者が小売ノウハウをもつ子会社の設立，合弁事業の確立，フランチャイズ技術指導など，後者を海外企業の視察，国際セミナーへの参加，海外企業の模倣などとしている。また，Dierickx = Cool（1989）は有形無形の資源のうちで企業が保有する知識，ノウハウ，評判などの無形資源を取引不可能な資源とし，取引不可能な資源が他企業に対しての競争優位やレント（超過利潤）の源泉になりうると説明する。

　同時期には，Meyer = Boone（1989）が情報のもつ「付加価値」の測定を試み，情報によって生み出されている競争優位の獲得事例を取り上げ，情報技術を戦略的資源として捉えようとしている。それに付け加えて，Barney（2002）では，上述のKacker（1988）が示すような，小売ノウハウを含む模倣困難な固有の持続的経営資源を有する小売企業に関して，競争がグローバル化すればするほど，より優位に事業展開できることを言及している。さらに，金（2008）においても提示されているように，小売ノウハウ等の国際移転において移転可能な「技術依存型小売ノウハウ」と，移転不可能な「管理依存型小売ノウハウ」とを明確に区別することで，改めて小売企業戦略との関係で小売企業の国際知識移転を捉える必要性があることが確認できる。

　また，小川（2000）の「情報の粘着性」に着目した小売イノベーション発生のメカニズムが小売ノウハウの国際移転では，コスト優位の説明としては，かなり有力な手がかりとなるであろう。情報の粘着性とは，Hippel（1994）が提唱した「情報の種類」，「情報の使い手の属性」，「情報の量」からなる局所的に生成された特定情報が別の場所へと移転（移転させる）する際に，どれだけコストが発生するのかという概念である。当然，情報の種類（例えば形式知と暗黙知といった質的な差異等）や，情報の使い手の属性が異なれば異なるほど，そして情報の量が多ければ多いほど移転しにくいため，移転に係るコストが高

くなるということになる。例えば，特定の小売企業が保有する小売知識が，ある場所から別の場所へと移転する場合，情報の粘着性が高ければ移転しにくく，情報の粘着性が低ければ容易に移転するということになる。情報の種類であれば，小売企業の場合にはマニュアル化されているような「形式知」と比較して，当該企業独自の経験則や容易に模倣できないようなノウハウ等の「暗黙知」は容易に移転しないし，移転させるには非常にコストがかかる。

なお，親会社の保有する移転される知識は，国内市場から海外市場へ現地での経験則やそこから生じた知見の蓄積をともなう現地子会社あるいは合弁会社の独自の知識として蓄積され，これが小売技術イノベーションの源泉となり，当該市場環境への適応（創造的連続適応）をさらに促すことになる。

図表 3-2　小売企業の国際知識移転

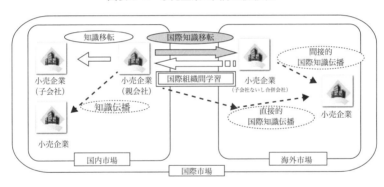

出所：筆者作成。

一方で，このような国内市場から海外市場へともたらされた当該小売企業の知識は，独自の小売知識として国際組織間学習を通じて本国・地域へフィードバックされる（図表3-2）。

小売国際化の論点の1つとして，小売企業の保有する「小売知識」を挙げるのは，「簡単に移転するような小売知識」ならば競合他社への競争優位を築くことが困難になると考えるからである。逆に「移転させるのが困難な小売知識」であるからこそ，あるいは模倣しにくい内部資源であればあるほど，競合企業

に対して国際展開上の競争優位を築くことができると考えられる。

4．小売組織の国際編成の必要性

　ここで商業組織の原点に立ち返れば，森下（1967）は，商業組織は段階別，部門別，形態別の分化をなす複雑で重層的な構成をもっていると述べている。小売国際化においても分析対象となる商業組織の本質は変わらず，言うまでもなく段階別組織は「小売組織」が主で，部門別小売組織は「消費財小売組織」であり，形態別組織は，①取扱品目数，②取扱品種，③機能ないし活動，④所有・経営関係，⑤規模，⑥性格を基準[4]とした小売組織を指すことになる。

　小売組織を国際的に構築するには，小売経営的側面とその小売が保有する技術的側面は看過できない。先のKacker（1988）の研究では，移転する小売資源として，①小売経営ノウハウとしての小売概念，②小売哲学，③経営管理，④経営手法などの経営的側面を挙げている。また彼は小売企業の①品揃え，②店舗レイアウト，③立地条件，④価格などの技術的側面をも取り上げているが，これらはすべて小売の組織に関係することである。

　一方で，小売の組織行動に着目した研究者のVida = Fairhurst（1998）は，「前提」，「プロセス」，「結果」の3つの過程を明確にして小売国際化プロセスを「組織行動モデル」として提示している。彼の理論を応用した矢作（2007）は，小売企業の国際展開の実際を動態的な小売プロセスとして「初期参入」,「現地化」,「グローバル統合」の各段階の関連性と相互作用を「組織行動モデルⅡ」として解明した。具体的には，小売企業の現地化段階にスポットを当て，小売業態とその小売業態にともなう知識を国際移転対象として，小売事業モデル[5]の国際移転を明らかにしている。つまり，これらの研究は組織の発展段階を意識した国際的小売組織の必要性を説いている。

　また，小売企業における国際組織上の戦略の差異，とりわけ小売企業の成長・発展に着目した戦略ベースでの論点も存在する。まず第1に，Pellegrini（1994）の研究を取り上げるとすれば，彼はAnsoff（1965）の研究を応用して小売企業の国際化を企業成長戦略と捉え，「地理的多角化」と「商品多角化」の2軸を

用いて，①地理的多角化，②商品多角化，③グローバル・限定製品多角化，④商品多角化・限定国際化，⑤国際的小売コングロマリットの5つに類型化[6]し，小売企業の成長パターンを説明した。

第2に，Porter（1986）の成果は，商品特性による競争戦略変化，チェーンオペレーションの有効性など小売業が直接応用化可能な部分も多く，組織の競争をベースとした論点を提供している点は評価できる。彼は，当該国における自社の競争上の地位が，①他国における競争上の地位と関連性が深いグローバル業界，②他国における競争上の地位と無関係にあるマルチドメスティック業界とに大別し，グローバル企業の競争戦略に関して言及している。

このように，小売企業の国際事業活動の側面では，当然，国際事業展開するための「戦略的な小売組織の構築とその編成」が求められる。

第3節　小売国際化の今後の検討課題

前節では，小売国際化における論点として「市場」と「組織」についてポイントを絞り言及してきた。本節では，小売国際化の論点をむやみに拡張することは本意ではないが，残された若干の課題の検討を行う。

1. 標準化－適応化問題

小売企業が国際展開する際には，母市場とは異なる進出先市場における適応，すなわち小売企業を取り巻く外部環境への適応が必要であるとの話がよく取り上げられる。この点は，例えば日本の製造業を中心とする多国籍企業が進出先国・地域における日々変化する市場環境に対して生産の優位性を維持しながら「いつ・どこで・何を・どの程度」標準化（適用化）・適応化（現地化）するかを研究対象とした「標準化－適応化」の議論がある。

研究成果の代表としては，Salmon = Tordjman（1989）の研究がある。彼らの功績は，標準化をベースとするグローバル戦略，適応化をベースとするマルチナショナル戦略を採用する小売企業の国際化行動の類型化を試みた点であ

る。次に，Alexander = Myers（2000）では，「①市場の地理的拡張」と「②企業パースペクティブ」と呼ばれる企業の統制メカニズムや市場感応性，企業価値等を含む概念の2次元でグローバル小売企業の類型化を試みている。

さらに，小売企業の利益を上げる仕組みの変化を適応化として挙げる川端（2000）の研究や，標準化と適応化の併存を主張する白石・鳥羽（2003）の研究，環境変化（時間経過）による2つの標準モデルを提示した白（2003）の研究がある。

一方で，矢作（2007）の現地化プロセスにおける①完全なる標準化，②標準化のなかの部分適応，③創造的連続適応，④新規業態開発の4つのタイプ別分析により，標準化と適応化は対立概念ではなく，標準化のなかに適応化があり，適応化の果てに標準化があるとの指摘もみられる。

上述の成果に一区切り付けたのが西島（2009）である。彼は上述の各研究者のレビューを行い，小売企業の背後にある商品供給システムや物流システムを切り離し，基点とする標準モデルとなる小売業態（小売コンセプト）の変更の可否に基づいて「標準化と適応化の分岐点」を探求し，標準化－適応化問題の一解決に到達している。

しかし，この議論は，従来からある製造業ベースでの理論を小売業ベースにそっくりそのまま援用できないという立場から始まり，小売国際化における小売企業が直面する小売営業形態（小売業態）の議論やオペレーションの問題へと発展しているために，今後も検討の余地は大いにあると言える。

2. 電子商取引化で加速する通信販売

小売企業がターゲットとしている市場を母市場（国内市場）と進出先市場（海外市場）と呼べば，小売国際化プロセスにおける無店舗販売に該当する「インターネット通信販売」の台頭は，どのように理解すれば良いであろうか。

通信販売の歴史は意外と古く，1700年代半ばに始まり，1800年代中頃までには種苗やスポーツ・キャンプ用品等の販売が限定的に行われていたとされている。少なくとも日本では，外国の種苗のみならず書籍・雑誌や音楽関連商

品（当初はレコードやカセットテープ等）の販売がなされ，百貨店の通販事業部の設置や新聞社や雑誌社による「通販代理」が存在している。

　今日，情報インフラの充実，とりわけ通信速度の高速化やワイヤレス化，低価格化が実現されてきている。さらに，情報通信機器のポータブル化の加速に拍車がかかるとともに，我々は気軽に「企業と消費者間における電子商取引（B to C EC）」を利用するようにもなってきている。経済産業省（2016）によれば，2015年におけるB to C ECの市場規模は13兆7,746億円であり，その分野別内訳では物販系分野が7兆2,398億円（52.6％），サービス系分野が4兆9,014億円（35.6％），デジタル系分野が1兆6,334億円（11.9％）の順に多くなっている[7]。この調査では越境EC（アメリカ，中国）についても調査対象となっており，国内市場と海外市場の動向が注目されている。

　しかし，現段階の小売国際化に関する議論では，少なくともB to C ECは軽視されている。それは，これまでの小売国際化に係る議論の中心は有店舗販売，とりわけ百貨店，スーパーマーケット，コンビニエンス・ストア，専門店などであり，無店舗販売はその営業形態上の特性から議論の対象とされなかったためである。さらに，インターネットを介したネット店舗（バーチャル店舗）は，有店舗（リアル店舗）と比べて，その販売額がいまだ低いレベルにとどまっていることが1つの理由として挙げられる。

　もう1点は，B to C ECが小売業主導ではなく，どちらかと言えば情報サービス業による国際市場拡大の仕組みとして捉えられている点である。阿部(2016)も指摘しているように，バーチャル空間の拡大への貢献による他の産業に与えるインパクトも軽視できないレベルになってきており，情報サービス業は単なる媒介者とは言えないとの指摘もある。そのために小売国際化に関する議論をする際は，「情報サービス業を媒介としたネット店舗との取引」（楽天やYahoo!等が採用するタイプ）と，「情報サービス業を介さない直接的なネット店舗との取引」（Amazonが主として採用しているタイプ）との差異を認識しながら，小売国際化の議論をしなければ意味がないように思われる。

　情報技術（IT）や情報通信技術（ICT）の高度化がもたらす「インターネッ

ト通販」市場は今後も拡大するであろう。小売国際化では国境を意識した有店舗を展開する小売企業の活動が前提とされているが，インターネット通販を行う小売企業は，まさに国境を意識する必要がない点で「ボーダーレス小売企業」であり，論点としては，現実的に国際小売市場や国際小売組織の概念すら不要なのかも知れない。

第4節 今後の展望

　現在，世界的な大規模小売企業が国際展開するに至っているが，小売国際化をめぐる論点を抽出するには，「なぜ小売業は国境を越えたのか」という素朴な疑問が出発点となる。より正確に言えば，「なぜ小売業は国境を越えられたのか」という命題を解く鍵が必要となっている。

　海外に目を向けると，世界最大の小売企業である Wal-Mart Stores Inc.（アメリカ）を筆頭に，Tesco PLC（イギリス），Carrefour S.A.（フランス），Schwarz Unternehmenstreuhand KG（ドイツ），Costco Wholesale Corporation（アメリカ），Metro Ag（ドイツ）などは，母市場である本国以外でも小売活動を行う多国籍企業である。全米小売業協会（National Retail Federation：NRF）の「TOP 250 GLOBAL RETAILERS, 2014」によれば，以上の小売企業のうちで海外進出先の国・地域数が多い順に Carrefour S.A. (34)，Metro Ag (32)，Wal-Mart Stores Inc. (28)，Schwarz Unternehmenstreuhand KG (26) となっており，また同様に日本小売企業の上位には Seven & i Holdings Co. Ltd. (18)，Aeon Co. Ltd. (11) が挙げられる[8]。ちなみに，上述の企業を含む小売企業の国際展開の端的な特徴は，進出先国・地域での多店舗展開による商品販売のみならず，情報網を駆使した商品調達，物流拠点の整備あるいは PB（Private Brand）商品開発等までをも手掛ける世界的な大規模商業活動にある。

　小売業の国際展開は何を意味するのであろうか。小売業の海外進出は，メーカーの海外進出とは異なり，また小売業の国際化は製造業の国際化と比べて遅く現れると言われている。その理由は，進出先国・地域における小売活動は，

現地の政治的・経済的環境から大きな影響を受け，また大部分が現地での消費者購買行動に規定されるからである。とは言え，当該小売市場の発展プロセスにおいて，小売企業自らが内的環境要因によるインパクトを常に外部環境に対して与え続けている点は解明されるべき点であろう。最後に，本章で明らかにした小売国際化の論点としての「国際的小売市場環境」および「国際的小売組織の構築とその編成」の詳細な分析は，今後の継続課題としたい。

【注】
(1) 小売分野における「国際化」は国境の存在や意義を意識し，国境を越えるごとに経営方法や販売する商品を変えて対応することを指し，「グローバル化」は国境の存在や意義を乗り越えたボーダーレスな行動であり，国境を越えても経営のやり方や販売商品を変えないことを指している（川端 2000, 10 頁）。
(2) 小売国際化プロセスの解明は，現段階における研究成果として一定の評価をすることができるが，現在も継続研究である。
(3) ここでは，政府の規制，物流基盤，製造業の発達度，中間業者の発達度，人口規模やその構成，所得，消費者選好などの市場特性である「フィルター構造」を考慮した小売企業の展開を論じている（川端 1999, 237～239 頁）。
(4) 竹林（1967）による主な分類であるが，小売組織形態の実態はいくつかの形態の結合として存在する。
(5) 小売事業モデルは，小売業態戦略を核とする小売業務システムと，それを支える商品調達システムおよび商品供給システムである。詳しくは矢作（2007）を参照されたい。
(6) 具体的には，①は大型専門店のトイザらスやイケア，小型専門店のベネトンやボディショップなどが該当する。これらの小売企業はグローバルな規模で商品標準化を図るタイプの企業である（グローバル企業）。③はカルフールやマークス＆スペンサーなど地理的多角化を推し進め，取扱商品も限定的ながら拡大するタイプの小売企業を指す。④には商品多角化を推し進めながら地理的多角化を図るセインズベリーやシアーズを代表とする小売企業，そして⑤には，メトロや GIB などの地理的多角化と商品多角化を同時に達成していくタイプの小売企業が挙げられる。
(7) 経済産業省（2016），24 頁。
(8) NRF の 2014 年ランキングを参照（https://nrf.com/2016/global250-table）(2016 年 7 月 17 日アクセス）。なお Aeon Co. Ltd. と Seven & i Holdings Co. Ltd. は，第 16 位と第 19 位にランクされている。

【参考文献】
Alexander, N.（1990）"Retailers and International Markets: Motives for Expansion", *International Marketing Review*, Vol.7, No.4, pp.75-85.
Alexander, N.（1997）*International Retailing*, Blackwell.
Alexander, N. and H. Myers（2000）"The Retail Internationalization Process",

International Marketing Review, Vol.17, No.4/5, pp.334-353.
Ansoff, I. H. (1965) Coporate Strategy : an analytic approach to business policy for growth and expansion, McGraw-Hill. (広田寿亮訳 (1981)『企業戦略論』産業能率大学出版部)
Barney, J. B. (1991) "Firm Resources and Sustained Competitive Advantage", Journal of Management, Vol.17, No.1, pp.99-120.
Barney, J. B. (2002) Gaining and Sustaining Competitive Advantage, Second Edition, Prentice Hall. (岡田正大訳 (2003)『企業戦略論―競争優位の構築と持続―【上】基本編』ダイヤモンド社)
Bartels,R. (1970) Marketing Theory and Metatheory,Homewood,IL,USA:Richard D.Irwin.
Dawson,J.A. (1994) "Internationalization of Retailing Operations",Journal of Marketing Management,Vol.10,No.4,pp.267-282.
Dierickx,I.and K.Cool (1989) "Asset Stock Accumulation and Sustainability of Competitive Advantage",Management Science,Vol.35,No.12,pp.1504-1511.
Kacker,M. (1988) "International Flow of Retailing Know-How:Bridging the Technology Gap in Distribution",Journal of Retailing,Vol.64,No.1,pp.41-67.
Kaynak,E. (1986) Marketing and Economic Development,New York,Praeger Publishers (阿部真也・白石善章訳 (1993)『マーケティングと経済発展』ミネルヴァ書房).
McGoldrick,P.J. (1995) "Introduction to International Retailing",in McGoldrick,P. J. and G.Davies (ed.) International Retailing : Trends and Strategies,Pitman Publishing,pp.1-3.
Meyer,N.D. and M.E.Boone (1989) The Information Edge,Gage Publishing (長谷川正治・北原康富訳 (1991)『情報優位の企業戦略』TBSブリタニカ).
Pellegrini,L. (1994) "Alternatives for Growth and Internationalization in Retailing",The International Review of Retail, Distribution and Consumer Research,Vol.4,No.2,pp.121-148.
Penrose,E.T. (1956) "Foreign Investment and the Growth of the Firm",The Economic Journal,Vol.66,No.262,pp.220-235.
Porter,M.E. (1986) Competition in Global Industries,Harvard Business School Press (土岐坤ほか訳 (1989)『グローバル企業の競争戦略』ダイヤモンド社).
Salmon,W.J. and A.Tordjman (1989) "The Internationalization of Retailing", International Journal of Retailing,Vol.4,No.2,pp.3-16.
Treadgold,A.D.and R.Davies (1988) The Internationalization of Retailing, Longman.
Vida,I. and A.Fairhurst (1998) "International Expansion of Retail Firms : A Theoretical Approach for Future Investigations",Journal of Retailing and Consumer Services,Vol.5,No.3,pp.143-151.
Hippel,E.V. (1994) "Sticky information and the locus of problem solving:Implications for innovation",Management Science, Vol.40,No.4,pp.429-439.
Wernerfelt,B (1984) "A Resource-Based View of the Firm",Strategic Management Journal,Vol.5,No.2,pp.171-180.
Williams, D. E. (1992) "Motives for Retailer Internationalization : Their

Impact,Structure and Implications", *Journal of Marketing Management*, Vol.8, No.3, pp.269-285.

青木均 (2000)「小売業国際化の研究領域」『商学研究』(愛知学院大学) 第 43 巻第 1 号。

阿部真也 (2016)「ネット・イノベーションの世界再編成の未来像」阿部真也・江上哲・吉村純一・大野哲明編『インターネットは流通と社会をどう変えたか』中央経済社。

今井利絵 (2014)『グローバルリテーラー』中央経済社。

小川進 (2000)『イノベーションの発生論理』千倉書房。

川端基夫 (1999)『アジア市場幻想論』新評論。

川端基夫 (2000)『小売業の海外進出と戦略』新評論。

川端基夫 (2011)『アジア市場を拓く』新評論。

金亨洙 (2008)『小売企業のグローバル戦略と移転』文眞堂。

経済産業省商務情報政策局情報経済課 (2016)『平成 27 年度我が国経済社会の情報化・サービス化に係る基盤整備（電子商取引に関する市場調査）』。(http://www.meti.go.jp/press/2016/06/20160614001/20160614001-2.pdf)

白石善章・鳥羽達郎 (2002)「小売技術の海外移転に関する一考察 (1)」『流通科学大学論集－流通・経営編－』第 14 巻第 3 号。

白石善章・鳥羽達郎 (2003)「小売企業の総合型業態による海外戦略」『流通科学大学論集－流通・経営編－』第 16 巻第 1 号。

竹林祐吉 (1967)「現代商業の形態」森下二次也編『商業概論』有斐閣。

西島博樹 (2009)「小売国際化における標準化－適応化問題」岩永忠康監修, 西島博樹・片山富弘・宮崎卓朗編『流通国際化研究の現段階』同友館。

白貞壬(2003)「グローバル・リテイラーの現地適応化過程とその段階的解明」『流通研究』(日本商業学会) 第 6 巻第 2 号。

森下二次也 (1967)「商業の分化と商業組織」森下二次也編『商業概論』有斐閣。

向山雅夫 (1996)『ピュア・グローバルへの着地』千倉書房。

矢作敏行 (2001)「アジアにおけるグローバル小売競争の展開」ロス・デービス・矢作敏行編, 外川洋子監訳『アジア発グローバル小売競争』日本経済新聞社。

矢作敏行 (2007)『小売国際化プロセス』有斐閣。

第1部　小売商業の理論と戦略

第2編　小売商業の革新・戦略

第4章
小売マーケティング戦略
Insight To the Difference of Retail Marketing Strategy

片山 富弘

はじめに

　小売マーケティング戦略とは，マーケティング戦略の小売業版である。小売業の範囲は，有形店舗と無形店舗などの多岐にわたっている。フィリップ・コトラー (Philip Kotler) は，小売業には独自のマーケティング戦略が必要であるとしており，小売業者にとって最も重要な意思決定は，標的市場に関するものであるとしている。そして，標的市場を明確にし，その輪郭が描けて初めて，製品の品揃え，店内装飾，広告のメッセージと媒体，価格，サービスレベルについて，首尾一貫した意思決定を下すことができる（コトラー 2001，635～653頁）。また，レビーとウエイツ (M.Levy & B.A.Weitz) は，小売マーケティング戦略は，標的市場，小売業態，持続的な競争優位計画の3つに関する意思決定が重要であるとしている (Levy & Weitz 2001, p.171)。本論文では，マーケティング戦略の考え方について述べ，小売マーケティング戦略と小売マーケティング・ミックスについて述べていく。問題は戦略の中にマネジメントを含んでいるのかによって，差異が生じていることである。

第1節　差異の考え方

1．差異の概念整理

　初めに差異の概念整理をしておく。差異は差違であり，差別が最近使用され

なくなってきていることから，例えば，差別化戦略というより，差異化戦略というように，差異という言葉を用いる。差異の反対語は同質であり，パリティ (Parity) である。

また，差異と類似している言葉を確認しておく。差異のなかで，区別は異なり，区別は差異のある状態を指しており，区分を意味しており，マーケティングでは市場セグメンテーションというように用いられる。また，進化は変化している様子を指しており，退化がその対をなしている。さらに，変化は進化または退化した後のことであり，差異とのかかわりのなかで，変異として用いられる。変化は差異の一部である。これらの言葉を用いるとすると，例えば，ある状態が進化して変化した，となる。

次に差異化であるが，差異に化がついたものは，差起から差進を経て，差変の一連の流れを差異化とみることができる。その際に，差異化の程度として大・中・小が存在することになる。差異化の程度が小さい場合や同質化がみられる場合は，「同質化のなかの差異化」ということになる。差異の程度については，差異の小（同質性），差異の中，差異の大の3つに区分することで，差異の程度の大きさを表現することができる。差異の小から大に向けて，類似商品から大きく異なる商品へと展開されることになる。また，差異化の区分として，認識的差異，空間的差異，時間的差異の3つが考えられる（片山 2015a, 20～25頁）。

（1）認識的差異

認識的差異とは，事例を分析や考察する際に，モノやコトをみる際に発生する差異のことである。コミュニケーションギャップなどはこれに相当する。3つの差異のなかでも，もっとも根幹をなすものである。

＜背景＞

主体と客体がそれぞれに引き起こす認識のギャップであり，差異が常に生じるもととなるものである。コップというものに対する受け方の捉え方によっては，陶器のコップ，プラスチックのコップ，思い入れのあるコップなど様々であることによることから，このことは認識的差異と考えられる。

(2) 空間的差異

空間的差異とは，同じものごとでも，空間が異なれば，差異が生じていることを意味している。例えば，焼きそばでも，静岡県の富士宮焼きそばと栃木県の那須塩原の焼きそばでは，その内容が全く異なっている。同時の異空間ともいうべきものである。

＜背景＞

同じ商品であっても，地域が違う場所で提供されている，また，同じ商品が形を変えて提供されていることは，この空間的差異であり，同時的存在ともいえるものとして考える。

(3) 時間的差異

時間的差異は，チャールズ・ダーウイン（Charles Darwin）をはじめとする進化論とも関係しているものであり，同じものであっても，時間とともに変化しているものを意味している。Aの時期からBの時期に，同じ商品が差異ということで進化しているものが考えられる。また，バリエーションや派生してきたものは，この時間的差異に相当する。

＜背景＞

時間的差異に対するインサイトは，同じ人間でも時間の経過ともに発想や考え方が異なってくるというものである。同じ自分でありながら，1年間で細胞が入れ替わるという。体内のなかで変化が常に起きているのである。また，接する仲間や刺激を受けることによって，同一人物の思想が変化していくことから，時間軸による差異は存在するものと考える。

(4) 同質性とパリティ（Parity）

差異の程度によっては，差がみられないことが考えられる。差異の反対を示す用語として，同質性やパリティがある。植山周一郎（1958）は，パリティを似たような性能，価格，デザインをもった商品が市場に氾濫して差別化ができにくい状態を指すとしている。厳密な意味で，差異は一瞬一瞬のなかで生じているのであるから，差異には，同じものとして存在するものはない。しかし，類似したモノやコトを捉える場合に，同質性があると語られる。市場地位

別戦略のなかで，リーダー戦略の同質化戦略は，市場を構成する各プレーヤーが行ったモノやコトと同じような展開をすることになるのであるが，大きなくくりでは同質化と表現できても，細かいところでは差異があるのである。その意味では，「同質性の差異」と呼んでおこう。市場における先発優位に対する後発優位というような時間的差異がみられることや類似商品が市場に登場することは，「同質性の差異」となるのである。

(5) 差異の成立条件

差異の成立条件として，①顧客に支持されること，②競争相手も認めること，③独自の経営資源を有していること，の3つの条件があげられる。①顧客に支持されることとは，企業が手掛けた商品は企業だけが満足していても，そのターゲットとしての顧客が満足して受け入れなければその価値は存在しないことを意味している。企業の市場に対する提供差異は，顧客に支持されてはじめて差異が成り立つことになる。逆に顧客に支持されないことは，売れないことで自画自賛の差異を提供していることになる。また，②競争相手も認めることとは，市場における企業の競合相手も提供されている商品やサービスに関してそのすごさを受け入れることで差異が成立するといえる。市場を構成する各プレーヤーが差異化を追求するのであるが，市場でのリーダーに対するチャレンジャー戦略がその例である。③独自の経営資源を有していることとは，その企業でしかもっていない独自の経営資源を活かしていることであり，他社にはまねできない何かしらの経営資源である。これらの3つの条件が成り立って差異が成功しているといえるのである。

また，差異化とは，差異の起点ともいうべき差起にはじまり，その進むべき戦略方向としての差進を通じて，差異の変化（差変）が生じることになる。そして，差変が再び，差起となり，あらたなる差異が生じていく。その意味で，差異化には終わりはない。常にイノベーションを起こしていかなければならないのである。立ちどまっていることは，遅れをとることになるのである。差異の起点である差起の源泉は，①ニーズ対応，②競争心，③危機感によってもたらされる。①ニーズ対応とは，顧客のニーズは常に変化するものであり，企業

はそのニーズへの対応をつかみ，ニーズへの対応を心がけていくことで，現状からの差異が生じていくことになる。また，ニーズ対応の際，顧客が自らのニーズをわかっていない場合が考えられるのであるが，この場合においても，次へのニーズを提供すべくニーズの探索を展開することになる。そのことで，ニーズのさきどりを行っていく。②競争心とは，企業は競合相手を意識することで，競争優位を意識していかなければならない。そのなかで，新たな差異が生じていくことになる。競争心は次のイノベーションを生む源泉である。競争心から現状の差異を変えていく次の差異へとつながっていく。③危機感とは，企業の存続危機の際に，このままではいけないという危機感が次の差異を生じていく源泉となりうるものである。以上の3つが，差異の起点である差起の源泉であるのである。

第2節 マーケティング戦略とマーケティング・マネジメントの考え方

マーケティング戦略とは，マーケティング目標を達成するために，ターゲット（標的）市場を明確にし，適切なマーケティング・ミックスを構築すること

図表 4-1 マーケティング戦略の構成

出所：E. Jerome McCarthy / William D. Perreault,Jr. (1990), *Basic Marketing: A Managerial Approach*, Richard D.Irwin,Inc.,10th ed., p.48.

である。そして，①環境の分析，②ターゲット市場の決定，③マーケティング・ミックスの構築，という3つの基本ステップによって構成される。図表4-1にマーケティング戦略の構成を示している。

1. マーケティング戦略の基本ステップ

① 環境の分析

環境の分析とは，企業を取り巻く環境を文化・社会的環境，政治・法的環境，経済・技術的環境，産業的環境の外部環境と内部環境としての自社経営資源の5つに区分し，それぞれに，環境の現状や動向を示し，強み・弱み・機会・脅威の「SWOT（スワット）」分析を行うことである。

② ターゲット市場の決定

ターゲット市場を選択するために，人口統計学的変数，地理的変数，パーソナリティ変数，心理的変数などの基準で，市場を区分することを「市場セグメンテーション」という。そして，自社を基準軸で構成されるマトリックスに新市場の空間の発見や，他社比較によるポジショニング（位置付け）を行うことによって，ターゲット市場を選定していく。

③ マーケティング・ミックスの構築

マーケティング・ミックスとは，マーケティング手段の組み合わせのことである。これは, Product（製品戦略）, Price（価格戦略）, Promotion（プロモーション戦略）, Place（チャネル戦略）の4つのことで, 現在その頭文字をとって通称，「4P」といわれているつまり，どのような製品を作り，どのような価格をつけ，どのような情報伝達をし，どのような販売ルートを使って販売すれば，標的顧客が買ってくれるかを考えることである。さらに, 最近では企業観点の「4P」から「4C」という顧客観点も考えられてきている。つまり, Customer Value（顧客にとっての価値）, Cost to the Customer（顧客の負担）, Communication（コミュニケーション）, Convenience（入手の容易性）である（コトラー2000, 154頁）。

④ マーケティング戦略の論理体系

また，戦略プロセスの観点からは，マーケティング戦略の論理体系として図

第4章 小売マーケティング戦略 93

図表4-2 マーケティング戦略の論理体系

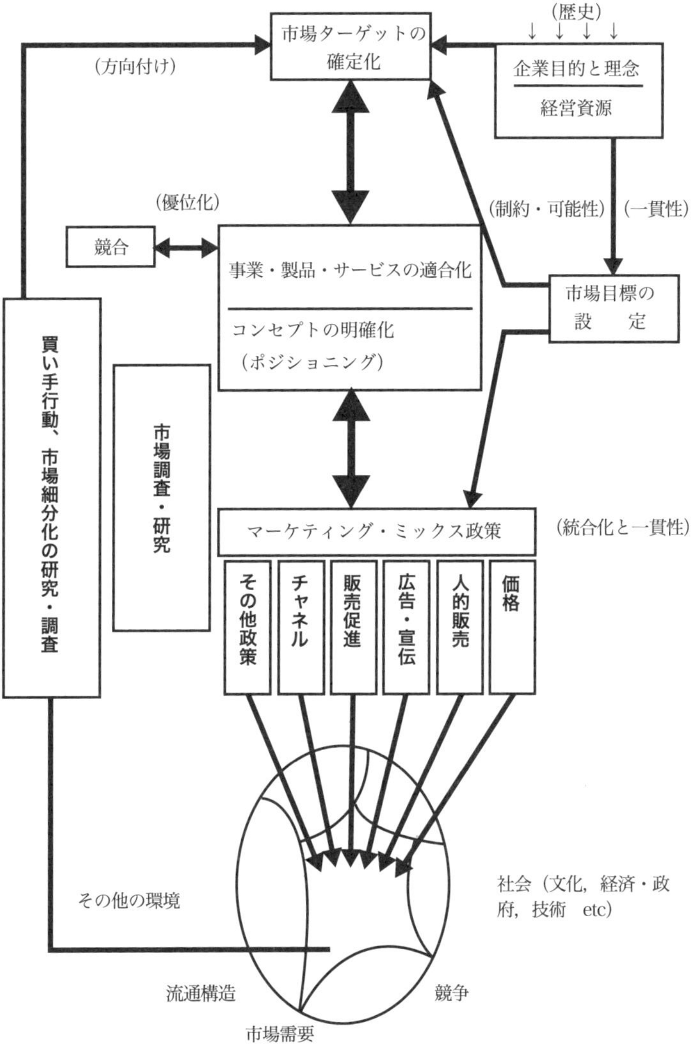

出所：嶋口充輝（1985）『戦略的マーケティングの論理』誠文堂新光社，136頁。

表4-2のようになる。つまり、ターゲット市場を明確にするために、セグメンテーション基準によって市場をいくつかに区分し、そこにマーケティング目標設定との関係、自社の経営資源にマッチしているか、競合他社との差別優位性があるか、などを検討し、最適マーケティング・ミックスの選定を行うことになる。そして、損益分岐点分析などの収益性の検討を加味した上で、ターゲット市場の確定からマーケティング・ミックスの選定までをループしながら、自社に適切なマーケティング戦略を策定していくことになる。

2. 戦略とマネジメントの範囲

マーケティング戦略の対象とする範囲は、多義性により、戦略そのものと管理というマネジメントを含んだものがあることである。つまり、マーケティング戦略といった場合に、純粋に戦略だけ、マーケティング戦略とマネジメントの両方を対象としていることである。例えば、コトラーのマーケティング・マネジメントの中では、マネジメントの要素であるコントロールを含んで記載されている。すなわち、PDCAのサイクルの中で、戦略立案はPに相当し、コントロールはCに相当する。しかし、マーケティング戦略の本には、全体戦略と4P戦略だけの記載がみられるものがある。つまり、戦略に絞って記載されているのは当然のことながら、マネジメントの概念が欠如していることになる。

このような状況が存在することは、マーケティング戦略とマーケティング・マネジメントの差異であり、論者による認識的差異を生じさせていることになる。このことは、整理整頓されないままに現状に至っており、次節で述べる小売マーケティング戦略にも同様のことがみられる。

第3節 小売マーケティング戦略のフレームワーク

小売マーケティング戦略については、論者によってさまざまな内容があり、マネジメント分野とマーケティング分野からの区分と結合の両方が見受けられる。主なものを取り上げる。

(1) 戦略的小売マネジメント・モデル

アーノルド（D.R.Arnold），カペラ（L.M.Capella），スミス（G.D.Smith）の戦略的小売マネジメント・モデル（図表4-3）は，小売業におけるマーケティング戦略の流れそのものである。経営者の思想ともいえる経営哲学に始まり，小売業のおかれた状況を分析し，現在目的と将来のあるべき姿とのギャップを分析し，戦略を立案することになる（Arnold, Capella, Smith1983, p.30)。また，ターゲットの標的市場に対し，小売ミックス（商品，価格，コミュニケーション，立地）戦略を立案，実施していくことになる。その際，図表では，フィードバックの仕組みが示されているように，P・D・C・Aの経営サイクルを回すことが大切である。

神谷蒔生は小売業マーケティング・システムの構成と展開プロセスを図表4-4

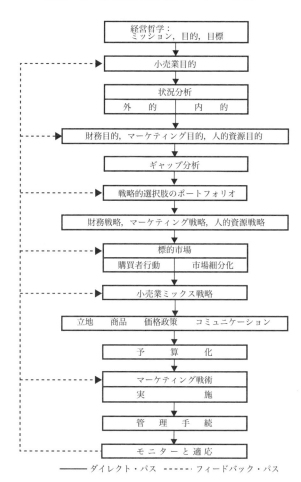

図表4-3 戦略的小売マネジメント・モデル

出所：D.R.Arnold, L.M.Capella, G.D.Smith（1983），*Strategic Retail Management,* Addison-Wesley, p.30.

のように提示している（神谷 1987, 9頁）。標的市場の設定が重要であり，その後に，マーチャンダイジングや店舗開発の流れが示されている。そして，戦略の後に，組織と管理の流れとなっている。つまり，ターゲットに適合した小売マーケティング・ミックスの中でも，マーチャンダイジングのプロダクトと店舗開発のプレイスを実施し，その後にプロモーションへの展開となっており，

図表 4-4　小売業マーケティング・システムの構成と展開プロセス

```
          ┌─────────────────┐
          │  経営目標・方針  │
          └─────────────────┘
                 ↕
          ┌─────────────────┐         ┐
          │ マーケティング目標の設定 │ ←───  │
          └─────────────────┘         │
                 ↓                     │
          ┌─────────────────┐         │
          │ マーケティング方針の樹立 │ ←───  │ マ
          └─────────────────┘         │ ー
                 ↓                     │ ケ
          ┌─────────────────┐         │ テ
          │  市 場 標 的 の 設 定 │ ←───  │ ィ
          └─────────────────┘         │ ン
                 ↓                     │ グ
          ┌─────────────────┐         │ 環
          │  市  場  開  発  │ ←───    │ 境
          └─────────────────┘         │ 研
         ┌───────┴───────┐             │ 究
    ┌─────────┐   ┌─────────────┐     │
    │店 舗 開 発│   │マーチャンダイジング│     │
    └─────────┘   └─────────────┘     │
         └───────┬───────┘             │
                 ↓                     ┘
          ┌─────────────────┐
          │ プロモーションの展開 │
          └─────────────────┘
                 ↓
          ┌─────────────────┐
          │  マーケティング組織  │
          └─────────────────┘
                 ↓
          ┌─────────────────┐
          │  マーケティング管理  │
          └─────────────────┘
```

出所：神谷蒔生（1987）『小売業マーケティングの実務』同文舘，9頁。

マーケティング・ミックスの順番が示されていることに特徴がある。

(2) 小売マーケティング戦略の計画プロセス

サムリ（A. Coskum Samli）による小売マーケティング戦略の計画プロセス（図表4-5）は，小売目的とポジションの言明からスタートし，小売市場区分の決定，実施計画，小売業ミックスの決定が行われ，そして，消費者満足に至るプロセスの中で消費者自己知覚とストア・イメージの管理が相互に影響を及ぼすことが示されている（Samli 1989, p.4）。

図表 4-5　小売マーケティング戦略計画過程

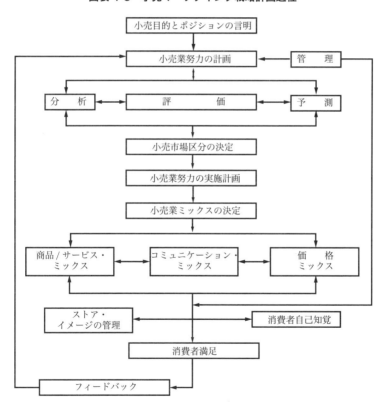

出所：A. Coskum Samli（1989）, *Retail Marketing Strategy*, Quorum Books, p.4.

ゴーシュ（Ghosh）の小売マーケティング戦略開発のフレームワーク（図表4-6）は，顧客分析と競争者分析からはじまり，標的市場の選択，小売ミックス計画，小売イメージ・モニターの流れとなっている（Ghosh 1990, p.159）。ここでも，図表4-5と同様に小売業のイメージを意識してからフィードバック展開につなげている。また，ターゲット市場のセグメンテーションとして，前述のアーノルド他の標的市場（図表4-3）や神谷の市場標的の設定（図表4-4）やサムリの小売市場区分の決定（図表4-5）やゴーシュの標的市場の選択（図表4-6）に示されるように，ターゲットの後にマーケティング・ミックスへの展開となっており，マーケティング戦略の論理のとおりとなっていることがわかる。

(3) マネジメント分野とマーケティング分野の結合

和田充夫は小売企業の成長ダイナミズムとして，小売業の成長フローを図表4-7のように提示している（和田1989, 57〜65頁）。これは，小売企業の成長ダイナミズムを示しており，成長循環を可能ならしめる潤滑油としての企業心（野心，好奇心と行動力，決断力，実行力）を組み込んでいることである。また，この図表は，戦略と組織設計を含んだマネジメントとマーケティング分野の結合を示しているものといえよう。

また，デビッド・ウォルターズやジャック・ハンラハン（David Walters & Jack Hanrahan）のように財務の視点を加えて，つまり，投資収

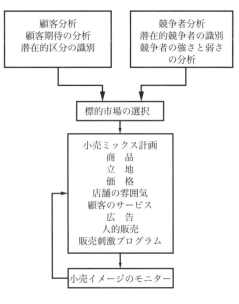

図表4-6　小売マーケティング戦略開発の枠組み

出所：Avijit Ghosh(1990), *Retail Management*, The Dryden, p.159.

図表 4-7　企業の成長ダイナミズム

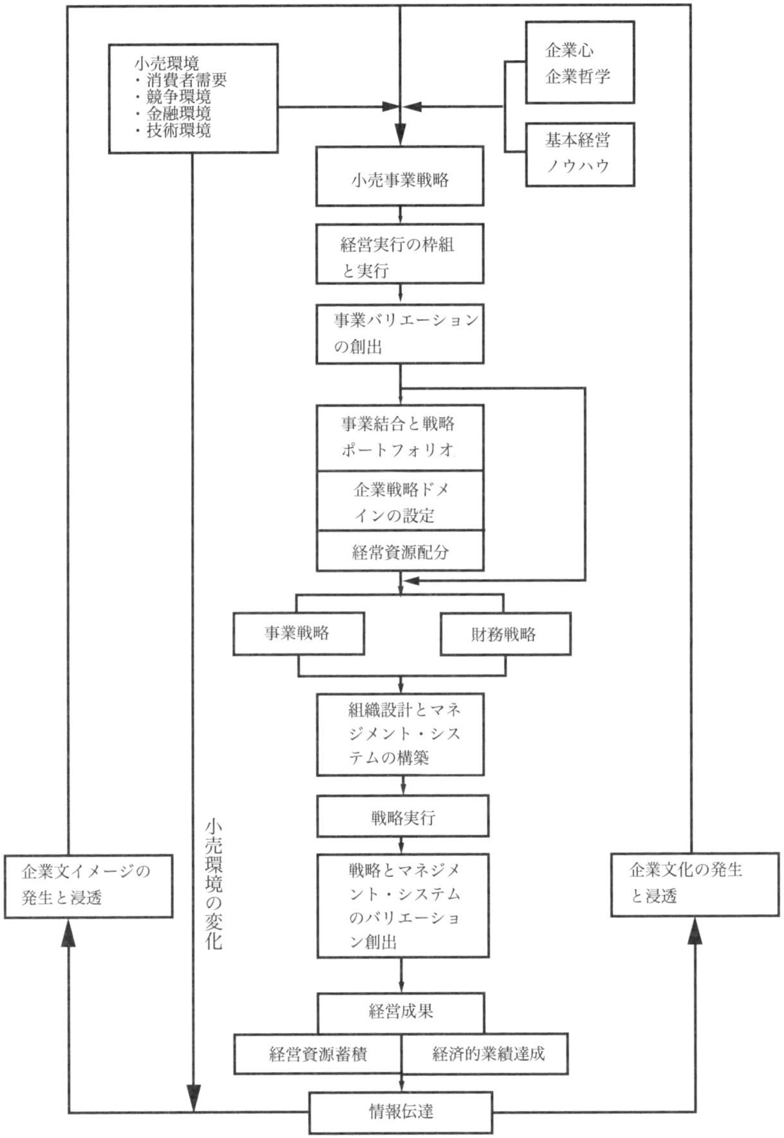

```
┌─────────────────────────────────────────────────────────────┐
│                                                             │
│   ┌──────────────┐              ┌──────────┐                │
│   │ 小売環境      │              │ 企業心    │                │
│   │ ・消費者需要  │              │ 企業哲学  │                │
│   │ ・競争環境    │─────→  ←────│          │                │
│   │ ・金融環境    │              └──────────┘                │
│   │ ・技術環境    │              ┌──────────┐                │
│   └──────────────┘              │ 基本経営  │                │
│                                  │ ノウハウ  │                │
│                      ↓           └──────────┘                │
│                 ┌──────────┐                                 │
│                 │ 小売事業戦略 │                              │
│                 └──────────┘                                 │
│                      ↓                                       │
│                 ┌──────────┐                                 │
│                 │経営実行の枠組│                              │
│                 │と実行      │                              │
│                 └──────────┘                                 │
│                      ↓                                       │
│                 ┌──────────┐                                 │
│                 │事業バリエーション│                          │
│                 │の創出      │                              │
│                 └──────────┘                                 │
│                      ↓                                       │
│              ┌──────────────┐                                │
│              │事業結合と戦略  │                              │
│              │ポートフォリオ  │                              │
│              ├──────────────┤                                │
│              │企業戦略ドメ    │                              │
│              │インの設定      │                              │
│              ├──────────────┤                                │
│              │経営資源配分    │                              │
│              └──────────────┘                                │
│                   ↓      ↓                                   │
│              ┌──────┐ ┌──────┐                              │
│              │事業戦略│ │財務戦略│                            │
│              └──────┘ └──────┘                              │
│                      ↓                                       │
│                 ┌──────────┐                                 │
│                 │組織設計とマネ│                              │
│                 │ジメント・シス│                              │
│                 │テムの構築  │                              │
│                 └──────────┘                                 │
│                      ↓                                       │
│                 ┌──────────┐                                 │
│                 │ 戦略実行   │                              │
│                 └──────────┘                                 │
│                      ↓                                       │
│                 ┌──────────┐                                 │
│                 │戦略とマネジメ│                              │
│                 │ント・システム│                              │
│                 │のバリエーショ│                              │
│                 │ン創出      │                              │
│                 └──────────┘                                 │
│                      ↓                                       │
│                 ┌──────────┐                                 │
│                 │ 経営成果   │                              │
│                 └──────────┘                                 │
│              ┌──────────┐ ┌──────────┐                      │
│              │経営資源蓄積│ │経済的業績達成│                  │
│              └──────────┘ └──────────┘                      │
│   ┌──────────────┐                  ┌──────────────┐         │
│   │企業文イメージの│                  │企業文化の発生 │         │
│   │発生と浸透    │←──┐          ┌──→│と浸透        │         │
│   └──────────────┘    │          │    └──────────────┘         │
│           ↑          ┌──────────┐         ↑                  │
│           └──────────│ 情報伝達  │─────────┘                  │
│                      └──────────┘                            │
└─────────────────────────────────────────────────────────────┘
```

（縦書き：小売環境の変化）

出所：和田充夫（1989）『小売企業の経営革新』誠文堂新光社，58 頁。

益の観点として，小売マーケティング戦略を捉えている（Walters ＆ Hanrahan 2000, p.58）。

(4) 筆者の考える小売マーケティング戦略

　ターゲット顧客に対して，店舗での品揃えが形成され，ストア・フォーマットとなり，同時に小売マーケティング・ミックスを展開することが，小売マーケティング戦略である。平面的には，第2節の図表4-1のマーケティング戦略の構成図であり，図表4-2のマーケティング戦略の論理体系の小売業版と捉えてよいが，小売業独自の観点として，ストア・イメージから構成されるストア・ロイヤルティの構築や顧客満足への対応を考慮していかなければならない。また，小売マネジメント分野と小売マーケティング戦略の分野はもとより重なる箇所が多いが，どちらが優位というのではなく，マネジメント分野では戦略を受けて，組織構築とコントロールまでを対象としているのに対して，マーケティング分野では市場セグメントの選定と小売マーケティング・ミックスに重点をおくことで違いが出てくるのは当然のことである。したがって，小売マーケティング戦略の範囲は，環境分析，消費者分析，市場セグメントの選定，小売マーケティング・ミックスの構築までを対象とするのが，わかりやすい。そして，小売マネジメントにおいては，小売マーケティング戦略を受けての組織設計とコントロールまでを対象とするのが望ましいと考える。小売マーケティング戦略と小売マネジメントが混在していることから，小売経営者はどれを適用するかは，小売企業の置かれた状況によって異なることから，「小売マーケティング戦略のコンティンジェンシー性」と呼ぶことにする。このことは空間的差異である。

第4節　小売マーケティング・ミックス

　マーケティング・ミックスの概念の変化は図表4-8にみられるが，最近のマーケティング・ミックスは論者によってさらに変化してきている（片山 2015b, 45～53頁に詳しい）。例えば，コトラー（Philip Kotler）は通常のマーケティング・ミックス（4P）に加え，2P（Politics, Public opinion）を提案しており，さら

に顧客の観点から4C (Customer-Value, Cost, Communication, Convenience) を提示している。このように，P. コトラー自身もマーケティング・ミックスを当初から変化させてきている。

図表 4-8　マーケティング・ミックスの構成要素

ボーデン	ハワード	マッカーシー	レーザー	1985年AMA
1. 商品計画	1. 商品	1. 商品	1. 商品	1. 商品構想化
2. 価格設定	2. 販売経路	2. 売場	2. 流通	2. 価格設定
3. ブランド設定	3. 価格	3. 促進	3. 情報伝達	3. 促進
4. 流通経路	4. 広告	3. 価格		4. 流通
5. 人的販売	5. 人的販売			
6. 広告				
7. 促進				
8. 包装				
9. 陳列				
10. サービス提供				
11. 物的処理				
12. 調査分析				

出所：江尻弘『マーケティング思想論』中央経済社，1994年，100頁。

そして，時間を経るにつれて，マーケティングの展開がなされていく。例えば，サービス・マーケティングでは，7Pのサービス・マーケティング・ミックスを展開している。それは，通常の4Pに，3P (People, Physical evidence, Process) を加えたものである。環境マーケティングでは，通常の4Pに，2P (Packaging, Physical Distribution) を強調している。さらに，リレーションシップ・マーケティングにおけるマーケティング・ミックスでは，通常の4Pに，3P (People, Processes, Provision of customer service) を加えた7Pが提示され，7つの諸要素の中でも，Provision of customer serviceが中心的な存在としている。リバース・マーケティングでは，顧客との取引をコントロールするのではなく，取引が容易になる環境づくりに努めるということで主導権は顧客側にあり，4Pの逆バージョンともいえる逆プロモーション，逆広告，逆プライ

シング，逆製品設計を提示している。例えば，逆プロモーションでは，顧客が許可したものだけについて広告やプロモーションを要求するパーミッション・マーケティングはその例であるとしている。

次に，品質管理分野では，TQM（Total Quality Management）の中に，7つ道具があり，その1つの特性要因図の作成時に4M（Man, Machine, Method, Materialの4つの頭文字のM）がある。この4Mの視点は，問題解決時や問題発生要因を探る際の切り口となるものである。特性要因図はマーケティング・ミックスの要因でも作成できるものであり，要因レベルでは同じものと考えてよい。

最近では，シェス（Jagdish N. Sheth）とシソディア（Rajendra S. Sisodia）による4A（Acceptability, Affordability, Accessibility, Awarenessの頭文字である4つのA）が主張されている。アクセプタビリティ（Acceptability）とは，企業の提供する製品が全体として，どのくらいターゲット市場の顧客のニーズや期待と合致し，また，ニーズや期待を上回っているかをいい，機能的・心理的な2つのアクセプタビリティがある。アフォーダビリティ（Affordability）は，ターゲット市場の顧客がどのくらい当該製品の価格に対して支払うことができ，かつ支払う意思があるかをいい，経済的・心理的な2つのアフォーダビリティがある。アクセシビリティ（Accessibility）は，顧客が当該製品をどのくらい容易に入手できるのかをいい，アベイラビリティとコンビニエンスの2つがある。アウェアネス（Awareness）は，顧客が当該製品の特長についてどのくらい知っており，購入・利用しようと思っているかをいい，製品知識とブランド認知の2次元がある。

私は企業経営においては特に情熱が必要であると考えている。ベンチャー企業では，特に起業推進者の情熱がより一層重要なのではないかと考えている。その意味で，通常の4PにPassion（情熱）を加え，5Pを提案している（片山2009，130～133頁）。また，後述するようにマーケティング・ミックスは，ターゲットに対するValue-Proposition（バリュー・プロポジション，価値提案）であると考えている。

以上のことを図表4-9に一覧表としてまとめている。

図表4-9 最近のマーケティング・ミックス内容の一覧表

氏名	分野	マーケティング・ミックス内容
P. コトラー	マーケティング・マネジメント	4P+2P (Politics, Public opinion) = 6P 4C (Customer-Value, Cost, Communication, Convenience)
ゼイハル, ビトナー, 近藤隆雄	サービス・マーケティング	4P+3P (People, Physical evidence, Process) = 7P
三上富三郎他	環境マーケティング	4P+2P (Packaging, Physical Distribution) = 6P
M. クリストファー他	リレーションシップ・マーケティング	4P+3P (People, Processes, Provision of customer service) = 7P
中野明	リバース・マーケティング	逆プロモーション, 逆広告, 逆プライシング, 逆製品設計
シェス&シソディア	マーケティング・マネジメント	4A (Acceptability, Affordability, Accessibility, Awareness)
片山富弘	マーケティング・マネジメント	Value-Proposition (バリュー・プロポジション, 価値提案) = 4P+1P (Passion (情熱)) = 5P

出所：筆者作成。

通常の4Pはターゲットに対して有効な諸要素を組み合わせて展開していくものであるが，マーケティングの根幹であった4Pで終了ではなく，まぎれもなくマーケティング・ミックスはマーケティングの展開とともに進化してきているのである。このことは，マーケティング・ミックスの時間的差異であるといえよう。

そして，小売マーケティング・ミックスの領域を示すことにする（図表4-10）。

図表4-10 小売マーケティング・ミックス

プロダクト	プライス	プロモーション	プレイス
品揃え	価格設定	広告	立地
ブランド	割引	販売促進	駐車場
PBの開発	EDLP	人的販売	輸送
仕入	クレジット	PR	保管
サービス	リベート	コミュニケーション	チャネルなど
保証 など	協賛金 など	など	

出所：筆者作成。

小売マーケティング・ミックスは，ターゲット消費者のニーズに対応することが肝心である。また，小売業は立地産業ともいわれることから，小売マーケティング・ミックスのなかでも，プレイスの立地が重要であり，かつ，それに適合したプロダクトも重要となる。

　小売マーケティング・ミックスは，マネジリアル・マーケティング・ミックスの内容と同じ範疇であり，プレイスやプロダクトのウエイトがマネジリアル・マーケティング・ミックスと異なることから差異は同質性の差異といえる。

第5節　今後の展望

　小売業は環境対応が重要であり，かつ，立地産業ともいわれる。小売マーケティング戦略は，マーケティング戦略の小売業版である。それゆえに，マーケティング戦略の考え方をベースに小売業独自のマーケティング戦略が必要となる。小売業はターゲット顧客への対応による小売業態（ストア・フォーマット）を変化させ，同時に小売マーケティング・ミックスを変化させる。そのことによる顧客満足の追求は，小売マーケティング戦略といっても，マーケティング戦略の小売業版であり，変わることはないのである。論者による小売マーケティング戦略に関する内容は，時間的差異であり，それらのいずれも優劣はなく，小売経営者からみれば，その置かれた状況に対応したものを選択するという「小売マーケティング戦略のコンティンジェンシー性」があるといえよう。

【参考文献】
Arnold,D. R.,L. M. Capella, G.D.Smith(1983), *Strategic Retail Management*, Addison-Wesley.
Ghosh, Avijit (1990), *Retail Management*, The Dryden.
Levy,M. & B.A.Weitz(2001), *Retail Management*, McGraw-Hill Irwin.
Lusch and Dunne (1990), *Retail Management*, South-Western.
Mason, J. Barry and Morris L. Mayer (1990), *Modern Retailing :Theory and Practice*, Irwin.
Samli, A. Coskum (1989), *Retail Marketing Strategy*, Quorum Books.
Walters, David & Jack Hanrahan(2000), *Retail Strategy :Planning and Control*,

Macmillan Press.

青木均（2012）『小売マーケティング・ハンドブック』同文館出版。

渥美俊一（1997）『商業経営の精神と技術』商業界。

デビッド・ウオルターズ著，小西滋人，上野博，小西英行，小木紀親訳（2002）『小売流通経営』同文館出版。

D・ウォルターズ，D・ホワイト著，来住元朗代表訳（1992）『小売マーケティング〜管理と戦略〜』中央経済社。

渦原実男（2012）『小売マーケティングとイノベーション』同文館出版。

片山富弘（2009）『顧客満足対応のマーケティング戦略』五絃舎。

片山富弘（2015a）『差異としてのマーケティング』五絃舎。

片山富弘（2015b）「マーケティング・ミックスの正体を探る」『流通科学研究』Vol.14 No.2，2015年3月。

神谷蒔生（1987）『小売業マーケティングの実務』同文館出版。

フィリップ・コトラー著，木村達也訳（2000）『コトラーの戦略的マーケティング』ダイヤモンド社。

フィリップ・コトラー著，恩蔵直人監修，月谷真紀訳（2011）『コトラーのマーケティング・マネジメント　ミレニアム版』ピアソン・エデュケーション。

小西滋人（2003）『小売競争の理論』同文館出版。

白石善章（1992）『流通構造と小売行動』千倉書房。

田中進，野村賢二郎（1998）『小売業の経営診断』同友館。

三浦一（1997）『現代小売マーケティング論』千倉書房。

和田充夫（1989）『小売企業の経営革新』誠文堂新光社。

渡辺敬二（2000）『小売企業の経営学』中央経済社。

第5章
大規模小売業における プライベート・ブランド戦略

洪 廷和

はじめに

　過去20年間，流通を取り巻く市場環境の中で大きな変化のひとつとして注目されているのが小売業のプライベート・ブランド戦略である。小売業におけるプライベート・ブランド（以下，PB）に関する議論は，従来の価格の安さを訴求する価格訴求型のPB研究だけではなく，1980年代に登場したプレミアム・プライベート・ブランド（以下，プレミアムPB），すなわちこれまでと異なる新たなタイプのPBについて議論するなど，現在その議論が広がりをみせている。

　プレミアムPBは，ナショナル・ブランド（以下，NB）の品質と同等あるいはそれ以上の製品でありながら，NBよりも少し安い価格で販売しているものであり（Dunne and Narasimhan 1999, p.42），その名が示す通り，PBの一種とみなすことができ，PBというカテゴリーのサブカテゴリーとして位置づけられる（小林2006, 208頁）。こうしたPBに対する認識の変化に伴い，大規模小売企業を中心に競争力の強化，消費者のストアロイヤルティを向上させるための手段としてPB開発＆市場導入に関心が寄せられている。

　一方，PBに関する理論的研究に目を向けると，PBの売上に及ぼす影響要因，PB製品の成功要因，購買意図に及ぼす影響要因，PBとストアロイヤルティの関係などを中心に議論がなされている。本章では，以上の背景を踏まえて，

小売ブランド論のなかでも，大規模小売企業のプライベート・ブランド戦略を中心に考察していく。まず PB の概念とその発展段階について整理し，日本における大規模小売企業の PB 戦略の動向と課題を明らかにしていく。

第 1 節　PB の概念と発展段階

1. PB の概念

PB の歴史を振り返ると，注文服や靴，ベーカリー乳製品，紅茶などの製造小売分野では自社で生産加工した商品を特定の商品の下で販売する習慣が古くから存在した（矢作 1999, 35 頁）。欧州では百貨店の登場による近代小売商業の成立以前から著名な洋服や靴屋，パン屋などが製品差別化を図るため自己の商品にブランドをつけていたのである（矢作 1996, 3 頁）。

とりわけ，イギリスや他の欧州諸国で PB が広く導入されたのは，生活協同組合運動が高まった 1800 年代後半に入ってからであった。当時，食料品の供給不足がひどく，暴利をむさぼっているのではないか，まがいものの商品が市場に出回っているのではないかなどの社会的な疑惑に関連して，生活協同組合の PB 商品は，消費者の強い支持を獲得したのである（矢作 1999, 35 頁）。

1920 年代以降，チェーン・ストアの台頭によって PB も全国的に商品展開が可能になり NB と対比して議論されるようになった。アメリカにおいて PB が広く普及したのはグローサリー・チェーン・ストア（Grocery Store Chain）やバラエティ・ストア・チェーン（Variety Store Chain）など，各種のチェーン・ストアが発達した 1920 年代から 30 年代にかけてからだといわれている（木綿 1975, 26 〜 28 頁，小林 2006, 194 頁）。

一般に，ブランドは所有者の違いによって，製造業者の NB と商業者ないしは流通業者の PB に区分される。PB とは「商業者が所有し，その商品の品質および供給上の責任を当該商業者は負う」（木綿 1975, 25 頁）とされている。矢作（1996）によれば，「PB は，卸，小売業者などの商業者が主要な責任を負って開発し，販売している商品のことであり，一般に，PB 商品では商業者が商

品の仕様の決定，品質管理，物流，商品ラベル，包装，デザインなどの商品企画・販売に広範囲な責任を負っており，生産者は生産に係る限られた役割のみを担っている」（矢作1996, 3頁）とされる。この定義からわかるように，PBは，「製造業者ブランドに対して小売業者が排他的に所有し利用するブランドであり」（木下2016, 90頁），製造業者が企画し生産して，小売店で販売されるNBと対比する概念である。その意味では，同じ製品カテゴリーであっても，NBが付いているか，PBが付いているかによって価値の差を認識できるといえよう。しかし，現代におけるPBの意義は，大規模小売企業を中心に付加価値型PBが登場して以降，NBに対抗して低価格を実現しながら高い粗利益の確保できるだけではなく，競合他社のPBが付与された商品と差別化される評価対象にもなると考えられる。

ところで，ひと口にPBといっても，その中にさまざまなものが存在する。図表5-1で示されているように，Private Label, Store Brand, Dealer Brand, House Brand, Minor Brand, Unadvertised Brand, Retailers' Brand, Distributor Brandなど，同じPBといってもその中にさまざまな呼び方をしている（Schutte1969, p.6）。

図表 5-1　流通業者志向のブランド（Distributor-Oriented Brands）

プライベート・レーベル（Private label）,	ストア・ブランド（Store brand）
ディラー・ブランド（Dealer brand）,	ハウス・ブランド（House brand）
マイナー・ブランド（Minor brand）,	ゴースト・ブランド（Ghost brand）
リージョナル・ブランド（Regional brand）,	広告しないブランド（Unadvertised brand）,
プレーティド・ブランド（Plated brand）,	独立ブランド（Independent brand）
再販売業者ブランド（Reseller's brand）,	流通業者ブランド（Distributor brand）,
ミドルマン・ブランド（Middleman's brand）,	アンノウン・ブランド（Unknown brand）,
スーパーマーケット・ブランド（Supermarket brand）	
アワー・オウン・ブランド（Our own brand）	

出所：Schutte (1969), p.6 より一部修正。

最近ではPBについて，Private Brand, Store Brand, Retail Brand, Private label Brandなどの用語で表現することが多い[1]。本論では，PBをこれらのさまざまな呼び方を含め，流通業者が所有するブランドの総称として用いる。

2. PB商品の市場導入要因と発展段階

上述したように，PBは全国的に広告された製造業者のブランドであるNBと対比した概念であり，PBはNBよりも知名度が低い商品であることから比較的低価格で市場導入を試みる。初期のPBとして，日本では1961年にダイエーで販売したみかんの缶詰がPBの第1号とされ，1965年にはPB洗剤「スパット」がヒットし，花王やライオンを慌てさせたといわれている（加藤2009，24頁）。ここではPBの市場普及の要因およびPBの発展段階について整理してみよう。

(1) PBの市場導入要因

PBの市場導入の要因として，木綿（1975）は，具体的には以下の3点をあげている。①激しい価格競争により，NBが値崩れを起こし収益が悪化したため，価格競争力を維持したまま収益を改善する方法としてコストの低いPBが注目されたこと，②強力な販売力を背景に対抗力（countervailing power）を発揮することで，NBメーカーにNBと同等の品質の商品をPBとして提供させることが可能になったこと，③NBがプロダクト・ライフサイクルの成長後期あるいは成熟期に達したことで，需要開拓が終了し，製造技術も標準化されているため，製品開発や広告等による需要開拓力をもたない流通業者でも商品企画が可能になったこと，である（木綿1975，27～28頁，小林2006，195頁）。

一方，矢作（1996）は，小売業者がPBを市場導入する動機として，①低価格販売競争への対処，②利益確保，③差別的品質の確保，④多ブランド政策による広範囲な顧客の吸引，⑤店舗忠誠度の向上，⑥安定供給源の確保などをあげている（矢作1996，4頁）。

また，小売業者のPB商品開発の動機について，Ailawadi and Keller（2004）は，①PB商品は小売業者に高いマージンをもたらし，②メーカーに対する交渉力を高め，③PB商品を提供することが小売業者に対するロイヤルティを生み出すことの3点をあげている（Ailawadi and Keller 2004, p.336）。しかし，この3つのうち，PB商品と消費者のストアロイヤルティとの関係性については，証拠が明確に証明されているのではなく混合したものになっている

(Ailawadi and Keller, 2004, p.336)。PBがストアロイヤルティを高める可能性についても議論することも必要であり，これはさらなるPB研究の進展が期待できるといえよう。

(2) PBの発展段階

PBはいくつかの発展段階を経てその戦略内容も時代の変化とともに変遷している。根本（1995）は，英国におけるPBの発展段階をもとにその歴史発展について，第1段階（1970年代）：NBの低品質・低価格の代替品としてのPBの導入，ジェネリックの導入，第2段階（1980年代前半）：NBの模倣によるPBの品質向上，第3段階（1980年代後半）：プレミアムPBの本格的導入と成長，第4段階（1990年代）：低価格PBの再導入とPBの階層化という4つの段階に区分している[(2)]。根本（1995）によれば，当時，日本におけるPB発展段階はNBの模倣によるPBの品質向上等の第2段階であるものと考えていた。

図表5-2　PBの発展段階

	第1段階	第2段階	第3段階	第4段階
ブランド・タイプ	ジェネリック ノーブランド	準ブランド PB	PB	拡張されたPB（セグメントされたPB）
戦略	ノーブランド戦略	NBに対する低価格戦略	NBへの模倣戦略	付加価値戦略
目的	マージンの増加 価格による選択肢の提供	マージンの増加 初期価格を設定し，製造業者の力を減じる より価値のある製品を提供	カテゴリーマージン増大，商品の品揃え（消費者の選択肢）を拡大 消費者の中に小売業者のイメージを構築	顧客基盤の拡大と維持，カテゴリーマージン増大，さらにイメージ改善，差別化
品質・イメージ	NBに比して低品質・劣るイメージ	中程度の品質だが，主要NBよりは低品質と知覚	主要なブランドと同等	主要なブランドと同等であるか，それよりも良質，主要なブランドよりも革新的かつ差別化されている。
消費者の購買動機	価格が主要な購買基準	価格は依然として重要な購買動機	品質と価格（値ごろ感）	より良いユニークな商品

出所：Laaksonen and Reynalds（1994），p.38および戸田（2008），211頁より一部修正。

一方，日本よりもPBの普及が早かったヨーロッパにおいて，Laaksonen and Reynalds（1994）は，PBの発展段階を4つに分けている。各段階別に，ブランド・タイプ，PB戦略・目的，品質・イメージ，消費者の購買動機は，それぞれ異なることが示されている。彼らの研究によれば，第1段階：ノー

ブランド戦略，第2段階：NBに対する低価格戦略，第3段階：NBへの模倣戦略，第4段階：付加価値戦略であるとしている。図表5-2で示しているように，第1段階〜第2段階までのPBに対する認識は，主に価格の安さを求める消費者をターゲットとしておりNBに比して低価格で提供できる商品であり低品質と知覚されるレベルにとどまっている。第2段階まではPB商品において低価格を重視してきたが，第3段階に入ると，NBに対抗する手段としてNBへの模倣品戦略を図りながら，依然として値ごろ感のある価格で設定することにより利益確保を実現していく段階にある。しかし，拡張されたPBという第4段階は，付加価値型PBに該当しており，PBに対する評価はNB模倣品ではなく，革新的かつ差別化されたPB商品として再評価されることになる。

現在，日本におけるPBの段階は，単にNBと類似な商品で「○〜○割安い」という低価格志向の段階を超えて，同一製品カテゴリーでもNBより安く購入できる低価格訴求型PBのみならず，付加価値型PB商品の拡充により，PBの市場シェアを高め収益を生み出していく戦略へと変わりつつある。すなわち，セブン＆アイホールディングのセブンプレミアムに代表されるように，大規模小売企業のPB戦略を価格訴求型から付加価値型へと転換することで，消費者のPBに対する認識は大きく変化したのである。そのため，消費者にPBの存在感が一層高まり，大規模の小売企業を中心にリピート顧客を確保するとともに，ストアロイヤリティを向上させるためのさまざまなPB商品の開発に取り組んでいる。

第2節 日本における大規模小売企業のPB戦略

本節では，最近，注目が高まっているセブンプレミアムとイオンのトップバリュのケースをとりあげてPB戦略の動向について考察していく。

セブンイレブンPBであるセブンプレミアム（Seven Premium）は，2007年に販売を開始しており，その基本コンセプトは「NB売れ筋商品と同等かそれ以上の品質で，同店頭実勢価格より2-3割安く，十分な利益を確保できるPB

商品」である（大崎 2015，57 頁）。こうしたプレミアム PB を市場導入し消費者のストアロイヤルティを向上させる動きもみられる。鈴木前会長は「質を重視した PB は少ないが，質の高い商品を望んでいるお客様は多く，そうした商品は寿命も長い。セブンプレミアムは今後も質を中心に開発していく」（「週刊東洋経済」2012 年 12 月 22 日付）と品質中心 PB の拡充を表明した。

　上述したように PB は，小売業者自身が企画し販売の責任を負う商品であり，製造業者名の表示がなく，小売業者名のみが表記されているのが一般的である。それに対し，セブンプレミアムの場合は，商品に製造業者名と小売業者名の両方を記載させていることが特徴である。とりわけ，セブン＆アイホールディングスのプレミアム PB は，これまでの自社開発 PB 商品からメーカーと共同開発を中心とする小売ブランドへと進展していく傾向にある。その理由について，グループ MD 改革プロジェクト事務局では「消費者に聞いたら，製造業者名のある方が安心できるとの回答が多かった」と説明している（矢作 2014，95 頁）。また，「メーカー側の反応も必ずしも悪くなく，低価格 PB であれば，NB に傷がつく可能性もあるので，メーカー名は出したくないが，品質の高い商品を作るという方針のセブンプレミアムの場合は，メーカー名を表記した方が当方としても責任のある商品開発や品質管理ができる」（加工食品メーカー），「共同開発者として名前が出るのは，出ないより，多少なりともコーポレート・ブランドの認知にプラスとなる」（飲料・酒類メーカー）と，評価する声が多数を占めていた（矢作 2014，96 頁）。

　こうした PB 商品はダブルチョップと呼ばれるもので，製造業者と流通業者が共同で開発することにより，ブランド連想などの相互に企業間の不足した資産を活用，競合他社との差別化を図ることができるメリットをもたらしたのである。当社は「セブンプレミアム (Seven Premium)」に続き，2010 年に「セブンゴールド (Seven Gold)」を発売し，さらなる自社 PB のイメージ向上に乗り出したのである。こうした NB と同等あるいはそれ以上の高品質のプレミアム PB の登場は，NB と同等の品質を選好する消費者の心の中で小売独自のブランドとして評価されていくのであろう。

一方，GMS で最強のイオンは，競合小売企業との低価格競争にも対応しつつも，高品質な PB 開発を増加するなど，競争環境の変化に対応すべくトップバリュの商品開発も刷新されるようになった。イオンは，1994 年にトップバリュを発売，2010 年には低価格訴求型「ベストプライス」，主力の「トップバリュ」，高付加価値型「セレクト」という 3 層構造のブランドの確立を目指して新たな展開を図った（陶山 2014，167 頁）。

　この中で「トップバリュ」はさらに 4 つに類型化されており，それぞれが異なるコンセプトを有し，付加価値型 PB として従来の PB と識別できる戦略を図っている。イオンの「トップバリュ」は，①トップバリュ（主要メーカーの商品と同品質で価格を迎えた主力ブランド），②トップバリュベストプライス（地域内で 1 番の安値を目指す），③トップバリュセレクト（素材や産地にこだわり品質を高めた），④トップバリュグリーンアイ（有機栽培した農産品など，環境や健康を考え生産した素材を使用）の 4 つに集約される（『日経MJ』2016 年 11 月 7 日付）。このなかでも「トップバリュセレクト」や「トップバリュグリーンアイ」は，今日的な表現でいえばプレミアム PB に該当している。

　イオンは，競合他社のブランドから当該 PB の差別化を図るなど，これまで以上に付加価値型 PB 商品の開発に取り組む方針を表明している。陶山（2014）は，イオンの PB 開発戦略について，低価格帯ブランドの商品ラインナップを強化する方針で低価格志向の顧客層に対応していくと同時に，多価格帯・付加価値型ブランドの展開では，2012 年 3 月以降，毎月 1 日から 7 日を "トップバリュ週間" と定め，同期間に新商品集中販売・試食の実施と売り場での露出拡大を行うことで商品の認知度やブランド・ロイヤルティの向上を図っていると指摘している（陶山 2014，170 頁）[3]。これは最近の動向として特に注目すべき点である。

　以上でみてきたように，PB 戦略の動向として，大規模小売企業を中心に価格訴求型 PB より価格は少し高くても高品質の PB 商品の増加，NB の模倣を越えた付加価値戦略を積極的に展開することにより PB イメージの改善を図っていることが特徴としてあげられる。

とりわけ，従来の価格訴求型 PB 商品だけでなく，価格と品質面で NB と同等水準あるいはそれ以上であるプレミアム PB 商品の市場拡大に主力しており，PB の品質に対する消費者の評価は過去のそれと異なる。例えば，流通経済研究所が実施したインターネットによる消費者調査では，PB の購入経験がある消費者が 94％と非常に高いこと，また購入者の 81％が満足していることが明らかとなっている（為宏 2009, 15 頁）。また，PB に対する消費者の意識においても PB の購買経験率，繰り返し購入経験率はともに 90％を超え，その満足度も 50％を超えており，その購入理由に関しては最も重視しているのが「NB と比較した際の価格の安さ」ではなく「味や品質の良さ」であった（綿貫・川村 2015, 103 頁，冨重 2009）。

巨大流通チェーンを中心とする PB の売上高は，セブンプレミアムが登場した 2007 年以降，特に急激に伸びており，総売上高に占める PB 比率はイオンで 15.2％（対総合スーパー，スーパー，戦略的小売店の各事業の合計営業収益比），セブン＆アイ・ホールディングスで 12.3％（対コンビニエンスストア，スーパー，百貨店の各事業の合計営業収益比）となっている（陶山 2014, 163 頁）。

このように，日本の大規模小売企業における PB の役割も低価格の実現および NB の模倣商品というイメージを越えて，製造業者との共同開発による小売企業間での差別化を図ることが中心となり，従来の低価格訴求型 PB から付加価値型 PB へと小売業の政策転換が始まったといえよう。

第 3 節　今後の課題と PB の展望

本章では，PB の概念の変遷とその発展段階について整理し，日本の大規模小売業が展開している PB 戦略を中心に論じてきた。流通を取り巻く環境が大きく変化する中で，PB 戦略は，大規模小売を中心に，多様化する顧客ニーズに対応していくため，PB 階層構造の確立を目指して展開している。かつて PB は，NB よりも品質面で劣る商品で低価格を訴求する商品が多く存在したのに対し，現段階では，低価格訴求型 PB のみならず，付加価値型 PB 商品の拡充

に主力しており，さらなる PB 市場の拡大を図っているのである。こうした高品質を実現したプレミアム PB は消費者から高い支持を得ることができ，消費者の PB に対する認識は大きく改善されたのである。今後，PB 戦略は，大規模小売企業を中心に競合他社との差別化を意図して小売独自のブランド化へとさらに進化をしていくのであろう。

　最後に，小売独自のブランドマネジメントの観点から，今後の課題について述べてみたい。まず，今日的 PB は，NB に対抗して低価格を実現しながら高い粗利益の確保できる手段だけではなく，競合他社の PB が付与された商品と差別化され評価対象にもなりうるため，PB のもうひとつのタイプである付加価値型 PB が消費者にどのように認識されているのかを明らかにすることは，PB 戦略を考える上で必要不可欠な課題である。

　次に，PB とストアロイヤルティの関係性という観点から，Richardson, Jain et al. (1996) が「ストア・ブランドは，小売業者が競合企業で購買できない独占的な製品を供給することによって来客数と顧客ロイヤルティを増加させるのに役に立つ」(Richardson, Jain and Dick 1996, p.181) と指摘するように，PB と消費者のストアロイヤルティとの影響関係についても注目すべきであろう。なぜなら，特定の店舗に対して消費者がもつ忠誠度を高め，継続的に購入を行う顧客を確保するなど，ストアロイヤルティが向上されると，特定の店舗を継続して選択する可能性が高まることが期待できるからである。PB 戦略を展開していく上で，PB 商品がストアロイヤルティ構築にどのように貢献するのかを明らかにすることも，重要な課題になっていくのであろう。

【注】
(1) これについては Burt and Davies (2010), p.865, および木下,2016, 89 頁参照。
(2) 根本 (1995) 43～46 頁参照のこと，なお，根本 (1995) は Humphries and Samways (1993) が述べた 1970 年代から今日に至る PB の発展過程をもとにまとめている。
(3) イオンの PB 開発に関する具体的戦略内容については，陶山 (2014) 169～170 頁参照のこと。

【参考文献】

Ailawadi, Kusum L. and Kevin Lane Keller(2004)"Understanding Retail Branding: Conceptual Insights and Research Priorities", *Journal of Retailing*, Vol.80, pp.331-342.
Burt, S. and Keri Davies (2010), From the Retail Brand to the Retailer as a Brand: Themes and Issues in Retail Branding Research, *International Journal of Retail & Distribution Management,* Vol.38 Iss. 11/12, pp.865-878.
Dunne, D. and C.Narasimhan(1999), "The New Appeal of Private Labels," *Harvard Business Review*, Vol.77,pp.41-52.
Laaksonen,H. and Reynolds,J.(1994),"Own Brands in Food Retailing across Europe" ,*The Journal of Brand Management*, Vol.2,No.1, pp.37-47.
Richardson, P., Arun, K. Jain and Alan S. Dick(1996), "Household Store Brand Proneness:A Framework", *Journal of Retailing*, 72(2), pp.159-185.
Schutte,T.F.(1969),"The Semantics of Branding," *Journal of Marketing,* Vol.33 No3, pp.5-11.
大崎孝徳（2014）「高付加価値 PB のマーケティング：トップバリュの事例を中心として」『名城論叢』第 15 巻　第 3 号，73 〜 84 頁。
大崎孝徳（2015）「高付加価値 PB のマーケティング：セブンイレブンの事例を中心として」『名城論叢』第 15 巻　第 4 号，51 〜 62 頁。
加藤鉱（2009）『まやかしだらけのプライベートブランド』講談社。
木綿良行 (1975)「プライベイト・ブランド " ツゥー・パラレル・システムズ "」『ビジネス・レビュー』（一橋大学）第 23 巻 2 号，25 〜 35 頁。
木下明浩（2016）「小売ブランド研究に関する一考察」『立命館経営学』第 54 巻　第 4 号，89 〜 111 頁。
小林哲（2006）「顧客視点の PB 分析」『経営研究』大阪市立大学,56（4）, 193 〜 213 頁。
重冨貴子（2009）「PB の新しい発展段階における消費者の意識と行動」『流通情報』41(3)，6 〜 14 頁。
為宏吉弘（2009）「プライベート・ブランドに対する消費者の評価について─商品カテゴリー別の購入状況と売場の評価」『流通情報：流通経済研究所（編）』，15 〜 21 頁。
陶山計介（2014）「プライベート・ブランド戦略」，田中洋編『ブランド戦略全書』，有斐閣，163 〜 181 頁。
戸田裕美子　（2008）「ブランド管理論への一考察：マークススペンサー社の PB 戦略を中心に」『三田商学研究』51（4），209 〜 224 頁。
根本重之（1995）『プライベート・ブランド：NB と PB の競争戦略』中央経済社。
矢作敏行（1996）「PB（プライベート・ブランド）戦略の枠組と展開」『法政大学産業情報センター』(5)，3 〜 13 頁。
矢作敏行 (1999)「英国プライベート・ブランドの発展過程（上）」『経営志林』(法政大学)，36（3.），33 〜 43 頁。
綿貫真也・川村晃司（2015）「量販店自社開発商品（プライベートブランド）の " ブランド性 " に関する実証的検討─セブンプレミアムとトップバリュに関する検討を中心として─」『マーケティングジャーナル』34（4），102 〜 123 頁。

第6章
小売の情報・物流革新

西 道彦

はじめに

　小売業は，販売代理機能，購買代理機能，情報提供機能を有しており，商品と情報を仲介している。特に小売業には顧客に関する必要情報が最も集中している。
　このように小売業においては情報の有用性は高く，サプライチェーン・マネジメント（SCM：Supply Chain Management）の観点から情報共有がその効率化においてきわめて重要となっている（Gattorna 1998, p.522）。
　そこで，最近の小売環境の変化に伴う小売業の情報・物流革新について，情報共有という視点から企業間ネットワークのEDI標準化問題を中心に述べることにする。

第1節　小売業と取引情報

　まず小売業と卸売業・メーカーなどの取引先との発注や納品などの取引情報が，これまでどのような形で取引されてきたのかについて述べてみたい。
　発注や納品などの取引情報は，EDI（Electronic Data Interchange: 電子データ交換）が開発・実施される以前には電話やファクシミリ，紙媒体の伝票によって行われていた。
　この段階では，発注において，①小売業の取引先との情報のやりとりに時間がかかる。②読み違いや入力間違いによる発注ミスが多い。③時間通りに発注

が集められない。④伝票購入や伝票の仕分けや保存にコストがかかる。⑤紙の使用量が増える。⑥伝票が小売企業ごとにばらばらで対応する卸売業やメーカーの負担になっている。などの課題が存在していた。

　また伝票チェックにおいては，①伝票記載事項のチェック業務に時間がかかる。②請求書の照合に時間がかかる。③伝票の入力業務に時間がかかるなどがあげられる。

　手作業によるミスの発生は，月次の請求と支払の金額が一致しないということになり，その原因究明のために人手と時間がかかり，その結果，データの修正に伴う部門別の売上高や粗利益などの正確な経営管理データの出力が遅くなる。それゆえ業務の省力化と正確性の確保は急務となっていた。とりわけ上記⑥の各小売企業がそれぞれの専用伝票を使用することに伴う各卸売業やメーカーの負担は深刻であった。

　そこで小売業界が主導して統一伝票を作成することになり，流通業の根幹をなす仕入の標準化が始まった。1974年に百貨店統一伝票が作成され，翌1975年に日本チェーンストア協会よりチェーンストア統一伝票が制定された。統一伝票が使用されることによって，従来，各小売企業がばらばらに作成され使用されていた専用伝票が大幅に削減され，合理化されることになった。これによりEDIの環境が整備されていったのである。

　小売業において，発注などの業務を効率的に行うためには，上述した統一伝票などの様式の統一とともに，必要不可欠なのがコードの統一である。このコードは，共通した番号をすべての商品に付けて，共通商品コードとして商品識別のための流通情報システムの重要な基盤をなすものである。米国食品チェーン協会は，共通商品コードの必要性をいち早く認識し，UPCコード（Universal Product Code）を作成した。共通商品コードについては，1973年に米国でUPCコードが制定されており，1977年には欧州ではEANコード（European Article Number）が制定された。わが国では1977年に流通コードセンターが設置され，すべてのメーカーの商品統一が開始された。この商品コードはJAN（Japanese Article Number）コードと呼ばれ，このJANコード

はJISB9550共通商品コード用バーコードシンボルとして1978年に標準化された。JANコードは，わが国内のみの呼称であり，国際的には上記のEANコード(European Article Number)と呼称されており，米国等のUPCコード(Universal Product Code)と互換性のある国際的な共通商品コードである。JANコードには，標準タイプ（13桁）と短縮タイプ（8桁）の2つの種類がある。

　このJANシンボル（バー・コード）を商品へ装着するマーキングには2つの方法がある。1つ目はソースマーキングと言われるものであり，メーカー等によって商品の製造・出荷段階で商品包装にJANシンボルとしてバー・コードが印刷される。2つ目は製造・出荷段階でバー・コードを印刷できない商品にマーキングする場合であり，インストアマーキングと言われるものである。小売業が自社内で直接に消費者に販売する商品，例えば量り売りされる商品や生鮮食品等は，POSシステムで商品管理するために小売業で印刷される。このインストアマーキングは，その販売店舗または会社内に限定した商品に限って使用可能なものである。

　このインストアマーキング商品に対しては，PLUコードとNon PLUコードの2種類がある。PLU（Price Look Up）コードは，JANシンボル（バー・コード）の中に価格情報を包含していない。そこでこのJANコード番号に対応した形で，あらかじめ商品の価格をPOSシステムの商品マスタデータベースに登録しておく必要がある。商品に表示されているJANシンボルをスキャナで読み取った際に，商品マスタデータベース上の価格を検索し，POS端末で表示・処理するシステムとなっている。一方，Non PLUの場合は，JANシンボルの中に価格情報(価格コード4桁)が包含されている。このJANシンボルをスキャナで読み取った際に，その金額を直接表示するシステムとなっている。

第2節　小売業の電子発注システム

　JANコードが制定され，このコードが添付されると，この番号で受発注が行われることになる。小売業の発注データを効率的に伝送するために，1980年

に日本チェーンストア協会は標準通信手順であるJCA手順（Japan Chain Stores Association Protocol）を開発し、これは1982年7月に、通商産業省（現経済産業省）により流通業界全般の標準通信手順J手順として制定された。またJCAでは統一伝票様式のデータフォーマットとしてオンライン標準データ交換フォーマットを制定した。これによりJCA手順を用いて小売業から卸売業、メーカーへと情報が伝送され、オンライン・データ交換が可能となったのである。

米国チェーンストアで用いられていた電子発注システムであるEOS（Electronic Ordering System）が、わが国に導入され、通信回線を利用して、各店舗から各仕入先あるいは本部との間で、受発注データを伝送交換するシステムが構築された。このシステムは、小売業に限らず、卸売業と各メーカー間の受発注などにも広く用いられ、普及していった。さらにEOS用の統一伝票であるターンアラウンド（Turnaround System）伝票が制定されると、小売業の発注データが仕入先で出力されて仕入伝票として小売業に戻って来る。受発注処理の場合は、最初の発注段階から最後の支払い完了までと回って活用するのである。EOSのようなネットワークを活用したオンライン処理は、受発注から始まる請求・支払、買掛・売掛管理までトータルターンアラウンド化をもたらし、結果的に発注ミスの減少や発注時間の短縮によって、迅速かつ正確なシステムの構築につながった（秋山2003、118頁）。　EOSの基盤となる商品コードの標準化および統一伝票の制定さらにはVAN（付加価値通信網）の普及、そして1985年施行された電気通信事業法によるその事業の自由化によって、EOSは1985年以降、中小の流通業まで急速に浸透していったのである。

第3節　SCMとEDIの標準化

1987年に国際連合・欧州経済委員会は、UN/EDIFACT（United Nations / electronic data interchange for administration, commerce and transport）を採択し、ISO（国際標準化機構）に申請し、ISO/TC154会議にて国際規格として承認ISO9735となった。このように世界共通のEDIルールが確立し、わが国で

も ISO 規格として JIS 化している。

　旧電子商取引推進協議会（ECOM）では，EDI とは「異なる企業間で，商取引のためのデータを，通信回線を介して標準的な規約（可能な限り広く合意された各種規約）を用いて，コンピュータ（端末を含む）間で交換すること。」と定義している。

　EOS から始まった企業間ネットワーク化は，この EDI によってスムーズなデータ交換を達成することができる。さらに日本の流通業界は，1990 年代に企業間全体最適（松山 2015, 53 頁）による効率化を追求していくことになる。

　小売業の取引効率化は，しだいに物流を含めた取引業務全般へと対象が移っていく。その背景には，卸売業・メーカーから小売業への納品物流は，取引先から店舗への直接配送が一般的であったことから，店舗側では取引先の配送車が到着するたびに大量の入荷検品を実施するという煩雑さがあり，効率化の妨げになっていた。そこで大量の商品を迅速かつ正確に適切に処理するために，各店舗への直接配送による納品物流を物流センター経由に切り替え，各店舗での入荷検品業務をセンターに集約し，店舗業務の効率化を図る方法が志向された。

　SCM が普及してくると，他社や拠点とのシステム連携が重要になってくる。そのためには次節で述べるベンダーや物流業者が発信する ASN（Advanced Ship Notice）「事前出荷通知」を入庫予定データに連携することによって，入庫検品作業の省力化と精度向上を図る必要がある。さらに第 6 節で取り扱う WMS（Warehouse Management System）「倉庫管理システム」を導入して，商品が入ってきた時点で出荷情報が含まれている SCM（Shipping Carton Marking）ラベルなどの物流ラベルのデータを読み取り，入庫予定データと照合して検品処理を行う必要がある。

　一方，流通業界の EDI 標準化については，1996 年に通商産業省（現経済産業省）からの委託調査・研究の成果として，国際的な EDI 標準に準拠して，1997 年に流通標準 EDI「JEDICOS（Japan EDI for Commerce System）」がとりまとめられ，制定されている。

第4節　流通 BMS とインターネット

　前節で取り上げた小売業から卸売業・メーカーに注文を出す EOS は，1980年に制定された JCA 手順（その後 1991 年に JCA-H 手順が開発されている）をベースにした従来型の EDI で行われていた。

　JCA 手順の通信速度は，インターネットの通信速度に比べると非常に遅い仕様となっている。JCA 手順ではデータ形式が固定長で，データ 1 件の長さが限られており，新たな項目を追加できないなどメッセージの仕様変更が難しく，漢字や画像が送れない。このようなデータ制限のため受発注データには最小限の情報しか表現することができなかった。さらに JCA では受発注のフォーマットは標準化されているが，他の業務では小売業各社の個別運用となっており，卸売業・メーカー側では自社システムへの連携を個別に開発しなければならず，開発費用の負担の問題が存在していた。結果的に企業間・業界間で煩雑かつ手間のかかるシステムとなっており，その結果，各社で無駄な投資が行われ，非効率な業務対応を迫られていた。

　このように従来型の EDI では小売業を取り巻くさまざまな環境変化（取引先との協業化・協働化など）へ対応できず，効率化のボトルネックとなっていた。

　2000 年代に入るとインターネットの普及に伴い，インターネットを利用できる新たな EDI が求められるようになり，そこでこれらの課題に対して 2003 年より経済産業省の事業として流通業界次世代 EDI の検討が始まった。まず 2003 年度から 2005 年度まで「流通サプライチェーン全体最適化促進事業」としてインターネットに対応するために小売業と卸売業の間で XML-EDI の実証実験が実施された（財団法人流通システム開発センター 2006, 1-7 頁）。

　本事業は，流通 SCM を構成するメーカー，卸売業，小売業の間で取引を行う際に，最新の情報技術を利用して現在よりも効率的かつ低コストで情報の交換や共有が実現できる情報基盤を整備することを目的としていた。　この情報基盤は，商品マスタ情報の共有を行うために流通情報システムの基礎である共

通商品コード（GTIN）をキーとした商品情報を，メーカー（製）・卸売業（配）・小売業（販）3層間で効率的に共有するための仕組みである「商品マスタデータの同期化システム」と，企業間のEDI取引をより効率的で柔軟なものにするためのインターネット対応の最新技術に置き換える「次世代の標準EDIシステム」に基づいている。

さらに2006年度から2008年度にかけて経済産業省が引き続き流通SCMの全体最適化を実現するために「流通システム標準化事業」を実施した（流通システム標準化事業2009, 3頁, 松山 2015, 7頁）。本事業には小売業界からGMS，スーパー，百貨店，ドラックストア，ホームセンターなどが参加し，卸売業界・メーカーからはグロサリー，アパレル，生鮮食品などの業界代表者が参加した。2006年度には標準メッセージ策定および共同実証が行われ，2007年度はスーパー業界で実用化が試みられ，商材の拡大を図った。さらに最終年度の2008年度では対象業態・業種・業務の拡大が行われた。

これらの事業の成果として，流通システム標準が制定され，実用化された。この標準は流通BMS（Business Message Standards）といわれ，小売業とその取引先である卸売業やメーカーとの間で取引する際のビジネスプロセス，メッセージ，利用方法を標準化した流通ビジネスメッセージ標準である。この流通BMSにより流通業に携わる企業が統一的に利用できるEDIの新たな取り決めが誕生し，スーパー業界で初めて流通BMSが導入された。2009年度には標準の仕様の普及推進活動などを主な目的として流通BMS評議会が流通システム開発センター内に設置された。流通BMS評議会による標準メッセージ運用ガイドラインが2009年10月に策定され，その後三度の改訂を経て運用されている（流通システム標準普及推進協議会2014, 4頁）。

流通BMSの特徴として主に次の7つを挙げることができる。

（1）流通BMSは通信手段としてインターネットを利用していることである。通常の電話回線や専用線を用いる従来型EDIのJCA手順に比べてインターネット回線（ADSLや光ファイバー）は高速であるため，通信時間を大幅に短縮することができる。通信コストも定額料金で常時接続時のコストパフォーマン

スが高くなり，また VAN 会社への委託費が不要となる（VAN 利用の場合）ことから削減につながる。

　(2) メッセージの拡張性/柔軟性を重視して，データ形式には国際標準の可変長 XML を採用し，各業務メッセージ（発注・出荷・受領・返品・請求・支払等）およびデータ項目（発注日・商品コード・取引先コード・店舗コード・発注数量・出荷数量等）が統一されている。このように流通業全体で取り扱うメッセージを統一することにより，複数の小売店と複数の卸売店・メーカー間で個々に取引を行う場合もきわめて効率的となり，システム開発費を削減できる。メッセージの統一により取引上汎用性があり，業務効率の改善につながり，SCM においても全体最適化を実現できる。

　(3) 商品識別コードとして，国際標準の GTIN（14 桁の商品識別コード），GLN（13 桁の企業識別コード）の採用を推奨していることである。

　(4)「事前出荷情報」という従来の納品伝票に代わるメッセージがあり，卸売店がこの情報を事前に小売店に送信しておくことで，検品作業の自動化が可能になることである。

　(5) 発注のデータは，出荷のデータとなってターンするターンアラウンド型受発注となっていることである。すなわち 1 件の発注に対してすべてデータが紐付されている。具体的には「受領情報」というメッセージがあり，受領情報には発注・出荷・受領の履歴情報が包含されている。小売側は，この受領情報をもとに請求なしで支払いが可能となる。

　(6) 通信時間が飛躍的に速くなることで，卸売側の出荷業務の開始時間が早くなり，物流コストの削減や発注から納品までのリードタイム短縮が可能となる。

　(7) 発注から決済までの電子的処理に関して，取引証憑の要件を満たす EDI メッセージとすることで，紙媒体による仕入伝票や支払案内書，請求書等の作成を不要とし，決済後の現物保存の費用を削減できる。

　また流通 BMS の接続形態には（1）自社導入型と（2）サービス利用型，(3) クラウド活用型がある（藤井・藤野・湯浅 2015, 37〜38 頁）。

自社導入型の企業は，流通 BMS 標準に沿ったパッケージソフトを購入し，流通 BMS 導入手順に従い，業務の設計・開発からセキュリティ対策・運用設計・移行計画を自社の責任で進めていかなければならず，初期投資と運用経費が他の型よりもかなり高くなっている。自社導入型にはサーバ型（S-S 型）とクライアント型（C-S）があり，それぞれに対応したソフトウェアが提供されているので，自社の環境に適したソフトウェアを購入しなければならない。サーバ型では，小売業と卸売業・メーカーがサーバ型 EDI システムを導入し，常時接続で通信を行い，データの発生ごとに取引先に送信する方式である。取引の容量が大きい場合に適している。クライアント型では，小売業のサーバシステムに対して卸売業・メーカー側がクライアント型 EDI システムを導入し，クライアント側が小売業のサーバに対してデータの送受信要求を行う方式である。取引容量が少ない場合に向いている。

　サービス利用型の企業は，流通 BMS に対応した汎用的な ASP サービスの利用者になり，すべてサービスに委ねることになる。小売業から流通 BMS で受信し，受注側の卸売業・メーカーに対して他の EDI 方式に変換する等のサービスを行っている ASP 事業者のサービスを利用するタイプである。卸売業・メーカーが，流通 BMS 対応の EDI システムを自社内に保有していない場合に利用されている。初期投資および運用経費を低く抑えることができる。

　クラウド活用型の企業は，クラウド上に流通 BMS システムをインストールし，自社でコントロールすることになる。自社でハードウェアや OS (Operating System) を購入・運用する必要がなく，必要な時に必要な分だけ借り受ける方式であり，費用を抑えることが可能となる。クラウド活用型は，パブリッククラウドとプライベートクラウドに分類することができる。通常，ASP サービス事業者が色々な顧客に対して広く提供しているサービスを利用するパブリッククラウド活用型をいう。一方，プライベートクラウドは，企業ネットワーク内のデータセンターなどで関連会社向けに限定提供しているものであり，クローズドな活用といえよう。

第5節　小売業と RFID・AI 活用

　現在，SCM においては商品の流れと情報の流れをリアルタイムで把握することが SCM の効率化のために求められている。そのためには供給される商品の動きを可視化する必要があり，そこにおいては関連企業の情報共有が重要となる。そこで可視化を実現するためのツールとして RFID（radio frequency identification）の活用が考察されている（西 2014, 207 頁）。

　この RFID は，商品などに付けられた ID タグ（電子タグ）を無線で読み取り，管理を行う非接触型の自動認識技術である。従来の IT 技術（バー・コード）では商品の流れを可視化するシステムを構築する場合，性能的に限界があると考えられている。

　この RFID の活用は，バー・コード活用と比較して，製品や部品が流通していくプロセスでいつ，どこで，どのような加工を施したかなどの新たな情報の書き込みを行えることを特徴としている。SCM の川上の製造段階でソースタギングして，川下の小売業者・消費者などで RFID の情報を利用することが可能となる。

　小売業では，RFID 導入の効果として，入荷検品の効率化，在庫管理の効率化（リアルタイムな在庫・位置管理），在庫管理コストの削減，棚卸業務の効率化（離れたところから一括読取り），POS レジ業務の省力化（レジ待ち解消），会計処理の迅速化，販売機会の最大化（機会損失の回避），販売情報の早期入手，売り場維持コストの削減，スマートシェルフによる売れ筋分析可能（併売商品開発），万引き・盗難防止，偽造品防止，消費者サービスの向上等が挙げられる。

　米国では，Macy's，Walmart，Target など大手小売業者を中心に個品レベルでの RFID の導入が進んでいる。わが国でも TSUTAYA（CD・DVD・本），ビームス（衣類・小物），エゴイスト（アパレル）など小売業で導入が進んでいる。

　SCM 全体で RFID 活用する場合，RFID から得られた情報を企業間で相互に利用するためのルール作りが社会的要請となる。そしてこのルールの共通

化・標準化が行われ普及していくことがグローバル化に対応するために重要である。このようなプロセスを経てルールは国際ビジネスに合わせた業界標準となっていく。

現在，国際標準の識別コードとして GS1 の傘下の EPC global で標準化された EPC（Electronic Product Code）が存在する。EPC global は，バー・コードに代わるデータキャリアとして RFID とインターネットを利用した EPC global ネットワークシステムの開発・推進を行うために 2003 年 11 月に設立された非営利法人であり，本部は米国ニュージャージー州プリンストンに置かれている。2004 年にわが国では財団法人流通システムセンターに EPC global Japan が設置され，流通システム標準の推進事業を行っている。

この EPC は，RFID に書き込むための国際標準の識別コードであり，GTIN 等の GS1 が定める標準識別コードがベースとなっている。また現在普及しているバー・コードシステムとの互換性も確保している。

EPC タグには商品用の個別識別コードである SGTIN（Serialized Global Trade Item Number）等が書き込まれている。この EPC の種類には SGTIN の他に GS1 標準の識別コードとして 6 種類のコードが定められている。

この SGTIN は，GTIN をもとにシリアル番号を付加したものである。このシリアル番号を付加することにより，従来の GTIN だけではできなかった個々の商品の識別が可能となっている。

小売業においては，導入効果で上述したように，EPC が個々の商品に異なる番号が付いているため，検品作業や棚卸作業において多くの商品の読み取り作業をする場合に，一括読取りが可能で，同じ商品のコードを重複読取りしてしまうミスがなくなる。

また関連企業で情報を共有するためには，関連企業からの商品の移動についてのデータを相互に参照するシステムが必要となる。このシステムは RFID を用いた可視化システムであり，RFID を読み込んだ時のデータをコンピュータ・サーバ上にストア（Store）し，商品の移動に関する情報を取引先間で相互に交換するための仕組みである。このシステムとして GS1 の標準仕様の EPCIS

(EPCインフォメーション・サービス）が存在する。なおこのEPCISは，バー・コードからの読取りもEPCISサーバにストアすることが可能となっている。このようにEPC globalネットワークを導入することによってSCM全体で商品の移動が可視化できる。具体的にはRFIDタグをつけた商品などをSCM全体で無線スキャナすることによってシリアル番号による個別識別するとともに，RFIDタグに書き込まれた当該商品のEPCコードを基にしてインターネット経由で関連データベース（リポジトリ）にアクセスし，その商品のイベント情報を即時に取得することになる。

　小売業においてターゲット顧客について，その特徴把握や購買行動の理解に関するニーズは依然として大きい。RFID活用のマーケティング応用研究から今までブラックボックスであった店内の顧客の購買行動に関する詳細な情報が明らかになっている。これは顧客または顧客のカートにRFIDを付与し，店内の購買行動，移動経路を解析する顧客動線分析といわれているものである。従来のマーケティング研究のように購入商品という結果からではなく，顧客の店内での移動経路から新しい店頭販売活動の知見を得ようとするものであり，RFIDを活用したさまざまな角度からのマーケティング応用研究が進められている（Larson, Bradlow, and Fader 2005, pp.395-414. Sorensen 2003, pp.30-35）。

　現在，上記の店舗内での顧客行動などのビッグデータを人工知能（AI:Artificial Intelligence）で解析し店舗内レイアウト改善に活用したり，人工知能活用によるLTV（Life Time Value: 顧客生涯価値）を高める方法の開発等を通じて，販売促進策の最適化を図るなどの小売業の革新が進展している。

　次にRFIDを活用した小売業を含めた流通経路の可視化の事例について述べたい。流通システム開発センターは，日本IBM，（株）大和コンピューター，凸版印刷（株），慶応義塾大学とともに，日本酒の流通経路を可視化し，製品の偽造品対策，品質管理，現地消費者との情報共有の拡充などの目的とした下記の実証試験を行った（真野 2016, 76-79頁）。

　この実証試験では，石川県白山市の（株）車多酒造（銘柄：天狗舞）と富山県富山市の（株）桝田酒造店（銘柄：満寿泉）の日本酒を，日本からタイのバン

コクに輸出し，その間の各流通拠点における物流データをクラウド・システム上にある EPCIS に収集するというものであった。具体的には日本酒に RFID を取り付けて，日本酒を日本からタイのレストランまで運び，物流の要所要所で RFID を読み，EPCIS サーバにデータを蓄えることで，物流の可視化を行った。またクラウド上にさまざまな日本酒の情報を置くことで日本酒に付加価値を付ける試みも行われた。

　実証試験の結果，RFID の活用により，最終消費者は，酒が偽造品ではなく正しい蔵元から出荷されていて，輸送途中の温度変化が少なく，品質の保証された酒であることが証明され，偽造品などの不正品を排除できることが明らかとなったと同時に，品質の高いわが国の商品に IT で情報を付加して新たな価値を加えることで海外に輸出しやすくなることも示された。

　今後は RFID 等活用により可視化され，情報を付加された商品が，LTV を高めていくことが予想され，その商品が小売店において現金，クレジットカード，電子マネー等で決済され，さらに中小の小売店では FinTech 革命によるモバイル POS 導入などが進んで行くものと考えられる。

第 6 節　小売業と物流 EDI

　小売業は，さまざまな商品を調達する場合には多数のメーカーや卸売業と取引しなければならない。それらの取引業者がそれぞれに納品を行うと，店頭では検品や荷受け作業が煩雑になると同時にコストも増大する。そこで小売業においては店舗での物流業務を軽減してコストの削減を図る必要がある。その方法として店舗での物流業務を可能な限り前工程で行うことが考えられ，現在では各取引業者が小売業の指定する物流センターに商品を納品し，物流業者が各取引業者の納品商品を店舗ごとに集約して店舗に納品するという形態すなわち「一括物流」が一般的となっている。

　そこで小売業のロジスティクス戦略の観点から，小売業の物流センターの活用が重要となっている（金 2012, 112～113 頁）。

この小売業の物流センターは，基本的に2つのパターンがある。

第一はDC（Distribution Center）在庫型物流センターと呼ばれているものであり，仕入先から商品をセンター入荷し，在庫を置くパターンである。この在庫型には自社買取商品在庫と預け在庫に分けられる。預け在庫の場合は，メーカーや卸売業が小売業の物流センターに在庫を保管し，出荷指示があった時点で仕分けのうえ，出荷され小売店舗に納品される。預け在庫の場合の小売店舗に納品された時点が売上時点となる。

第二はTC（Transfer Center）通過型物流センターと呼ばれるものである。この通過型は，TC Ⅰ型（店別仕分け型）とTC Ⅱ型（総量納品型）がある。TC Ⅰ型は，仕入先から仕分け済み商品をセンター入荷して，出荷する方法であり，取引業者は事前に店舗別に仕分けてセンターに納品する必要がある。この型は，日配品といわれている食品系の商品を扱う食品スーパーなどで採用されている。TC Ⅱ型は，仕入先から全店舗分の商品（総量納品）をセンター入荷し，店舗別に仕分けして出荷し，指定時間に小売店舗へ納品するパターンである。この型は商品の取扱いが多いドラッグストアなどで総量センター納品が行われている。

この物流センター内のオペレーションを一括管理するシステムは，WMS（倉庫管理システム）と呼ばれており，商品の入荷のオペレーション，格納，在庫管理，流通加工，梱包指示，出荷オペレーションなどの物流センター内の作業情報を一元管理し，作業者に指示を与えている。WMSは，自社の基幹システムと連携すると同時に取引先のシステムとEDIにより接続して，ASN（事前出荷通知）データや受注データを取得して，作業計画の指示を出すことが可能となり，自社の物流の効率化を図ることができる。

物流センターで受ける入出荷データは，前述の流通BMSで受け取ることにより，物流センター内での作業の迅速化，正確性がさらに高まるのである。

【参考文献】

Larson, J. S., Bradlow, E. T. and Fader, P. S.（2005）An exploratory look at supermarket shopping paths, *International Journal of Research in Marketing*, 22.

Sorensen, H.（2003）The science of shopping, *Marketing Research*, 15.

Gattorna, John, *Strategic Supply Chain Alignment―Best Practice in Spply Chain Management―*, Gower Publishing Limited, 1998.

秋山哲男（2003）『実践流通情報システム』中央経済社。

金弘錫（2012）「小売業の流通革新に関する研究」『埼玉学園大学紀要』第 12 号。

財団法人流通システム開発センター（2006.3）『流通サプライチェーン全体最適化促進事業調査研究報告書』。

西道彦（2014）『国際流通の電子化』五絃舎。

藤井創一，藤野裕司，湯浅利由起（2015）「クラウドを活用した流通 BMS」『流通とシステム』流通システム開発センター，No.164。

松山義政（2015）「データ交換による流通業界の進化・発展」『流通とシステム』流通システム開発センター，No.164。

流通システム標準化事業（2009）『スーパー業界における流通システム標準化共同実証評価報告書』平成 20 年度経済産業省委託事業。

流通システム標準普及推進協議会（2014）『流通ビジネスメッセージ標準運用ガイドライン（基本編）』第 1.3.3 版。

第 2 部　アジア・欧米の小売商業

第 3 編　アジアの小売商業

第7章
日本の小売商業

堤田 稔

はじめに

　日本の小売商業は，戦後の混乱の中から1980年代までは社会的要請によるいくつかの政策的変化の中で，「流通近代化」・「流通システム化」政策等により流通全体の近代化や効率化を進めて，段階的に拡大・発展してきた。この時期は，わが国の人口が増加し，経済成長が続いてきた時期と重なる。百貨店，大型スーパー，そして零細小売商店等が生産と消費を結び付けながら，拡大，統合，転換と廃止により地域の特性に応じて発展してきたのである。

　しかしながら，1970年代から始まっていた郊外化の流れの中で居住者人口が減少し，1980年代後半からは規制緩和の流れの中で郊外型の大型商業施設の立地が進展したことなどにより，地域の中心商店街の衰退がはっきりとして，その対応がまちづくりの課題となってきたのである。

　現在はこれらに加えて，わが国人口の減少と経済の低迷による地方財政の弱小化が小売商業に与える影響について懸念されている。実際，2015年の国勢調査は，5年前と比較して，わが国の人口減少がすでに始まっていることを明確に示す結果となった。そのため，今，小売商業には，地域商店街活性化法（2009年施行）などの施行を受けて，公的インフラとしての新たな役割を求められるようになってきている。

　本章では日本の小売商業の特徴を商業統計に依拠しながら現状・動向について考察する。そこでまず第1節では，社会経済（主として人口・産業構造）にお

ける小売商業の位置と役割について考察する。次に第2節では小売業種，第3節では小売業態を商業統計に基づいて現状と推移を考察することによってわが国小売業の特徴を抽出する。さらに第4節ではグローバル競争下での小売国際化等を通してわが国の小売構造の発展動向を提示する。

第1節　社会経済における流通・商業の現状

1. 人口と経済

　総務庁統計局によると2016年2月現在のわが国の人口は1億2,702万9千人で，前年同月に比べ減少しており，人口数で14万3千人減少し，増減率で0.11％の減少となっている。また，長期的な推計では，総人口は減少傾向となって2050年に9,708万人，2060年には8,674万人と大きく減少すると推計されている（図表7-1）。図表7-1によると2014年を境に人口は減少傾向となっていくが，高齢化率（65歳以上人口割合）でも2014年の26％から，その割合は増加を続け2060年には39.9％とほぼ40％に達するとされている。

　戦後のわが国の経済成長には，いわゆる人口ボーナスもGDPの拡大に貢献したが，内閣府平成15年度年次経済財政報告では，「人口動態における大きな変化が，我が国経済社会に与える影響」として，人口動態が直接に経済成長へ影響を与えるものであり，今後は人口減少と高齢化の進展が経済成長を鈍化させることが指摘されている（内閣府2003，187頁）。

　実際，わが国GDPの60％程度をしめる個人消費からみた場合，総人口の減少と高齢化の進展がGDPに与える影響は大きいと考えられる。特に国際化の進展の中で，国内外を問わずさまざまな場面で競争を続ける国内企業においては，新興国の経済発展を見込んだ海外市場の獲得という側面はあるものの，人口減少による国内市場の縮小が海外進出への動機となり，生産の海外シフトなど一層の国内産業空洞化の原因にもなると考えられるのである。

図表 7-1 高齢化の推移と将来推計

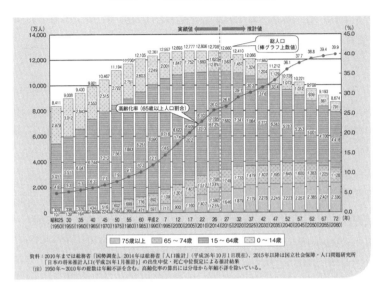

出所：内閣府編『平成27年度版高齢者白書』平成27（2015）年6月。http://www8.cao.go.jp/kourei/whitepaper/w-2015/gaiyou/27pdf_indexg.html

2. 産業構造

小売商業に影響を与えるものには，人口の増加と並んで産業構造の変化が考えられる。わが国の産業構造は，経済の発展に伴ってその比重が第1次産業から第2次産業へ，さらに第3次産業へとシフトしてきた。明治政府による富国強兵，殖産興業などの政策により軽工業を手始めにわが国産業の工業化が推進され，それまでの第1次産業が主体であった産業構造は，第2次産業の拡大・強化へ向かい，産業構造は大きく変化した。戦後もこの政策は継続され，第2次世界大戦直後の国内経済の停滞時には，傾斜生産方式などの政策により第2次産業部門でも特に石炭などエネルギー部門の振興が政策誘導されている。「産業構造，職業構造の推移」（厚生労働省 2013，81頁）からは，戦後，わが国の就業者が第1次産業から第2次産業へとシフトし，その後は第3次産業へシフトして労働力の移転が進んだことがわかる。第2次産業へのシフト時には「急

速な工業化を通じて高度経済成長を達成した」(厚生労働省2010, 85頁)。現在は, ポスト工業化の進展とともに金融, 観光, そして各種サービス業などの非製造業, 広義のサービス業が属する第3次産業に人も資源も向かっている。しかし, 高齢化と同時に進行している人口減少は, その体制整備に大きな影響を与えると考えられる。第1次産業からの労働力のシフトが第2次産業の拡大に貢献した場合に比して, 第1次, 第2次産業から第3次産業への労働力のシフトには高齢化と人口減少が進む現在, 制約があると思われるからである。実際, 団塊の世代に代表される急速な高齢化の進展が問題となっているが, これら増加する高齢者向けのさまざまなサービスの提供において, その担い手の不足が指摘されていることは広く知られていることである。そのため, 過重労働, 低賃金などの問題はあるものの, 従来に増して「サービスを効率的に提供していく必要」(内閣府2014, 244頁)が求められていくと思われるのである。

3. 商業のウエイト

　小売商業のわが国経済における規模は, GDP (Gross Domestic Product 国内総生産)に占める第3次産業の割合から数値としてみることができる。

　2014年度のわが国の名目GDPは489.6兆円 (内閣府2015, 9頁)となっており, その産業別GDPの構成比(名目)は第1次産業が1.2%, 第2次産業が24.9%, 第3次産業は74%となっている。第1次産業である農林水産業の衰退が続いていることは, 高齢化の進展による後継者不足などによりよく知られていることであるが, 1994年から2014年までの20年間でも減少割合は40%と大きく, 依然, 低下傾向にある。また, 第2次産業(鉱業, 製造業, 建設業)においても31%から24.9%へマイナス6.1%, 減少割合は19.1%となっており同様に低下傾向である。一方, 第3次産業は1994年の67%から2014年には74%へと7%拡大してわが国経済の主要な産業となっていることがわかる。これは, 各種のサービスから生み出される付加価値の比重が拡大していることを示している。

　また, 第3次産業は「電気・ガス・水道業」から, 「卸売・小売業」, 「金融・

保険業」,「不動産業」,「運輸業」,「情報通信」,「サービス業」,「政府サービス業」,そして「対家計民間非営利サービス生産者」から構成されている。このうち,この20年間（1994年から2014年）で「電気・ガス・水道事業」,および「金融・保険業」の2部門の割合は低下（電気・ガス・水道事業で対1994年比−0.6％,金融・保険業で同−0.8％）してきたが,他の産業はほぼ同じか増加傾向である。特に,「サービス業」,「情報通信」,「不動産業」は伸びており,この20年間はこれらが第3次産業を牽引しているのがわかる。一方,「運輸業」はこの20年間変動がない。同様に「卸売・小売業」も,この20年間でみれば,「運輸業」と同じく,変動（2014年は対1994年比−0.2％）が無いといえる。そのため,GDPに占める割合からみた場合,わが国の産業部門における「卸売・小売業」は「運輸業」と並んで成熟した産業の集まりであるといえる。

　また,卸売・小売業を規模でみた場合,1994年以来,13％台から14％台の割合で推移して,「電気・ガス・水道事業」,「金融・保険業」,「不動産業」を上回っており,「サービス業（宿泊,飲食等）」19.8％（1994年）,「製造業」18.7％（1994年）に次いで大きい割合となっているのである。

　このように「卸売・小売業」はわが国GDPの構成において重要なものとなっていることがわかる。

第2節　小売商業の構造と推移

1．小売業の現状

（1）事業所数，従業者数，年間商品販売額，売場面積の推移

　経済産業省により発表された1972年から2014年までの42年間の商業統計（事業所数，従業者数，年間商品販売額，売場面積　図表7-2）では，小売業の事業所数，従業員数，年間商品販売額，売場面積の4項目（この他，別途1人当たりの年間商品販売額を筆者が作成加筆した）のデータから小売業の変遷と現在の状況をみることができる。

　図表7-2によると，小売業の事業所数は1972年から1982年の期間は増加

を続け 1982 年に最大となるが，以後，減少傾向となっている。この減少幅は大きく，2014 年は 1982 年比で 45％程と半数以下になっており，2014 年まで回復する様子はみられない。一方，この期間の従業者数と売場面積は事業所数の減少にもかかわらず，1982 年以降も増加を続け，従業員数は 1999 年に 8,028,558 人（対 1982 年比で 126％）と最大となり，同様に売場面積は 2007 年に 149,664,906㎡と 1982 年比で 157％まで拡大している。

このように，事業所数が減少していくなか，従業者数と売場面積の増加は続いていることから，この時期，1 事業所当たりの規模が拡大していることがわかる。同様に，年間商品販売額も事業所数の減少にもかかわらず，増加を続けていることから，この時期は規模の拡大が年間商品販売額にも貢献していることが推察できる。一方，1 人当たりの年間商品販売額は 1991 年にピークを迎えた後は，従業者数や売場面積の増加にかかわらず 2007 年まで低下を続けている。効率化の面からみると大規模化の効果は 1991 年頃にはピークを迎え，

図表 7-2 日本の小売商業の実態（事業所数，従業者数，年間商品販売額，売場面積）

年度	事業所数	従業者（人）	年間商品販売額（百万円）	売場面積（㎡）	1 人当たりの年間商品販売額（円）
1972 年	1,495,510	5,141,377	28,292,696	61,108,675	5,502,941
1974 年	1,548,184	5,303,378	40,299,895	67,405,931	7,598,911
1976 年	1,614,067	5,579,800	56,029,077	74,973,890	10,041,413
1979 年	1,673,667	5,960,432	73,564,400	85,736,815	12,342,126
1982 年	1,721,465	6,369,426	93,971,191	95,430,071	14,753,479
1985 年	1,628,644	6,328,614	101,718,812	94,506,983	16,072,842
1988 年	1,619,752	6,851,335	114,839,927	102,050,766	16,761,686
1991 年	1,591,223	6,936,526	140,638,104	109,901,497	20,275,006
1994 年	1,499,948	7,384,177	143,325,065	121,623,712	19,409,755
1997 年	1,419,696	7,350,712	147,743,116	128,083,639	20,099,157
1999 年	1,406,884	8,028,558	143,832,551	133,869,296	17,915,116
2002 年	1,300,057	7,972,805	135,109,295	140,619,288	16,946,269
2004 年	1,238,049	7,762,301	133,278,631	144,128,517	17,169,990
2007 年	1,137,859	7,579,363	134,705,448	149,664,906	17,772,661
2014 年	775,196	5,810,925	122,176,725	134,854,063	21,025,349

出所：経済産業省編「商業統計調査 産業細分類別，年次別の事業所数，従業者数，年間商品販売額，商品手持額及び売場面積」2016 年 3 月より一部修正して筆者作成。

その後は低下傾向であったことがわかる。ただ，2014年になると事業所数，従業者数，売場面積ともに減少が続く中，1人当たりの年間商品販売額のみ減少傾向から一転大幅に増加しており，需要と供給という面からみた市場のバランスに変化が起きている可能性がある。

　経済産業省によると，わが国小売業・卸売業の生産性は米国や日本国内の他の産業部門と比較して低い（経済産業省2014，1頁）とされている。このため経済産業省では，卸売・小売業の活性化・生産性向上にむけていくつかの施策が決定された。すなわち，需要面（需要の創出による付加価値額増）から，①地域の新規需要の創出，②外国人需要の取り込み，③既存顧客の需要拡大，④コンパクトシティの推進を，また，供給面（業務効率化の推進）からは①最新技術の活用による業務効率化，②非効率な商慣習の見直し，③標準化の推進等へ取り組みなどが指摘され，「中長期的に労働生産性の2％向上の実現を目指す。」とされた。

　今後の小売業の展開においては，積極的にこれらに取り組むことは重要と思われる。2014年時点の小売業1人当たりの年間商品販売額は上昇したが，その他の事業所数，従業者数，年間商品販売額，売場面積は引き続き減少傾向であり，小売業全体が縮小傾向にあることに変わりはない。そのため，今後ともサービス効率の向上を通じた年間商品販売額等の拡大が求められるのである。

(2) 小売業種別の変遷

　前述のとおり，減少傾向にある日本の小売業であるが，図表7-3と図表7-4-1,2,3から大規模店と中小規模店の規模別，および業種別によりその推移を分析する。

　中小規模店の商店数は，1952年の1,205,818店から1982年には1,715,071店と1952年比で1.42倍に拡大したが，1982年を境に増加から減少に転じた。これは，前述の小売業全体から見た傾向と同じである。また，年間販売額も1962年の5兆2,060億円から1997年には111兆8,650億円となって1962年比で21.5倍にまで拡大したが，この1997年を境に拡大傾向から減少へと転じ，10年後の2007年は100兆6,330億円と1997年に比してほぼ10％(11兆2,320億円）の減となっている。

144　第2部　アジア・欧米の小売商業：第3編　アジアの小売商業

図表7-3　日本の小売商業（規模別）の推移（商品販売額：10億円）

年次	小売業全体		中小規模店（従業員49人以下）		大規模店（従業員50人以上）	
	商店数	年間販売額	商店数	年間販売額	商店数	年間販売額
1952年	1,206,342	—	1,205,818	—	524	—
1962年	1,271,975	6,149	1,270,152	5,206	1,823	943
1972年	1,495,510	28,293	1,491,253	22,756	4,257	5,537
1982年	1,721,465	93,971	1,715,071	75,121	6,394	18,850
1985年	1,628,644	101,719	1,621,920	80,750	6,724	20,969
1988年	1,619,752	114,840	1,612,320	90,120	7,432	24,720
1991年	1,605,583	140,638	1,597,409	111,249	8,147	31,042
1994年	1,499,948	143,325	1,489,896	110,131	10,052	33,194
1997年	1,419,696	147,743	1,408,530	111,865	11,166	35,878
1999年	1,406,884	143,833	1,392,122	104,709	14,762	39,124
2002年	1,300,057	135,109	1,284,517	96,828	15,540	38,281
2004年	1,238,049	133,279	1,222,006	93,914	16,043	39,364
2007年	1,137,859	134,705	1,127,911	100,633	9,948	34,073

出所：国立国会図書館調査及び立法調査局編「レファレンス第716号」林雅樹著『平成22年9月号 わが国大規模店舗政策の変遷と展望』平成22年9月。

　一方，大規模店の商店数は2004年まで増加を続けている。1952年に524店であったものが，2004年には16,043店となって30.6倍（1952年比）に増加し，年間販売額も1962年9,430億円から2004年にはこの期間最大の39兆3,640億円，41.7倍と大きく拡大している。しかしながら，2007年になると商店数が9,948店と2004年比で62％と減少し，年間販売額も34兆730億円（2004年比86.6％）へと縮小している。

　このように日本の小売業は商店数，年間販売額からみた場合，その時期には相違はあるものの，中小規模店，大規模店はともに戦後の拡大期から減少期へと変化し，現在も減少傾向となっているのである。

　次に，1999年から2014年までの15年間における小売業種別の推移をみると，まず，「織物・衣服・身の回り品小売業」（図表7-4-1）は，商店数，従業者数，年間販売額ともに減少傾向である。特に商店数は1999年の201,762店から2014年は110,595店とほぼ半減していた。同様に従業者数は70.5％へ，年間販売額は64.4％へといずれも減少している。ただ，1店当たりの売り上げは拡大している中，売場面積はこの15年間ほぼ維持されていることか

ら，効率化が進んでいたことがわかる。

図表 7-4-1　織物・衣服・身の回り品小売業

項目 年	商店数（計）	従業者数（人）	年間販売額 (百万円)	売場面積 (㎡)	1店当たりの 売り上げ（円）
1999	201,762	747,552	13,001,898	20,032,594	64,441,758
2002	185,937	719,710	10,976,944	19,455,043	59,035,824
2004	177,851	696,102	10,982,141	19,961,191	61,749,110
2007	166,732	676,614	10,694,006	20,933,402	64,138,894
2012	107,191	460,485	7,268,134	17,405,833	67,805,450
2014	110,595	527,291	8,373,223	19,573,636	75,710,683

出所：経済産業省「商業統計調査」より筆者作成。

次に，「飲食料品小売業」（図表7-4-2）では，この時期，商店数は48.5%とほぼ半減したほか，従業者数（70.9%），年間販売額（73.7%）ともにそれぞれ減少している。ただ，売場面積は93.5%と減少の幅は小さかった。このことから，「飲食料品小売業」も「織物・衣服・身の回り品小売業」と同様，1店当たりの規模は拡大し，省力化による効率化が進んでいる状況にあったと考えられる。

さらに，「自動車・自転車小売業」（図表7-4-3）は，2012年までは，商店数，従業者数，年間販売額はいずれも減少傾向であったが，売場面積および1店当たりの売上は増減を繰り返していた。しかし，2014年になるといずれも前年より増加している。特に年間販売額および1店当たりの売上はいずれも2012年比で20%以上増加しており，商店数，従業者数，売場面積の増加（同じく2012年比でほぼ同じか2から3%増加）に比してその伸びは大きかった。販売効率がよくなったことがわかる。このように業種別にみた小売業は，商店数，年間販売額の減少などが進んでいるが，反面，1店当たりの規模が拡大して大型化が進むと同時に売上も増加していた。また，効率化の面では，改善が進んでいる状況であった。

図表 7-4-2　飲食料品小売業

項目 年	商店数（計）	従業者数（人）	年間販売額 （百万円）	売場面積 （㎡）	1店当たりの 売り上げ（円）
1999	488,304	3,114,175	43,687,350	38,922,226	89,467,524
2002	466,598	3,160,832	41,225,998	39,911,857	88,354,425
2004	444,596	3,151,037	41,334,228	40,898,312	92,970,310
2007	389,832	3,082,562	40,813,293	41,184,245	104,694,568
2012	248,496	2,158,409	31,196,477	37,079,691	125,541,164
2014	236,725	2,209,355	32,206,678	36,420,467	136,051,021

出所：図表 7-4-1 に同じ。

図表 7-4-3　自動車・自転車小売業

項目 年	商店数（計）	従業者数（人）	年間販売額 （百万円）	売場面積 （㎡）	1店当たりの 売り上げ（円）
1999	92,031	578,965	17,502,295	3,564,802	190,178,255
2002	89,096	556,473	16,219,064	3,922,639	182,040,316
2004	86,993	541,658	16,176,744	3,853,928	185,954,548
2007	82,984	528,828	15,700,507	3,931,826	189,199,207
2012	66,017	423,418	12,201,139	3,749,538	184,818,138
2014	66,166	440,808	14,696,383	3,857,620	222,113,820

出所：図表 7-4-1 に同じ。

第 3 節　小売商業の近代化と業態構造

1．小売商業の近代化

(1) 大型店

1) 百貨店の現況

　わが国の小売商業の近代化と業態構造の現状と推移をみるため，百貨店，大型スーパーの現況を分析した。

　わが国の百貨店は長く拡大を続けてきたが，1997 年頃から変化がみられる。図表 7-5 によるとわが国の百貨店数（商店数）は 1997 年を境にそれまでの増加傾向から減少に転じ，2014 年は 1997 年比で 57.9％減の 195 店となっている。同様に年間販売額も 10,640,330 百万円から 4,922,646 百万円へと 53.7％減となっており，店舗数の減少とほぼ同率の割合で減少している。また，

売場面積も33.2%減少していた。業界全体の規模が縮小へと向かっていたことがわかる。

ただ，1商店当たり年間販売額は増減があるものの2014年は1994年に比して増加していることから，店舗数の減少は百貨店の経営にプラスの影響を与えている部分もあると考えられる。実際，1商店当たり年間販売額，および売場面積1㎡当たり年間販売額は2012年から2014年にかけては増加しており，また，売場面積の減少にほぼ相関してきた年間販売額の減少幅も小さくなっている。

わが国小売商業に占める百貨店の割合は，2014年は小売全体の年間販売額122兆1,767億円(2014年)に対して4兆9,226億円と4.0%程度であるが，就業者数では2014年度（小売業全体で5,810,925人）比で66,683人，1.1%程度となっている。百貨店を年間販売額に対する従業者数の割合からみると，わが国小売商業の中では百貨店の販売効率は高いと考えられる。

ただ，2014年度の販売効率を示す数値は改善されたとはいえ，百貨店業界も引き続き減少傾向であり，厳しい状況にあることは変わりないといえる。

2）百貨店の近代化

消費者の志向の多様化，総合スーパーとの競争，高齢化と消費人口の減少など百貨店を取り巻く環境は厳しい。長年，消費者のブランド志向が，地域老舗店としての百貨店を支えているといえる。しかし，百貨店の主要な顧客層である団塊の世代も高齢化がすすんでおり，今後，高齢化に伴って消費が低下すれ

図表7-5　百貨店の推移

項目 年	商店数	従業者数 (人)	年間販売額 (百万円)	売場面積 (㎡)	1商店当たり年間 販売額 (万円)	売場面積1㎡当た り年間販売額 (万円)
1994	463	205,493	10,640,330	7,124,072	2,298,127	147
1997	476	186,493	10,670,241	7,658,314	2,241,647	137
1999	394	168,343	9,705,460	7,290,180	2,463,315	132
2002	362	143,527	8,426,888	6,998,065	2,327,870	117
2004	308	122,390	8,002,348	6,472,113	2,598,165	120
2007	271	117,529	7,708,768	6,096,621	2,844,564	121
2012	228	85,306	5,487,978	5,958,725	2,407,008	92
2014	195	66,683	4,922,646	4,761,930	2,524,434	103

出所：商業統計より「大型百貨店」と「その他百貨店」を合計して筆者作成。

ば，百貨店へのブランドに対する志向の低下も進み，その限界がはっきりとしてくるであろう。

そのため，各百貨店においては，多様な消費者志向への対応やローコスト経営への経営体質の改善などが課題とされている。その中でも高級ブランド品に対する富裕層の消費志向に対応を図ることが，わが国の百貨店の方向性の1つであるといわれている。ターゲットとなる客層を特定して，経営資源を集中すれば，現状の総花的な販売体制から，各店の個性化を図ることができ，消費者の志向に対応することが可能であろう。小売市場の縮小が進む現状では，同じような品揃えによる過度な競争により体力を落としている百貨店が個性化を図ることは，地域全体の集客能力の向上につながり，まちにあらたな賑わいを生み出す機会となりえるだろう。また，ネット通販を通じてリアル店舗とEC（電子商取引）の融合である「オムニチャンネル」[1]が注目されている。これは，顧客との接点を広げて販売機会の拡大を図るものである。今後，配送との連携が可能となれば，高齢化への対応においても重要であろう。

(2) スーパー

1) スーパーの現状

スーパーには食料品，衣料，家電製品，日雑品まで幅広く取り扱う大型総合スーパー（GMS）のほかに，衣料品スーパー，食料品スーパーなど5種類が分類されているが，ここでは商業統計により1994年から2014年までのGMSについて分析を進める。

図表7-6によると，百貨店が1997年を境に年間販売額などが減少に転じるのと同様に，GMSの年間販売額も1997年を境に減少に転じている。商店数も同様に1997年がピークである。一方，その時期にずれはあるが，1999年から2004年にかけては，従業者数，売場面積が増加していることから，この時期，規模の拡大が進んだことがわかる。ただ，売場面積1㎡当たり年間販売額は1994年が最大であることから，すでにこの時期，効率化は頂点を迎えていたと推定される。また，2004年以降は，2012年まで商店数，従業者数，年間販売額，売場面積，売場面積1㎡当たり年間販売額ともに減少傾向であったが，2014年

図表 7-6　総合スーパーの推移

年＼項目	商店数	従業者数(人)	年間販売額(百万円)	売場面積(㎡)	1商店当たり年間販売額(万円)	売場面積1㎡当たり年間販売額(万円)
1994	1,804	272,426	9,335,933	11,394,322	517,513	82
1997	1,888	302,503	9,956,689	13,530,124	527,367	74
1999	1,670	320,422	8,849,658	13,392,963	529,920	66
2002	1,668	379,549	8,515,119	14,706,536	510,499	58
2004	1,675	394,937	8,406,380	15,191,303	501,873	55
2007	1,585	378,154	7,446,736	14,903,108	469,826	50
2012	1,122	232,698	5,322,537	11,482,788	474,379	46
2014	1,413	265,956	6,013,777	12,546,596	425,603	48

出所：商業統計より大型スーパーと中型スーパーを合計して筆者作成。

になるといずれも増加した。ただ，1商店当たり年間販売額は低下していた。

2）スーパーの近代化

　第1回の産業構造審議会 流通部会において「業態別では，百貨店・総合スーパーの売上が減少傾向にある一方，コンビニエンスストア，ドラッグストアや通信販売事業,（インターネット取引等）が増加している」(経済産業省2014, 5頁)とされ，社会情勢の変化（人口減少，高齢化と少子化，経済の低成長等）の中で，GMSを取り巻く環境は厳しさを増している。そのために，GMSは効率性の向上など近代化施策が重要となっている。近年は新たな方向性としてオムニチャンネル，ネットスーパーなどが検討され実施され，従来にない施策として注目されている。本来，GMSは，それまでの個人商店ではできなかった幅広い種類と豊富な品揃えや，効率化の追求の中で生み出された手軽さが消費者の志向に対応したことで拡大してきた。しかし，近年では，激化する小売競争の中で各店の差異は少なくなり，どこに行っても似たような商品が並ぶ。そのためライバル店とは違う経営方針が受け入れられていると思われる。今後，このような脱スーパーの動きは，拡大していくと考えられる。

2．業態の動向

(1) 小売業態別の変遷

　経済産業省による商業統計では業態分類の定義として1.百貨店,2.総合スー

パー, 3. 専門スーパー, 4. コンビニエンスストア, 5. 広義ドラッグストア, 6. その他スーパー, 7. 専門店, 8. 家電大型専門店, 9. 中心点, 10. その他中心店, 11. 無店舗販売に分けられており，これらはさらにセルフ方式（売場面積の50％以上がセルフサービスを採用している事業所），取扱商品，売場面積，営業時間，そして備考をつけてより細分化されている。ただ，11. 無店舗販売は，産業分類の無店舗小売業とは違い取扱商品等が訪問販売や通信・カタログ，インターネット等による販売方法をとるものとされている。

また，この業態分類は，社会情勢等により変更される。1994年以降をみても，それまで6業態の分類であったものが，1997年から1999年は8業態，2002年から2007年では9業態になり，2014年は11業態となっている。これらは，統計上，それまでは他の業態に含まれていたものが，独立して1つの業態として認知されたものと思われる。そのため，業態分類の変更がなく，時系列的にその変化をみることができる2002年から2014年の期間についてこれら業態を集計して分析した。

まず，百貨店は，この期間，すでに前述のとおり百貨店数，従業者数，年間販売額，1商店当たり年間販売額ともに減少傾向であったが，2002年から2014年にかけても同様であった。

次に，GMSは，この期間の店舗数は減少していた。同様に，従業者数，年間商品販売額，売場面積もともに減少していた。また，効率性の面からは1人当たりの年間商品販売額（以下「人的効率」と称す）はほぼ変わらなかったが，1㎡当たりの商品販売額（以下「物的効率」と称す）は低下していた。

専門スーパーは，店舗数は減少し，従業者数と年間商品販売額は増減はみられるものの微減であった。また売場面積も増減はみられるが，2014年は増加していた。人的効率はこの時期，他の業態と比較して変化は小さかったが，物的効率は低下していた。

コンビニエンスストアは，店舗数は，2002年から2007年までは増加していたが，2012年は減少し，2014年は再び増加していた。同様に，従業者数，年間商品販売額，売場面積も2007年まで増加していたが，2012年は減少して，2014年は再び増加していた。また，人的効率このの期間向上したが，物的効率

はほぼ変わらなかった。

　専門店は店舗数，従業者数ともに 2012 年までは減少し，2014 年は微増となっていた。一方，年間商品販売額，売場面積はともに増減はあるが，この期間を通じて減少していた。しかし，人的効率，物的効率ともにこの期間はほぼ上昇しており，店舗の大型化などによる効率性の向上がみられた。

　その他スーパーは，店舗数は減少し，従業者数，年間商品販売額，売場面積も，ともに増減はあるもののこの期間減少していた。効率の面でも人的効率，物的効率ともに増減はあるが，やはり低下していた。

　中心店は店舗数は減少傾向であった。また，従業者数，年間商品販売額，売場面積も増減はみられるものの，この期間，減少していた。また，人的効率，物的効率はともに増減はあるが，この期間，人的効率は向上し，物的効率は低下していた。

　その他の小売店は，事業所数，従業者数，年間商品販売額，売場面積ともに増減はあるが，事業所数，従業者数はほぼ半減し，年間商品販売額，売場面積は 10% 程の減，または微減となっていた。また，人的効率，物的効率ともに 2012 年までは低下したが，2014 年は向上した。特に人的効率は大きく向上した。

　また，2012 年からは無店舗販売が集計されており，2012 年から 2014 年にかけては，店舗数（主として無店舗販売を行う事業所），従業者数，年間商品販売額ともに増加している。

　このように業態別にみたわが国の小売商業は，2002 年から 2014 年の 13 年間では全体に減少傾向である。しかし，販売効率は向上している場合が多く，店舗の再編等による効率化が進んでいると思われる。

第 4 節　小売業のグローバリゼーションの状況

1．海外への進出

　経済産業省によるとわが国の「流通業においては，これまで百貨店，コンビニエンスストア（以下「コンビニ」と称す），GMS 等がアジア諸国を中心に海外展開」を行っており，今後も「 中国，ベトナム，インドネシア，インド等への積極進出

の方向性が相次いで打ち出されている。」(経済産業省2012, 4頁)と指摘されているように, コンビニ, GMS, 百貨店などの流通業の海外進出の規模は拡大している。そこで, 本節では, その中でも出店数が多く, 一部は国内市場を上回る出店を続けているコンビニの海外進出について注視し, その動向について分析する。

現在, コンビニの海外進出においては, コンビニ大手のセブンイレブン, ローソン, ファミリーマートなどが中心となって, アジア・オセアニアを中心に進出している。ただ, その中でもコンビニ最大手であるセブンイレブンはこれらに加えて北米, 中南米, ヨーロッパと他のコンビニ大手とは違う地域へも数多く進出しているが, これは, セブン-イレブン・ジャパン (SEJ) がサウスランド社 (アメリカのセブン-イレブンの運営会社) を買収, その実績を引き継いだことによるものである。そのため, これを除けば各社ともアジア・オセアニア

図表7-7 日系GMS・百貨店・コンビニ等の主な進出状況

出所: 経済産業省「第3回 産業構造審議会 流通部会 審議用参考資料『資料4流通業の国際展開の現状と今後の対応について』」平成24年5月, 4頁。
(www.meti.go.jp/committee/sankoushin/ryutsu/.../003_04_00.p...2016,11,12アクセス)

への進出が中心となっている。

　一方，各国への進出状況を出店数からみると，アジアは韓国，台湾，タイ，中国の順で出店数が多く，次いでマレーシア，フィリッピン，シンガポール，インドネシアへの出店が続いている。これらは各国の経済発展の段階に応じた展開となっており，各国の市場の成熟度合いに応じた進出が行われているといえる。しかしながら，コンビニの海外進出では，進出先国での政策や制度，人材確保の困難さ，および未熟な物流システムなどにより壁が多い。「アジア各国ではそうしたサービス業に対する外資規制が，依然として幅広く残されており，参入障壁のある国も多い。卸売業については小売業，物流業と比較して外資規制は相対的に緩やかな国が多いが，小売業，物流業では多くの国で幅広く外資規制が残されている。」（日本貿易振興機構 2014，1 頁）という現状であり，各社ともその対応が課題となっている。

　コンビニの進出の形態としては各社とも国内市場での成功モデルをもって進出しているといわれている。実際，国際進出の主要なコンビニは国内市場で成功しているセブンイレブン，ローソン，ファミリーマートの大手 3 社でほとんどを占めている。これら各社は，国内の厳しい競争環境の中，独自の顧客サービスと商品管理の経営資源を配して，国際的にみても優れた顧客志向のマーケティング戦略を実践しており，その成功モデルは海外でも有効なものと考えられている。

　このような，日系コンビニの急速な海外展開の背景には，国内市場の競争激化，人口減少による市場の縮小などが進行していることに加えて，「世界における途上国の位置づけが大きくなったこと」（大石 2013，9 頁）があげられる。近年，アジア・オセアニアの市場規模が経済成長の進展により拡大しており，その結果として消費需要の拡大が見込まれる。そのため，これらの地域では，今後，日系コンビニ各社の出店が一層拡大することが予測される。従来，これらの地域は生産の拠点として進出が進められてきたが，各国の経済水準の向上によって国内市場に代わる有望な地域として重要性が高まってきている。しかしながら，「アジアおよびオセアニア地域で日本以外の外資系企業によるサービス産業分野への進出が増加」（日本貿易振興機構 2016，2 頁）しており，これ

らの地域でも競争が激化してくると思われる。今後，日系小売企業においては，TPPの条約発効による規制緩和などを踏まえた調達のグローバル化や，人材の現地化などの課題を進めていくことが重要と思われる。

2. 外資の参入状況

前述の通り，日本の小売業の総販売額は1997年頃より縮小傾向が続いていたが，外資系小売業は2000年の大店法廃止により，積極的な国内進出を行った。この時期，「世界小売業順位で10位以内に入る企業のうち半数近くが日本への進出」（内閣府2004, 58頁）を行っており，2002年度の売り上げは前年比で110.2%（1兆2,383億円）と大幅に伸びた。しかし，同時にこの時期の外資の参入は，前述の通り日本の小売業総販売額の減少時期であったため，激化する低価格競争や高い地価などの高コスト，そして高品質を志向する消費者に対応できないなどの要因により，1年以内に撤退した企業が複数あったことが報告されている（内閣府2004, 58～59頁）。

2016年現在の国内の流通業界における外資の参入状況は，トイザラス，コストコなどの成功例はあるものの少ない。ただ，このような外資の成功事例，失敗事例はわが国小売業が海外展開を図る場合にも大いに参考となる事例であり，その分析をすることは重要である。今後，日系コンビニの海外進出においても触れたが，TPP締結による規制緩和の進展が進めば外資の再参入なども考えられるため，一層の消費者を志向した経営戦略が重要と思われる。

3. 今後の日本小売商業の展望

日本の小売商業は，戦後の混乱の中から1980年代までは近代化や効率化が推進され，段階的に拡大発展してきた。現在，第3次産業がわが国のGDPに占める割合は70%を超えたが，その中でも小売商業は重要な部門となっている。今後，わが国の経済が成長拡大していくためには，これらの部門の成長への期待は大きい。

しかしながら，現在進行している高齢化と人口減少によって経済成長や小売商業の発展に与える影響が懸念されている。実際，百貨店，GMS等の小売業

においても事業所数，従業者数，売場面積ともに減少化傾向であり，規模も縮小してきた。また，前述のとおり2000年以降，世界的な規模を誇る小売企業が日本へ進出後2年に満たず撤退した事例がみられたが，その原因に外資系小売企業の参入を拒んでいる日本独特の商習慣が関わっているとの指摘がある。今後，日本の小売業の成長にとっては，ITの活用による消費者との結びつきの拡大，米国と比較して低いといわれる生産性の向上，そして外資系小売企業の参入を拒んでいるようにみえる日本独特の商習慣の是正によって近代化を進めることは有効であろう。これらの施策が着実に進められた時，小売業を含む商業は，さらに大きく変化するものと思われるのである。ともあれ，小売商業には今，さらなる近代化が求められ，店舗規模の大型化などにより販売効率の向上も図られてきているが，このような努力は，今後とも重要であろう。

【注】
(1) 我が国でも2011年頃よりO2O（オーツーオー）というワードが各種メディアに取り上げられる機会が増えている。O2Oとは，ネット店舗やソーシャルメディア等の「Online」側と，実際の店舗を示す「Offline」側の購買活動が相互に連携・融合し合う一連の仕組・取組のことを指す。かつては「クリック・アンド・モルタル（Click and mortar）」と呼ばれ，実店舗とネット店舗の各々を企業が運営するビジネス手法のことを主に指していたが，徐々に実店舗とネット店舗の仕組を融合するようになり，それがO2Oと呼ばれるようになった。一方で，O2Oはかつて米国グルーポン社などが始めたネットクーポン等の実店舗への誘引施策が日本にも入ってきた経緯があるため，「O2O」と単に言う場合はスマートフォン等によるクーポン配信など「Online to Offline（ネットからリアルへの誘引）」のみを指すことが多い。しかし，インターネットやスマートフォン等の普及に伴い，ユーザーがいつでも身近にインターネットと繋がるようになったことで「Offline to Online（リアルからネットへの誘引）」の仕組も相互に融合し，両者の販売チャネルの境目がなくなってきた意味が大きい。「すべての（オムニ）顧客接点（チャネル）」という意味で，オムニチャネル（omni channel）と呼ばれることもある（総務省平成25年度版情報通信白書第1部「(2)新たなICTトレンドによって変わる事業活動」より抜粋して筆者作成）。

【参考文献】
石原武政（2011）『地域小売商業政策の展開』経済産業研究所BBL。
　（http://www.rieti.go.jp/jp/events/bbl/11061301.html　2016,8,21アクセス）
石原武政（2001）『まちづくりの中の小売業』有斐閣。
大石芳裕（2013）「グローバル・マーケティングの特徴」大石芳裕・山口夕妃子編『グローバル・マーケティングの新展開』白桃書房。

木綿良行（2003）「わが国の百貨店の歴史的経緯とその評価」成城大學経済研究第 162 号．
　（http://ci.nii.ac.jp/els/110003502759.pdf?id=ART0006204056&type=pdf&lang=jp&host=cinii&order_no=&ppv_type=0&lang_sw=&no=1482236651&cp=　2016,12,20 アクセス）
経済産業省（2012）「資料 5『第 1 回 産業構造審議会 流通部会 審議用参考資料』我が国流通業の現状と 取組・課題について 」
　（http://www.meti.go.jp/committee/sankoushin/ryutsu/pdf/001_05_00.pdf,2017,1,13, アクセス）
経済産業省（2014）『資料 2-4　小売業・卸売業の 活性化・生産性向上について』（http://www.kantei.go.jp/jp/singi/keizaisaisei/jjkaigou/dai7/siryou2-4.pdf　2017,1,13, アクセス）
厚生労働省（2013）『平成 25 年版　労働経済の分析　－構造変化の中での雇用・人材と働き方－第 2 節　産業構造，職業構造の推移』（http://www.mhlw.go.jp/wp/hakusyo/roudou/13/dl/13-1-4_02.pdf　2017,1,13, アクセス）
厚生労働省（『平成 22 年版　労働経済の分析－産業社会の変化と雇用・賃金の動向－』．（http://www.mhlw.go.jp/wp/hakusyo/roudou/10/　2017,1,14, アクセス）
総務省統計局（2016）『人口推計　－　平成 28 年月報』（http://www.stat.go.jp/data/jinsui/pdf/201607.pdf　2016,8,21 アクセス）
内閣府（2003）『平成 15 年度年次経済財政報告（－改革なくして成長なしⅢ－（平成 15 年 10 月 ））』（http://www5.cao.go.jp/j-j/wp/wp-je03/03-00000pdf.html　2016,12,11, アクセス）
内閣府政策統括官編（2004）『地域の経済 2004－地域経済とグローバル化－』．
内閣府（2014）『平成 26 年度　年次経済財政報告　おわりに』．（http://www5.cao.go.jp/j-j/wp/wp-je14/pdf/p04000.pdf　2017,1,14　アクセス）
内閣府経済社会総合研究所（2015）『平成 26 年度国民経済計算確報（フロー編）ポイント』．（http://www.esri.cao.go.jp/jp/sna/data/data_list/kakuhou/files/h26/sankou/pdf/point20151225.pdf　2016, 12,11, アクセス）
日本貿易振興機構（2014）「アジアにおける卸売・小売・物流業に対する外資規制比較 」．（https://www.jetro.go.jp/ext_images/jfile/report/07001570/07001570c.pdf#search　2017,1,14, アクセス
日本貿易振興機構（2016）「外資系企業のサービス産業への進出状況 」．（https://www.jetro.go.jp/ext_images/_Reports/01/953f4577cec3cbf1/20150120.pdf　2017,1,14, アクセス）
松岡真宏・中林恵一編（2012）『流通業の「常識」を疑え！再生へのシナリオ』日本経済新聞社．
三谷直紀編（2007）『人口減少と持続可能な経済成長』勁草書房．
森川正之（2015）『サービス産業の生産性分析ミクロデータによる実証』日本評論社．
矢作敏行（2003）「新たな歴史的段階を迎えた東アジアの流通」矢作敏行編『中国・アジアの小売業革新』日本経済新聞社．
吉岡秀子（2012）『コンビニだけがなぜ強い？』朝日新聞出版．

第8章
中国の小売商業

宋 謙（黄 晶）

はじめに

　小売業は，消費者が消費行為を実現でき，「中国の夢」⁽¹⁾まで実現できる重要なセクターである。2004年に中国の小売業が全面的に対外開放して以来，外資小売企業は中国市場に進出するペースを加速してきた。同時に，さまざまな経営理念・経営方式や新興小売業態などが，次々と中国市場に入り込み，それによって中国小売業も大きく変わりつつあり，その変化は多様化かつ戦略的な小売業態の出現と発展にある。

　しかし，その繁栄の裏では，常に産業の激変がある。特に現段階の中国小売業界は，大きく変革し続ける発展過程にあり，最も顕著な例は，伝統的な小売業の「閉店ブーム」である。その原因は，ネット通販が伝統的小売業へ侵入するとともに，小売企業自身が盲目的な拡張に至った過当競争にある。

　本章は，中国小売業の現状を把握し，中国小売業の業態の現状とその発展方向を分析したうえで，中国小売業の業態の発展が合理的な方向へ導けるよう，新たな提案を試みる。

第1節　中国小売業の発展概況

　1978年の改革開放以来，中国の国民経済は全面的に成長を遂げた。『中国統計年鑑』によれば，2014年の国内総生産（GDP）は，1978年より28倍増

加し，その年平均成長率は9.72％であった。

GDPは産業構造の構成においても明らかに変化した。第一次産業の割合は，1978年の27.9％から2014年の9.2％までに低下してきた。第二次産業の割合は，1978年の47.6％から2014年の42.7％まで低下し，将来的にはさらに低下する傾向が明らかである。その中で，第三次産業の成長割合は著しく，1978年の24.5％から2014年の48.1％まで2倍ほど増加し，GDPへの貢献度も高くなった。

図表8-1のように，ここ数年は，中国の国内総生産の産業構造の構成比は，基本的に安定しており，2014年の構成比はそれぞれ9.2％：42.7％：48.1％であった。その中に，第三次産業の割合は先進国と比べるとまだ低く，各産業のバランスをよく取る上で，産業構造をさらに合理化させる必要がある。

図表8-1　国内総生産における産業構造の構成比（1978-2014年）（％）

年	第一次産業	第二次産業	第三次産業
2014	9.2	42.7	48.1
2000	14.7	45.4	39.8
1990	26.7	40.9	32.4
1978	27.9	47.6	24.5

出所：中華人民共和国統計局編『中国統計年鑑』2014年版等，中国統計出版社。

図表8-2のように，1978年から2014年まで中国社会消費財小売業総額はずっと増え続ける一方で，2014年には過去最高の271,898.1億元となった。社会消費財に関する小売総額の推移をみると，ほぼ三つの段階に分けられる。

① 1978年～1997年，中国消費財市場の成長は明らかに不安定で，前年同期比の成長変動も激しかった。② 1998年～2008年，中国社会消費財小売業

図表 8-2　中国社会消費財に関する小売業総額および前年同期比（1978-2014年）

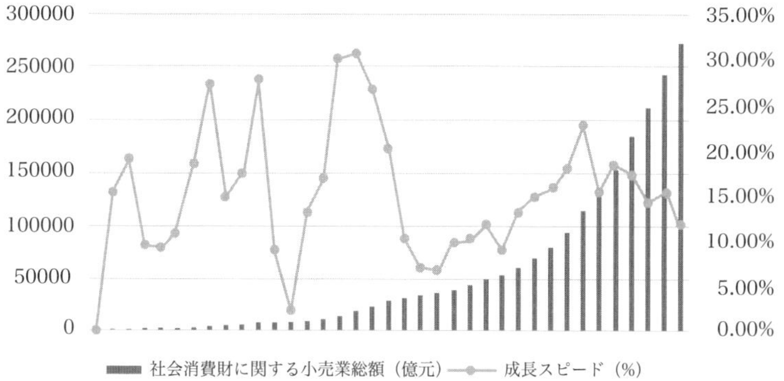

出所：中華人民共和国統計局編『中国統計年鑑』2014年版等，中国統計出版社。

総額の成長スピードは基本的には年々成長している。③2009年以降，前年比の成長スピードは緩やかになった。

図表8-3のように，2014年度小売企業100選の小売業態状況をみると小売企業ランキング100社の中で百貨店を主業にする企業の売上規模は，ランキング100社の30.5％を占め，前年比は6.4％であった。スーパーマーケットを主業にする企業の売上規模は，ランキング100社の21.4％を占め，前年比は5.6％であった。専門店を主業にする企業の売上規模はランキン100社の15.3％を占め，前年比は4.4％であった。これに対して，ランクイン上ネット通販の7社は32.8％を占め，売上高の前年比は110.1％と2倍以上の増加で，マイナス成長の企業もなく，急激な成長の傾向を示している。

図表8-3　2014年度小売企業100選の業態状況

主な小売業態	企業（社）	売上高（億元）	前年比（％）	マイナス成長企業（社）	構成比（％）
百貨店	57	10,291.8	6.4	18	30.5
スーパーマーケット	28	7,231.0	5.6	6	21.4
専門店	8	5,168.9	4.4	1	15.3
ネット通販	7	11,049.3	110.1	0	32.8

出所：中国連鎖経営協会
　　　http://www.ccfa.org.cn/portal/cn/hangybzhun.jsp?lt=32&pn=5&pg=1。

第2節　中国における主な小売業態の発展現状

1. 百貨店

　図表8-4は，2005年から2014年における百貨店業界チェーン店の発展の基本経営状況を示している。データによって全体の発展動向を分析すれば2007年と2010年において百貨店は金融危機に影響を受けて店舗数が減少した。特に，2012年に小売企業の「閉店ブーム」で，店舗数や従業者数は減少したが，2005年から2014年にかけて基本的には百貨店の売上高も営業面積も上昇傾向であった。とはいえ，前年同期比のデータによると，百貨店の発展スピードは直営店数・従業者数・営業面積においては緩やかになった。要するに，百貨店業界は発展し続けている中で発展スピードが緩やかに鈍化している。

図表8-4　百貨店チェーン店の基本状況（2005年-2014年）

年度	直営店数（件）	従業員数（万人）	営業面積（㎡）	売上高（億元）
2005	3,853	18.1	865.9	1,275.3
2006	5,353	17.7	937.9	1,481.8
2007	3,674	15.9	940.2	1,625.4
2008	3,805	18.5	1,110.4	1,943.0
2009	5,304	23.8	1,338.4	2,498.3
2010	4,239	25.0	1,480.6	2,671.5
2011	4,826	26.5	1,722.3	3,226.8
2012	4,377	25.5	1,696.7	3,251.8
2013	4,514	27.7	1,860.9	3,704.0
2014	4,689	25.8	1,984.8	3,806.1

出所：中華人民共和国統計局編『中国統計年鑑』2014年版等，中国統計出版社。

2. スーパーマーケット

　2005年から2011年にかけて，スーパーマーケットの発展状況からみると，スーパーマーケットの直営店の店舗数・従業員数・売上高の発展速度が大幅に増加し，プラス成長の段階となった。具体的にみると，2005年から2008年にかけてスーパーマーケットがゴールデン発展段階に入り，直営店の店舗数・従業員数・売上高はすべてかなり速いスピードで成長した。2009年から

2012年にかけてスーパーマーケットの発展は緩やかになった。2013年以来スーパーマーケットの発展は行き詰まる状態になり，2014年に初めてマイナス成長の状態となった。

最近の2013年および2014年をみると，まず，2013年度における直営店舗数と従業員数の増加率はそれぞれ前年度の4.54%から0.59%，10.29%か0.59%までに低下し，売上高は6.8%の成長率を維持していたが，その成長率は前年度（19.1%増）より大幅に落ち込んでいる。次に2014年の直営店舗数および従業員数の増加率からみると，初めてのマイナス成長の状態になり，同時に，売上高（0.07%増）もほとんど成長がみられなかった。効率指標（売上高，1店舗売上，人的効率<1人当たり売上高>）からみると，売上高について2005年度以来スーパーマーケット業界はずっと上昇傾向を示していたが，2013年は6.80%の増加，2014年はわずか0.07%の増加となって伸び悩んでいる。それに伴って，1店舗売上，人的効率（1人当たり売上高）の数値もほとんど伸び悩んでいる。その原因は，経営コストの上昇と競争の激化などの要因が相互に作用したものと思われる。図表8-5からスーパーマーケットの基本状況を総合的に分析すると，業態としてそろそろ限界ではないかと推測した。

図表8-5　スーパーマーケットの基本状況（2005年-2014年）

指数年度（年）	直営店（件）	直営店増加比（%）	従業員数（万人）	従業員数増加比（%）	売上高（億元）	売上高増加比（%）	1店舗売上（万元/店）	1店当たり売上増加率（%）	1人当たり売上（億元/人）	1人当たり売上増加率（%）
2005	15,421	9.6	56.2	10.0	2,376.0	18.4	1540.8	—	0.4	—
2006	23,233	50.7	68.7	22.2	3,034.4	27.7	1306.1	15.2	0.4	4.8
2007	25,185	8.4	70.7	2.9	3,332.1	9.8	1323.0	1.3	0.5	6.8
2008	33,449	32.8	79.3	12.2	3,905.7	17.2	975.2	-26.3	0.5	4.3
2009	35,717	6.8	81.6	2.9	4,276.0	9.5	1197.1	22.8	0.5	6.1
2010	39,140	9.6	88.5	8.5	4,830.9	13.0	1234.3	3.1	0.6	5.8
2011	41,096	5.0	92.3	4.3	5,992.7	24.1	1458.2	18.1	0.7	18.2
2012	42,963	4.5	101.8	10.3	7,137.8	19.1	1661.4	13.9	0.7	7.7
2013	43,215	0.6	102.4	0.6	7,623.4	6.8	1764.1	6.2	0.7	5.7
2014	42,683	-1.2	100.6	-1.8	7,629.0	0.1	1787.4	1.3	0.8	2.7

出所：中華人民共和国統計局編『中国統計年鑑』2014年版等，中国統計出版社。

3. ショッピングセンター

(1) 優れたショッピングセンターは一線都市への集中

2013年現在，中国販売ランキングトップ10のショッピングセンターは，主に北京，上海，広州，深圳などの一線都市に集中し，2つだけは二線都市である南京徳基広場と武漢国際広場にある。賃貸料金の変動動向も同じ傾向である。つまり，一線都市の北京，上海，深圳における小売店舗一階の賃貸料金は2008年以来緩やかに上昇した。同時に発展しつつある二線都市の天津，南京，武漢などの賃貸料金水準は比較的に穏やかであって，一部の二線都市の賃貸物件の料金は下がる傾向を示している。例えば，主に東北と中西部にある瀋陽，青島，重慶，成都などの都市は，現地の経済発展および消費の向上とは違うスピードで成長した。ショッピングセンターの賃貸料金水準からみると，全体的な発展バランスを取れずに経営リスクが増加しつつある。

(2) ショッピングセンターは二・三線都市への動き

優れたショッピングセンターは一線都市に集中しているが，コスト高・市場飽和・競争の激化などの原因により二・三線都市へシフトし始めた。一方，大型有名小売企業は，一線都市を優先的に選好しているが，地方の二・三線都市の発展の加速化および購買力の向上に伴って，二・三線都市への関心を高めてきている。

(3) 買物とサービスの組み合わせ

消費者購買行動の変化によってショッピングセンターの設立が推進されてきている。ショッピングセンターはショッピングする場だけではなく，消費機能を合理的に組み合わせ，快適な空間で娯楽やリラックス効能がついている総合的な場所に進化してきた。データによると，中国のショッピングセンターで，飲食・娯楽・レジャーなどのサービスを提供する施設面積を合計すればショッピング施設面積を超えているが，ショッピングの売上単価は高いため，ショッピングの売上総額は飲食・娯楽・レジャーなどのサービスの売上総額より高くなっている。

そのほかに，飲食業のサービスや品質向上に伴い，ショッピングセンターに

ある飲食業の賃貸面積の割合が増加し続けるとともに，飲食店の位置も徐々にショッピングセンターの目立つ位置にシフトしてきている。一方，運営団体もますます消費者の娯楽体験を重視するうえで，映画館・スケート場・カラオケ・スポーツジム・美容院など娯楽とレジャー機能付きの施設を増設することによって，人気を集めることによって集客している。

現在のところ数多くの運営団体の経営経験は不足で，飲食と娯楽サービスの組み合わせがほぼ同じく，ショッピングセンター各自の特質には特性がない。同時に，サービス体験型施設は，通常，ショッピング業より敷地面積が大きいが，面積当たりの賃貸料金は少ない。そのために，人気を集めることと賃貸料金の収入との関係を，どうすれば合理的なバランスがとれるのか，ショッピングセンターの運営には解決すべき問題となっている。

4. コンビニエンスストア

2009年から2014年にかけて中国のコンビニエンスストア全体の状況からみると，それは一本の"Uの曲線"といえる。コンビニエンスストアの店舗数，営業面積，従業員数，売上高は2009年から2011年までは減少傾向にあり，2011年にどん底まで突き落とされ，その後景気の影響力で上昇しつつある。2013年と2014年のコンビニエンスストア店舗数の成長率はそれぞれ10.6％と14.7％となり，従業員数や売上高もある程度増加した。コンビニエンスストア業界における店舗あたり売上高と1人当たり売上高は，2009年から2011年にかけて目

図表8-6　コンビニエンスストアの基本指数（2009年-2014年）

指数 年度 （年）	直営店数 （件）	直営店 増加比 （％）	従業員数 （万人）	従業員数 増加比 （％）	売上高 （億元）	売上高 増加比 （％）	1店舗 売上高 （万元/店）	営業 面積 （万m²）	物的 効率 （元/m²）	店舗 効率 （万元/店）	人的 効率 （万元/人）	人的効率 増加率 （％）
2009	15779.0	-2.6	9.3	-5.0	269.8	-2.30	28.8	144.3	18,697.2	171.0	29.01	—
2010	14202.0	-10.0	7.5	-19.4	246.6	-8.6	173.6	107.2	23,003.7	173.6	32.9	13.3
2011	13609.0	-4.2	7.1	-5.3	225.9	-8.4	166.0	109.6	20,611.1	166.0	31.8	-3.2
2012	13277.0	-2.4	7.0	-1.4	263.9	16.8	198.8	111.2	23,732.0	198.8	37.7	18.5
2013	14680.0	10.6	7.4	5.7	311.3	18.0	212.1	131.4	23,691.0	212.1	42.1	11.6
2014	16832.0	14.7	7.8	5.4	345.9	11.1	205.5	144.8	23,888.1	205.5	44.3	5.4

出所：中華人民共和国統計局編『中国統計年鑑』2014年版等，中国統計出版社。

立った変化はなかったが，2012年には大幅に躍進した後に減速に入った。

(1) 地域発展の相違性

セブンイレブンは，1992年10月に初めて深圳で開店したのが中国最初のコンビニエンスストアである。中国のコンビニエンスストア市場に早期に参入したのは，外資系コンビニエンスストアが多く，香港の百事や百家，日本のローソンなどであり，その後，聯華，良友を代表とする中国系コンビニエンスストアも次々と参入してきた。

コンビニエンスストアが発展する条件の一つは，消費者が圧倒的に密集しているところであり，その条件に適合するのが，中国の沿海先進地区でコンビニエンスストアの発展にも勢いがあり，良好な地区となっている。コンビニエンスストアが中国で最も発展した地区は，上海と広東であり，特に指摘すべきは上海である。上海のコンビニエンスストアの発展は，経営方式と店舗密集の発達度において，台湾と日本に近いといわれる。広東は，コンビニエンスストアの導入として最も早い都市であったが，出店が比較的に慎重であったことで，上海と比べると店舗の数が少ない。

また，北京のコンビニエンスストアはまだ成長期にあり，2002年から北京のコンビニエンスストア業態は発展期に入り，聯華など国内のコンビニエンスストア大手企業も導入された。しかし，現在，のコンビニエンスストアの店舗数はそれほど多くなく，しかも新型のコミュニティコンビニエンスストアも比較的に乏しいので，コンビニエンスストアの経営方式は北京住民の生活習慣にあまり適合してないのである。ほかに北京の物流配送システムは，大手スーパーマーケットへの大規模な物流配送に偏って，物流の配送力および発展レベルはコンビニエンスストアの配送要求を満たしていないのである。

(2) 経営パーソナライズの不足

コンビニエンスストアはスーパーマーケットの業態から分化した小売業態の一つであるから，中国系コンビニエンスストア業態には二つの問題が存在している。まず，中国地場コンビニエンスストアは，雑貨店とあまり差異がなく，利便性および競争優位性にも特長がない。そのために，コンビニエンスストア

とスーパーマーケットの違いについては，経営戦略と業務プロセスはスーパーマーケットを踏襲しているが，狭い店舗面積と少ない商品品揃えによって，中国系コンビニエンスストアはミニスーパーマーケットともいえよう。

中国系コンビニエンスストアにおけるもう一つの問題は経営に個性がないともいわれる。コンビニエンスストアの強みとしては必需品やインスタント食品を提供することであるが，中国系コンビニエンスストアは最寄品を提供しているのでその優位性がなくなると同時に自主的な開発能力と商品品揃えにも欠乏している。また，中国系コンビニエンスストアは，他の小売業態より優れた多様なサービスを提供していないので魅力がない。

(3) コンビニエンスストアの経営管理システムによる競争優位性

外資系コンビニエンスストアは，中国市場に進出した当初から，中国系コンビニエンスストアよりもマーケティングや経営管理システムなどによって規模の経済を実現することで競争優位性を発揮することができたのである。

第3節　小売商業の近代化と業態構造

1. 百貨店

(1) ショッピングセンターへ

ショッピングセンターは，大規模な建物で構築された特定の商業集積エリアである。気軽にショッピングできる雰囲気と多様なサービスを提供できるので，近年来百貨店は次第にショッピングセンターへシフトする傾向がある（楊帆2001，7～8頁）。この現状の中で，伝統的な百貨店が引き続き生き残るためには，ショッピングセンターへシフトするしかない。言い換えると，将来の百貨店はショッピングセンターのサービス業要素を多く取り入れたショッピングセンターを特徴とする総合百貨業態になっていくものといえよう。君太百貨，王府井百貨店など有名百貨店にとっても，近年，飲食や娯楽体験付きのテナントが続々と増えてきている。

(2) 自営業務商品の展開

百貨店の自営能力は「特色＋補充」として位置づけられる。これは，商品品揃えの差異化を図り，ブランドイメージを向上させるための重要な手段であり，ショッピングセンターと区別する革新的なコア能力でもある。最近の研究結果によると，百貨店は，長年，共同経営を主な経営モデルとしていたが，この経営モデルでは高い利益を得ることがほとんど不可能になった。一方，海外の百貨店業界は，プライベート・ブランドと寡占市場の形成によって，高い経営利益をもたらしたのである。例えば，欧米などの先進諸国において，マーサ百貨店，レンカフォーなど多くの百貨店は，それぞれ独自の経営方式を採用し，総合粗利率が40％以上を達成させたのである。

現在，中国の百貨店は，自主商品取扱いが始まったばかりで，ほとんどの百貨店では自営商品品揃えの割合はわずか10％ぐらいである。一線都市の百貨店でも，粗利率が20％程度で，ほかの百貨店はその半分の粗利率しかない。百貨店は，商品の自営品揃え業務を展開するには従来の「オーナー」役から転換し，商品の管理までに関与することが必要である。例えば，一部のヒットブランドについては，買い取り販売によって価格決定権を掌握することで百貨店にとって自営能力が徐々に強化されるのである。

(3) チェーンオペレーションによるチェーン化経営および経営差異化

百貨店の業務は，主にブランド商品のチャネル管理，店舗作業の標準化管理，ポジショニングの標準化および立地条件の管理などがあげられる。その経営方式は過去と同じく多量販売を通じて優位性を維持しながら，多様化した市場需要にも適応できるように展開している。

百貨店の差異化戦略は，消費者のニーズに応じて，立地・競争戦略・製品・サービスなどから競合百貨店と違った戦略を駆使し，自社独特の競争優位性を築くことにある。それは，百貨店が消費者を獲得するためのブランド認知・選好・愛顧を得られる重要な手段である。その経営理念の差別化による百貨店の発展は，次の3つに分けられる。まず一つ目は生活型百貨店で一般家庭の日常必要品を満足させる。二つ目は贅沢型百貨店で高級ブランドを中心に品揃えし

て，目標客層は贅沢品の消費者を志向する。三つ目はファッション型百貨店で，流行の新鮮なものを追い求める若者の消費心理を満足させる。

(4) 自社不動産の割合の上昇

現在，高資産の自社不動産は希少な資源として評価されている。その理由としては，高価格な自社不動産は，経営コストが高いが，経営のうえで安定性を保証するとともに不動産の流用にも最適化を図ることできる。長い目でみれば賃貸料金の大幅なアップも避けられ，不動産の高騰による資産価値のアップにも期待できる（潘紅梅2008, 17～18頁）。

他に，百貨店が自社不動産の割合を高めることは，リースの期限切れによる再契約ができないなどのようなリスクを回避することができる。特に良い立地にある百貨店の場合，リース期間満了後速やかに契約を継続しないと大きなダメージを受ける。また，やむを得なく近い場所を探す場合には，店舗の移転，内装，一時休業，高い家賃の要求などの一連の追加コストも考えられる。さらに，契約を継続できなく，その近い場所の立地もすぐに獲得できない場合，百貨店は休業するリスクに直面して，百貨店の将来に悪い影響を及ぼす可能性がある。

またデータによると，長期的視点でみると，店舗等の不動産を購入するコストは，不動産の賃貸コストより高く，しかも不動産の賃貸コストは自社不動産コストよりも高くなるので，百貨店にとっては，不動産企業と戦略的な提携を結ぶことにより，自社不動産による経営を行うことは有利である。したがって，今後，中国の百貨店は，自社不動産の比重が高まるものと予想される。

2. スーパーマーケット

(1) 激化するスーパーマーケットにおける競争

スーパーマーケットは，激しい業界において競争優位性を獲得するために，「自社ブランド」，「農業とスーパーマーケットとのドッキング」，「独占経営」などの経営戦略をとっている。スーパーマーケットは，チェーン経営を通して流通の川上段階までコントロールしたい要望をもっている。コア競争力や模造

されにくい経営戦略をもつスーパーマーケットは，多くのスーパーマーケットの中で競争において必ず勝ち残るといえよう。

(2) 自主経営による不公平な取引関係の改善

中国における百貨店業界は共同経営モードを選好するのに対し，スーパーマーケット業界はほとんど自主経営モデルを採用している。自主経営は以下のような問題がある。ほとんどの場合，企業は異なった地域の消費者ニーズに応じて商品を仕入れるのではなく，同一の大量商品を販売しているが，自主経営はこのような状況を有効的に改善することだけではなく，企業の収益力を向上させることもできるから，長期的視点からみると自主経営はスーパーマーケットの発展傾向につながる。

一方，スーパーマーケットには不公正な取引関係が存在している。一部のスーパーマーケットは，サプライヤーから各種の費用（フィーないしリベート）を徴収することによって，経営コストを転嫁・削減するとともに利益を高めている。スーパーマーケットの利益の一部は，サプライヤーから受け取った各種の費用である。このような状況が続けば，スーパーマーケット業界は健全な発展にとっても消費者の利益にも反することになる。

3. ショッピングセンター

(1) ショッピング体験と便利性への注目

ネットショッピングは消費者により多くの商品選択肢を与えると同時に，さらに透明な価格で値段を比較することもできる。そして，ネットショッピングが常にオンラインサービスを提供することは，オフラインのショッピングセンターにできないものであろう。そのためにショッピングセンターは，差別的優位性を発揮するために，より幅広い価値観に訴えて消費者を引きつけるべきである（趙紅紅 2005, 5〜8頁）。

例えば「空いているスペース」を十分に活用して，さまざまな時期にさまざまな店舗が展示エリアとして使われる。特定の消費層の好みに合わせて特定なエリアを設計することも一つの良いアイデアといえる。この特定エリアはポッ

プアップ式商店としてもいいし，芸術モデルルームとしてもいいし，休憩場所としても良い。どんな形でもお客様に喜びを感じさせることができる。また，ネットショッピングは付加価値要素も導入できる。例えば，音楽会，芸術センター，フィットネスセンター，小型農園などの要素が考えられる。オンラインショッピングでは体験できないオフライン実店舗の買い物の楽しさを提供すべきである。

(2) 大型集約化の傾向

データによると，中国の一・二線都市にあるショッピングセンターの平均店舗面積は7万平方メートルに達し，大型ショッピングセンターの時代に到達している。これから，一方では一線都市の賃貸料金が持続的に高騰し続け，他方では都市間交通が徐々に整備され，自家用車の保有量も急増するに伴って，ショッピングセンターは，一線都市の近郊へ建設されることが多くなるとともに，ショッピングセンターの大型化かつ集約化の傾向がうかがえる。

(3) 一線都市から二・三線都市への展開

これからの中国は，消費者の主要部分としての中間層が増加し続けるので，ショッピングセンターも発展し拡大していき，それが二・三線都市までに広がっていく。一方，一線都市のショッピングセンターは成熟化によって魅力がなくなり，二線都市が新たなチャンスの場となっている。そのために，一線都市のショッピングセンターが発展した経緯のように，同じく二・三線都市のショッピングセンターも発展していくだろう。

4．コンビニエンスストア

(1) サービス事業の強化による利便性の向上

コンビニエンスストアは顧客の利便性を満足させるための小売業態である。迅速性・利便性・応急性はコンビニエンスストアの主な特徴である。コンビニエンスストアは，生活必需品の販売，宅配便の代理，国際通信業務費用の徴収，また地域住民の各種生活費の徴収などのサービス業務をサポートし，住民生活に欠かせない良きヘルパーになっている。ビジネスエリアはワンストップ

的な買い物発展傾向を背景にコミュニティ型コンビニエンスストアも出現してきた。コミュニティ型コンビニエンスストアは，各種公共料金の代理徴収に限らず，クリーニング，家政婦の仲介，宅配便など市民サービスの提供にも対応している。

(2) オンラインオフライン融合による実店舗サービスの伸展

コンビニエンスストアは，オンライン顧客を多く集めるために，大手通販サイトと手を組むことを選好した。大型通販サイトの顧客数が多いため，企業自社サイトを通して続々と顧客を獲得した。コンビニエンスストアは，ネットで注文された商品の仕入・物流・配送に集中し，企業に大きな利益をもたらすだけでなく，ネット通販企業がサード・パーティー・ロジスティクスを利用することによって，優位性を実現し，資源の無駄使いも回避することができる。

最近，オンライン・ツー・オフライン（Online to Offline）[2]を試みて融合しようとするコンビニエンスストアの数は少なくない。一時ヒットした「ウィーチャットマーケティング」はその実例の一つである。コンビニエンスストアがウィーチャット（we chat）[3]を利用して販売しているが，さらにファンの欲求をどうやって消費力に転換するのかは，各企業にとって直面しなければならない大きな課題である。

(3) 集客力の向上

コンビニエンスストアは，サービス一体化とモバイル端末の結合を通じて大量のコミュニティサービスをオンライン化したが，チケット購買，サービス申請，コミュニティ業務オンライン化などの現物受け渡しの場合はコミュニティ情報のサービス端末を利用している。

コンビニエンスストアは，高密度の店舗配置，24時間サービスおよび強力な物流システムによって重要な宅配便を集配する物流端末となり，一部の商品をお客様の自宅まで配達することができるので，インターネットで買い物の利便性が大幅にアップしている。中国ではアマゾンと上海ファミリーマート，京東商城と太原唐久コンビニエンスストアは，コンビニエンスストアで注文した商品の受取や宅配達業務を一部の店舗で試しているので，これから広範に普及す

る可能性もある。

コンビニエンスストアは，住民のショッピングやサービスのサポーターとして，これからはコミュニティ自治，文化活動やロードショーの普及など，絶好の社交活動の場になる可能性もある。

第4節　小売業のグローバリゼーションの状況

1．外資系小売企業の発展現状

1992年に最初の外資系小売企業ヤオハンが中国で開業したことで，外資系小売企業は正式に中国の小売市場に足を踏み入れた。2001年に中国は正式にWTOに加入し，小売市場への参入に対する開放政策を行ったので，外資系小売企業がこのチャンスに乗って中国へ進出し拡張のスピードを加速してきた。近年，中国の小売市場に対する政策は現地小売企業と外資小売企業を調整するいわば調整期段階に入り，中国にある多数の外資系小売企業に衝撃を与えている。

2．外資系小売企業の発展特徴

（1）緩やかな発展スピード

2014年に中国の小売トップ100社のランキングに入った外資系小売企業は全部で19社があって（小売実店舗企業だけを指す），前年と比べて1社が減少した。19社の外資系小売企業は売上高で4,330.0億元を達成し，トップ100社ランキングの売上総額の12.8％を占めたが，2013年と比べて3.2％落ちた。同時に19社の外資系小売企業の売上高の前年同期比は2.2％増加したが，増加率は2013年より8.2％落ちた。

単一店舗の売上高においては，19社の外資系小売企業の単一店舗平均販売規模が9,942.5万元で，2013年と比べたら単一店舗売上高は11.4％減少し，その店舗数は前年より15.3％増加した。主な大手外資系小売業が発表したデータによると，2014年に7つ主要な外資系小売企業の新規出店数は

合計 97 店で，前年より 30 店減少した。オーシャンのほか，ウォルマート，大潤発，カルフールなど大手外資系小売企業の新規出店総数は 2013 年より下回った。

(2) スーパーマーケット業務の行き詰まり

中国における外資系スーパーマーケットの間で中国市場争奪戦を行って以来，中国本土のライバル小売企業も追ってきて，天猫（Tモール），京東商城，蘇寧易購などの電子商取引サイトも急速に台頭するなどさまざまな要因により，外資系スーパーマーケットも少しずつ競争優位性を失ってきている。

中国における外資系スーパーマーケットの行き詰まりの原因は，業界環境の変化にある（張議丹 2014, 264～265 頁）。経済環境の発展スピードが鈍化し，賃金や人件費などの高騰による経営コストも増加したからである。そのほかに二つの原因が考えられる。まず一つ目は信頼感の欠如である。ウォルマートの食品安全事件，カルフールの売り切れ事件および値札事件は，中国の消費者がスーパーマーケットへの信頼を失ってきている。もう一つは，外資系スーパーマーケットは，業態単一で長年に渡って制覇してきた。それに対して，最近強くなってきた新しい中国型地域スーパーマーケット，例えば，永輝スーパーマーケットや華潤万家などは，一つのエリアにさまざまな業態店舗を集中的に配置し，地域のリード権を握るとともに多業態の展開を実現してきている。

(3) コンビニエンスストア業態の将来

多くの外資系スーパーマーケットは，売場の拡張を減速させると同時にコンビニエンスストアの業態に注目して，セブン - イレブン，ファミリマート，喜士多，ローソンなどのコンビニエンスストアを出店させてきている。最近，カルフールも「Carrefour Easy」というコンビニエンスストアに力を入れてチャレンジすると発表した。

スーパーマーケットがコンビニエンスストアに戦略転換した原因の一つには，コンビニエンスストアの販売額の増加率が百貨店や総合スーパーマーケットよりも高く，小売業のトップにあるからである。コンビニエンスストアは，コミュニティ地区やコアビジネスエリアに数多く店舗を配置することによっ

て，顧客の流れ，狭い店舗面積，比較的に高い商品単価に対して仕入の長所を発揮することができる。さらに小売業者のオンライン・ツー・オフライン業務にも繋がり，収益力も高められるからである。

(4) 三・四線都市への殺到

近年，一線都市の小売業はほぼ飽和状況にあり，賃貸料金も人件費コストも高くなっている。それに比べて，三・四線の都市は，出店コストが低くて都市化も進展していくと同時に，住民の消費能力も大幅にアップして市場としての魅力が高まってきており，外資系小売企業にとっては大きな魅力といえよう。そのために，カルフール，ウォルマート，ロータスなど多くの大手国際小売企業が三・四線市場に店舗を出店している。

最近，新規出店の多いウォルマート，カルフールは，新たに開設した店舗の一線都市の割合がそれぞれ8％と22.2％，二・三線都市および三線以下の都市の割合がそれぞれ92％と77.8％に達した（『中国統計年鑑』2014年度）。また2014年の上半期に大潤発は華新（中国揚子江中下流地域）で四つの新店舗を開店したが，立地場所はそれぞれ六盤水，連雲港，湖州，韶関にあり，どちらも三線都市やそれ以下の都市であった。

第5節　中国小売商業の展望

現在の中国小売業は調整期に入り，中国小売業の業態発展を研究することは，政府の政策制定と政策決定に重要な根拠を提供することだけではなく，小売業企業の発展にも重要なことである。

中国小売商業の業態発展傾向に関して，以下の結論が考えられる。まず一つ目は伝統的小売業から多業態小売業モードへの転換がますます顕著である。二つ目は実体店とネット通販の相互融合は加速している。三つ目は小売業態発展が多元化している。四つ目は大手小売業者の再編が各エリアに広がって合併買収などによる資源配置を最適化している。そして小売業態の融合による小売業経験型業態への探索も未来に向けた小売業の革新的な発展への1つの特徴になっている。

本章では，百貨店，スーパーマーケット，ショッピングセンター，コンビニエンスストアの4つの小売業態を分析してきた。百貨店はショッピングセンター化へシフトすることによって，チェーン化戦略および差別化戦略を将来の発展に向けて主要戦略として位置づけている。スーパーマーケットは，チェーン競争が激しくなる一方で，自主経営の比重を大きくすることが未来の発展方向である。同時に第一・二線都市の成熟化および市場競争の激化によって，サービス差別化戦略と第二・三都市への出店戦略が望ましいであろう。コンビニエンスストアは，便利性を特徴としているが，これからオンライン・オフラインの融合による情報サービスの提供によって集客能力をアップするべきである。

外資系小売企業は，中国での発展状況について決して楽観的とはいえない。また市場競争の激変によるスーパーマーケット業界は苦境に陥りつつ，大手外資系企業は次々と三・四線都市への発展を求めると同時にコンビニエンスストア業態に目を向けている。これから中国小売業は三・四線都市への発展を楽しみにしている。

【注】
(1) 中国の夢（ちゅうごくのゆめ，簡体字：中国梦；繁体字：中國夢）は，2012年に習近平・中国最高指導者（2012年11月より中国共産党総書記）が発表した思想。「中華民族の偉大なる復興」を掲げ，中国共産党第十八回全国代表大会より中国共産党の統治理念となった。(ja.wikipedia.org/wiki/中国の夢，2017年2月5日アクセス)
(2) O2Oは「Online to Offline」の略で「On2Off」と表現されることもある。ネット上(オンライン）から，ネット外の実地（オフライン）での行動へと促す施策のことや，オンラインでの情報接触行動をもってオフラインでの購買行動に影響を与えるような施策のこと。(web-tan.forum.impressrd.jp　2017年2月5日アクセス)
(3) ウィーチャット（we chat）とは，微信（中国語読み：ウェイシン；英語：We Chatウィーチャット）は中国大手IT企業テンセント（中国名：騰訊）が作った無料インスタントメッセンジャーアプリである。「微信」とは，微少の文字数の手紙を意味する。(ja.wikipedia.org/wiki/微信，2017年2月5日アクセス)

参考文献
楊帆(2001)「現代小売業の百貨店における現状と発展方向について」『商業現代化』9巻。
潘紅梅(2008)「我が国小売商業の新態勢における考察と分析」『企業経済』3巻。
趙紅紅(2005)「国内における大型ショッピングセンターに関するコメントと提案」『都市開発』7巻。

張議丹(2014)「消費期待と企業マーケティング——ウォルマートの成功マーケティング戦略を基礎に」『経営管理者』25 巻。
中華人民共和国統計局編『中国統計年鑑』(2014 年度)
中国連鎖経営協会(http://www.ccfa.org.cn/portal/cn/hangybzhun.] jsp?lt=32&pn=5&pg=1)

第9章
韓国の小売商業

田村 善弘

はじめに

　韓国の小売商業をみると，1980年代半ばまでは主要な小売業態として零細小売業と百貨店，小規模なスーパーマーケット（以下，スーパーと略す）が存在していた（深川 1997, 242頁）。前者が伝統的な小売商業であるのに対して，後者は近代的な小売商業として存在していた。それらに変化が見え始めるのは，1989年以降の流通市場開放の進展，1993年の最初の大型マート[1]の登場，1996年の流通市場の完全開放を経て，小売商業は大きな構造変化を経験してきた。そこでの大きな変化が，企業型流通の進展（キム・スクキョン他 2011, p.9）と外資の進出である。

　その結果，韓国の小売商業は大手小売業による市場の寡占化が進むこととなった。これらの企業は，当初，大型マートによるとして出店が中心であった。しかし，それが飽和状態に近づくと，企業型スーパー[2]という業態で出店を進めていった。こうした動きの影響としては，零細小売業や伝統市場の衰退が挙げられる。大手小売業の圧倒的な力を背景に，零細小売業や伝統市場の衰退が加速していった。そのため，近年では，企業型の小売業と零細小売業や伝統市場の共存関係をいかに構築するかが，小売商業における重要な課題となっている。

　そこで，本章では，韓国の小売商業に関わる以下の2点を明らかにする。

　第1に，韓国の小売商業の動向である。ここでは，韓国の商業統計等をもとに，近年の動向を明らかにする。

第 2 に，大型マートの動向である。大型マートは店舗数が飽和状態にあるとはいえ，小売商業において重要な地位にある業態である。そのため，ここでは新たな顧客獲得のための取組みとして，PB 戦略，グローバル化の動向を明らかにする。

また，大型店の動向は消費者の生活にも影響を及ぼすことから，大型店の営業時間規制が消費者に与える影響についても取り上げている。最後に，これらの内容をもとに，韓国の動向からの日本への示唆について述べる。

第 1 節　韓国の社会経済と流通・商業の位置と現状

1．韓国における人口の動向

2010 年の韓国のセンサスによれば，2010 年時点の韓国の人口は 4,799 万 1,000 人である。これは，1980 年の 3,740 万 7,000 人と比べると，28.3％伸びている。

しかし，年齢層別には 100 人当たりの年少人口が 33.8 人から 16.2 人へと減少する一方で，100 人当たりの老年人口は 3.9 人から 11.3 人と大幅に増加している。老年化指数（年少人口に対する老年人口の割合）は，1980 年の 11.4％から 2010 年には 69.7％と大幅に増加するなど，少子高齢化が進んでいることがうかがえる。

このことは，小売業にとっては市場の縮小を意味することになる。そのため，少子高齢化への対応も，韓国の小売業にとって重要な課題の 1 つになっている。

2．韓国経済における商業の地位

2015 年の国内総生産は 1,464 兆 2,440 億ウォンである。商業を含むサービス業は 785 兆 4,909 億ウォンで，これは全体の 53.6％を占めている。そしてこれは，農林漁業の 28 兆 9,511 億ウォン（2.0％），製造業の 416 兆 6,432 億ウォン（28.5％）と比べても高くなっている。2015 年の卸売・小売業の国内総生産は 121 兆 1,856 億ウォンである。これは，産業全体の 8.3％を占め，サー

ビス業全体では15.4%を占める。

図表9-1をみると，卸売・小売業は1970年には24.1%を占めていた。しかし，2000年までの間にその割合は徐々に低下し，2005年には14.7%となっている。これ以降は増加傾向を示すとともに，サービス業に占める割合も高くなっている。卸売・小売業以外の産業においては，2015年の場合は不動産・賃貸業の割合が高くなっている。期間全体では，情報通信業が大幅な成長を示している。

図表9-1 韓国のサービス業の国内総生産に占める商業の割合の推移
(単位：%)

	1960年	1970年	1980年	1990年	1995年	2000年	2005年	2010年	2015年
サービス業	100.0	100.0	100.0	100.0	100.0	100.0	100.0	100.0	100.0
卸小売・飲食宿泊業	38.2	30.9	26.9	25.5	23.1	22.3	19.5	19.2	19.4
卸売・小売業		24.1	21.5	20.2	17.8	16.9	14.7	14.8	15.4
運送・保管業	2.9	7.2	8.4	6.8	6.1	6.6	6.3	6.6	6.4
金融・保険業	0.8	2.2	5.2	8.2	10.5	8.8	9.9	10.6	11.2
不動産・賃貸業	18.1	14.4	12.7	13.7	14.4	15.2	14.4	13.4	12.6
情報通信業	0.3	0.6	1.4	2.2	3.2	5.3	7.0	6.7	7.2
事業サービス業	2.7	2.8	5.7	9.0	10.0	10.0	10.9	11.5	12.1
公共行政・国防	41.0	27.2	21.3	14.8	12.9	12.3	11.9	11.6	11.4
教育サービス業	30.1	27.3	20.3	14.3	11.5	10.0	10.0	9.4	8.3
保健・社会福祉サービス業	3.7	3.3	3.6	7.3	7.1	6.0	5.7	6.5	7.4
文化・その他サービス業	3.9	3.8	3.5	4.0	4.5	4.4	4.5	4.6	4.2

出所：韓国銀行ECOS「経済活動別GDP及びGNI」（実質，年間）より作成。

3. サービス業のフランチャイズ化の中での小売業

韓国のサービス業においても，日本同様にフランチャイズシステムが外食やコンビニエンスストア（以下，コンビニと略す）などを中心に導入されている。ここでは，2012年より調査が開始されたフランチャイズ統計をもとに，小売業との関係をみていくことにする。

2012年のフランチャイズ統計によれば，産業全体では175,210ヵ所の事業者数があり，従業者は572,969人，年間売上額は40兆7,682億5,800万ウォンである。宿泊・飲食業が事業者数で98,616ヵ所（56.3%），従業者数で329,780人（57.6%），売上額では19兆411億1,600万ウォン（46.7%）を占めている。

これに次いで小売業が多くなっており，それぞれ事業所数が48,707ヵ所（27.8%），従業者数が156,999人（27.4%），売上額は17兆1,411億ウォンとなっ

ている。このことから，宿泊・飲食業と小売業を中心にフランチャイズ化が進んでいることがわかる。

　図表9-2は，事業別の動向を示したものである。図表からもわかるように，コンビニが加盟店数，従事者数，販売額の全てにおいて他の事業よりも高くなっている。次いで，売上高でみると，韓国料理，ベーカリーの順になっている。ここから，フランチャイズ事業の中心はコンビニであることがわかる。コンビニの詳しい動向は，次節でみていく。

図表9-2　事業別のフランチャイズの動向

(単位：店，人，百万ウォン)

事業別	2013年			2014年		
	加盟店数	事業者数	売上額	加盟店数	事業者数	売上額
コンビニ	25,039	94,735	10,292,895	26,280	98,863	11,323,639
韓国料理	20,119	75,279	4,684,942	22,515	87,040	5,589,761
ベーカリー	8,247	38,025	3,025,950	8,388	40,329	3,393,339
薬局	3,556	9,894	2,849,245	3,644	11,031	3,076,841
チキン	22,529	52,736	2,455,239	24,329	57,131	2,776,748
ピザ・ハンバーガー	8,542	38,836	2,019,748	9,144	43,174	2,105,612
コーヒー専門店	8,456	36,673	1,334,227	12,022	54,616	2,021,608
自動車修理	6,066	19,314	1,721,334	6,059	19,522	1,970,485
居酒屋	10,934	27,417	1,392,038	11,731	29,584	1,545,506
粉食・海苔巻き	6,413	20,136	702,186	8,114	24,552	978,857
日本料理・洋食	2,520	13,923	748,228	2,825	14,679	850,660
理美容	2,176	12,390	535,314	2,506	13,630	633,182
文具店	1,989	4,878	640,424	1,979	4,785	625,067
眼鏡店	2,012	5,368	569,617	2,211	6,266	614,292
クリーニング	3,022	6,229	253,015	3,356	6,882	272,898
その他	19,471	55,340	4,391,144	21,662	64,471	5,215,717
全体	151,091	511,173	37,615,546	166,765	576,555	42,994,212

出所：韓国統計庁『フランチャイズ統計』より作成。

第2節　小売商業の構造と推移

1．小売業の現状と変化

　図表9-3は地域別の事業者数，従業者数，販売額を示したものである。2014年の時点では，事業者数，従業者数，販売額においてソウル市が最も高くなっている。次いで，販売額でみると京畿道，釜山広域市，慶尚南道，仁川広域市が高くなっている。つまり，ソウルを中心とする都市圏（ソウル，京畿道，仁川），

釜山を中心とする都市圏（釜山，慶尚南道）のように，大都市圏に集中して存在していることがわかる。

これらの地域には，大型の商業施設も集中している。ソウル市以外の地域では，南部地域の場合は釜山のセンタムシティ（新世界百貨店，ロッテ百貨店，ホームプラス），金海のプレミアムアウトレットなどの大型商業施設がある。大都市もしくはその郊外地域に拡大している。郊外型の場合は，自家用車でのアクセスを前提としているため，大規模な駐車場を抱えている場合がほとんどであるが，施設によっては近隣の駅からシャトルバスを出すなどしている場合もある。

図表9-3　韓国における地域別の小売業の動向

(単位：人，百万ウォン)

市道別	事業者数		従業者数		販売額	
	2006年	2014年	2006年	2014年	2006年	2014年
全国	626,512	658,577	1,503,790	1,675,950	185,223,263	309,261,615
ソウル特別市	125,303	126,092	333,196	368,827	51,205,787	84,861,902
京畿道	108,563	125,533	282,278	353,626	38,261,535	68,429,479
釜山広域市	54,879	51,917	136,655	125,213	14,424,351	19,400,287
慶尚南道	42,491	44,972	92,628	104,327	10,188,737	18,456,003
仁川広域市	29,533	30,758	72,526	79,911	8,356,976	15,398,076
大邱広域市	35,210	35,500	81,118	84,562	9,061,700	13,451,842
慶尚北道	38,137	39,230	78,161	84,479	8,072,836	13,444,785
忠清南道	28,184	29,914	59,066	67,253	6,399,558	11,206,126
全羅北道	28,319	29,849	61,423	65,766	5,802,542	9,981,556
江原道	24,704	25,038	54,339	57,937	5,275,022	8,998,636
全羅南道	30,351	29,990	60,849	63,047	5,498,983	8,724,068
忠清北道	20,554	22,077	46,265	51,008	5,164,161	8,545,108
大田広域市	18,228	20,455	43,566	50,956	5,372,383	8,354,654
光州広域市	19,241	20,855	48,435	53,372	5,698,039	8,325,591
蔚山広域市	13,059	14,144	31,002	35,377	3,977,065	6,252,744
済州特別自治道	9,756	10,765	22,283	26,733	2,463,586	4,776,643
世宗特別自治市	-	1,488	-	3,556	-	654,113

注：自動車販売小売業を除く。
出所：韓国統計庁『卸小売業調査』より作成。

2．小売業態別の動向

図表9-4は，小売業態別の2006年と2014年の動向を示したものである。店舗数においては，コンビニが9,847店から26,874店と大幅に増加している。従事者数においても，コンビニが増加しているほか，その他の大型総合小売業，スーパーも増加している。

図表 9-4 小売業態別の動向

(単位:人,百万ウォン)

産業別	事業者数		従業者数		販売額	
	2006年	2014年	2006年	2014年	2006年	2014年
小売業	626,512	658,577	1,503,790	1,675,950	185,223,263	309,261,615
総合小売業	116,759	110,519	333,764	420,330	62,884,036	106,186,619
百貨店	83	97	18,881	14,302	12,311,745	16,227,743
その他の大型総合小売業	357	537	55,176	75,173	26,447,165	39,470,498
スーパー	7,122	9,649	52,981	87,899	12,279,115	25,866,228
コンビニ	9,847	26,874	37,607	102,235	4,680,090	12,058,827
その他の飲料食料品中心の総合小売業	96,922	69,570	163,477	126,968	6,639,090	10,063,858
これ以外のその他総合小売業	2,428	3,792	5,642	13,753	526,832	2,499,464

注:自動車販売小売業を除く。
出所:韓国統計庁『卸小売業調査』より作成。

　まず,コンビニをみておこう。韓国の主要なコンビニは,BGFリテールが運営するCU(8,408店),GSリテールが運営するGS25(8,290店),コリアセブンが運営するセブンイレブン(7,230店)がある。2014年時点での店舗数のシェアをみると,CUが31.3%,GS25が30.8%,セブンイレブンが26.9%となっており,この3社で全店舗の9割弱を占めており,寡占状態になっている。

　これらの店舗は基本的に24時間営業で,宅配便(発送,受取),公共料金の出納,ATMの設置など日本同様にさまざまなサービスを提供している。文字通り,消費者への利便性の提供が成長の背景にある。

　2010年代に入り,コンビニ各社は弁当やPB商品を増やしている。これには,消費者の食生活の変化(欧米化や外部化など)を含むライフスタイルの変化がある。弁当の場合,韓国内の有名シェフや料理研究家とのコラボ,地域の特産物を利用した弁当(山菜を利用したビビンバなど)の販売など[3]がみられるようになった。このほかに,地下鉄の駅などにも進出,外貨両替を行う店舗(セブンイレブン),SIMカードの販売などさまざまなサービスを提供している。このように,顧客への新たな利便性の提供,大型マートではできないサービス(24時間営業など)の提供がコンビニ成長の背景にはあるといえる。

3. 総合小売業の現状

次に，大型マートなどの総合小売業をみておこう。韓国国内の主要大型マートとしては，Ｅマート，ホームプラス，ロッテマートがある。

図表9-5に示すように，2014年時点でＥマート，ホームプラス，ロッテマートの3社が店舗数全体の8割弱を占める。つまり，大手3社による寡占化が進んでいることがわかる。一方，2014年の新規出店数はＥマート3店，ホームプラス1店，ロッテマート6店と多くはない。これは，韓国の大型マートの出店先が飽和状態になりつつあるためである。

図表9-5　大型マートの現状（2014年）

（単位：ウォン，店，％）

	売上額	新規出店数	店舗数 韓国国内	割合（全体）
Ｅマート	11兆4,000億	3	150	29.6
ホームプラス	11兆3,000億	1	140	27.6
ロッテマート	7兆2,000億	6	113	22.2
コストコホールセール	2兆9,000億	2	11	2.2
メガマート	6,000億	-	8	1.6
その他の大型マート			86	16.9
大型マート全体			508	100.0

注：ここでの「割合」とは，2014年の大型マート店舗数508店に占める割合である。
出所：リテールマガジン（2015），38頁をもとに作成。

こうしたなか，各企業は既存店舗で他社との差別化を図るとともに，さらなる顧客の獲得を図っている。この一例がPB商品の取扱拡大である。大型マートのPBは，食品・非食品，高価格品・低価格品，オーガニックなどのカテゴリーで展開されている場合が多い。

図表9-6に示すように，売上高に占めるPB商品の割合は，Ｅマートは6.4％から8.1％，ホームプラスは15.2％から25.6％，ロッテマートは12.0％から25.9％まで拡大している。PB商品の取扱率も，Ｅマートでは非食品が14.0％と最も高いが，ホームプラスとロッテマートでは生鮮食品の割合が高く，それぞれ64.0％と62.2％となっている。

ここで，ロッテマートのPBの事例をみておこう。同社のPBは，「Basic icon」，「スポーツ550」，「CHOICE L」（プライム，フレッシュ，セイブ，CHOICE Lのみ）の6

図表 9-6　大型マートにおける PB 商品の取扱動向

(単位：％)

		Eマート	ホームプラス	ロッテマート
売上	2006年	6.4	15.2	12.0
	2014年	8.1	25.6	25.9
部門別 (2014年)	生鮮食品	2.1	64.0	62.2
	加工食品	5.1	9.6	9.9
	非食品	14.0	13.2	18.9

資料：2006年はパク，チャン（2008），7頁より作成。2014年はリテールマガジン（2015），190頁，207頁，217頁より作成。

種類がある。このうちの「CHOICE L」は，「CHOICE L」，「CHOICE Lプライム」「CHOICE Lフレッシュ」，「CHOICE Lセイブ」の4つがある。ベースは「CHOICE L」で，プライムは高級志向，フレッシュは生鮮食品，セイブは低価格志向にそれぞれ対応している。

ここで，NBとのPBとの価格の違いを160mlのごま油（海外産原料使用，韓国産原料使用）を例にみていこう[4]。

まず，海外産のゴマを使用したものは，NBの場合はA社で4,980ウォンであるのに対し，CHOICE Lは2,980ウォンである。次に，韓国産のごまを使用した同容量の商品である。PB商品としては，CHOICE Lプライムとして販売されている。この場合，NBのC社の製品は24,500ウォンである一方，PBは15,800ウォンである。プレミアムの付いたPB商品の場合でも，NBに比べて価格が抑えられている。

これまでみてきたように，韓国においては，ソウルや釜山，仁川といった大都市圏に小売業が集中している。そして，業態別にはコンビニや大型マートなどが重要な地位にあった。また，大型マートは店舗数が飽和状態になっていくなかで，差別化を通した顧客獲得の対応が進められていた。しかし，こうした動きは単に大型マート間の競争に止まるものではない。また，中小の零細小売業への影響が懸念されているほか，消費者にも大きな影響を及ぼしている。次節では，この点についてみていくことにする。

第3節　大型店への営業規制と消費者

1．大型店に対する定期休業制度

　韓国における流通業関連法としては「流通産業発展法」[(5)]がある。同法の目的は，「流通産業の効率的な振興と均衡のとれた発展を図り，健全な商取引秩序を確立することで，消費者を保護し，国民経済の発展に資すること」（第1条）となっており，まさに「消費者の保護」が目的の中に入っている。その他の関連法としては，「大規模流通業における取引公正に関する法律」（略称：大規模流通業法）」，「伝統市場及び商店街の育成のための特別法」（略称：伝統市場法）などがある。

　韓国においては，前述のような流通企業の動き，政府による中小企業と大企業との共生を目的とした政策への転換などを契機として，2012年より大型店の定期休業制度が実施されている。これは，流通産業発展法の第12条の2の「大規模店舗などに対する営業時間の制限など」に規定されている。休業日は地方自治体の長により，条例で規定されることになっている。

　営業時間を制限する根拠としては，①健全な流通秩序の確立，②労働者の健康，③大規模小売店と中小流通業との共生と発展が掲げられている。これに伴う定期休業日については，月に2回が指定され，大型マートや百貨店といった業態別に異なっている。

2．大型店の定期休業制度と消費者

　大型店の定期休業制度については賛成・反対の立場から意見が出ている。賛成論者と反対論者の意見の根拠は次の通りである（ホ・ミニョン 2013, pp.6-7）。

　まず，賛成論者の根拠である。これについては，①大規模小売業の独占力の行使を防止して，流通業の均衡のとれた発展と集中を防止すること，②零細小売業と伝統市場の保護と活性化，③大型マート従事者の健康管理という点がある。

　一方で，反対論者の根拠としては，①大型マートの営業規制の実効性，②政

治の論理に基づく規制の導入により,市場経済の秩序が制限されるということ,③消費者の選択権を制限し,消費者厚生が低下するという点がある。

以下においては,食料品を事例に消費者の選択権と消費者の利益という観点から,この問題をみていくことにしたい。

韓国農村経済研究院の2015年の調査結果(韓国農村経済研究院2015, pp.4-14)によれば,消費者の食料品の業態別の購入先は,大型マート(31.5%),伝統市場(29.2%),近隣の中小規模スーパー(28.6%)の順になっている。また,これら利用する理由としては,大型マートが「食料品以外の商品購入が可能である」,伝統市場が「価格の安さ」,近隣の中小規模スーパーが「自宅からのアクセスの良さ」が,それぞれの上位の回答に挙がっている。

ここからわかるように,業態別に優先する目的が異なることがわかる。したがって,大型店の営業時間を規制したからといって,それがそのまま他の業態での購入に転換するかどうかは難しく,それは個々の消費者次第であるといえる。

また,日本同様に韓国の場合も,大型店は消費者に対して商品の購入機会の提供という基本的な機能だけでなく,大型店に付随する店舗(各種専門店,飲食店,リラクゼーションなど)の利用機会を提供している。こうしたことにより,消費者のワンストップショッピングが実現されているのである。

以上の点からみると,定期休業の規制は消費者の商品選択の機会やそれに付随する店舗等の利用機会を喪失させている。これにより,代替のサービスを探索するための時間と費用が必要になり,消費者へ追加の負担を強いることにもつながっているといえる。つまり,消費者の利益増進を阻害していることにもつながっている面がある。

しかし,一方では規制の実施によるプラスの面もあるという。前述のホ・ミニョン(ホ・ミニョン2013, pp.6-7)によれば,不必要な消費の減少,中小小売業者と共生を目指した消費・持続可能な消費[6]がある。つまり,消費者にとっての不便な状況が消費者のこれまでの消費スタイルを再考させる機会になっているのである。

これまでみてきたように,定期休業制度は中小商業者と大規模小売業との共

生を目的として導入されたものである。しかし，間接的には消費者にもプラス・マイナスの影響を及ぼしている。長期的な観点からみれば，今後はこうした消費者への影響を考慮した形での展開が求められるといえよう。

第4節　韓国の小売業のグローバリゼーションの状況

1．外資系大型マートの韓国市場進出と撤退

　韓国では，1996年に流通市場が完全自由化されて以降，外資系小売企業が相次いで参入してきた。その例として，マクロ，カルフール，コストコ，テスコなどがある。

　このうち，マクロは1996年の流通市場自由化とともに参入するも，1998年には業績不振によりウォルマートに買収されている。しかし，そのウォルマートも2006年には店舗をEマートに売却し，韓国市場からは撤退している。

　カルフールも1996年に韓国へ参入したが，2006年にはイーランドグループに買収された。2008年には同グループがホームプラスに買収されたことにより，ホームプラスとなった。しかし，このホームプラスも2015年にはテスコから売却された。これにより，韓国市場へ進出した外資系の大型マートはほとんどが撤退したことになる。

図表9-7　韓国の大型マート売上高ランキング（2001年，2014年）

順位	2001年	売上高 (10億ウォン)	2014年	売上高 (10億ウォン)
1	Eマート	4,080	Eマート	11,400
2	ロッテマート	1,650	ホームプラス	11,300
3	ホームプラス	1,550	ロッテマート	7,200
4	カルフール	1,510	コストコ	2,900
5	ウォルマート	620	メガマート	600
備考	●カルフール：1996年に韓国へ参入。2006年にイーランドグループに買収。 ＊2008年には同グループがホームプラスに買収。ホームプラスに。 ●ウォルマート：1998年に韓国へ参入，2006年にEマートへ売却，撤退。			

出所：2001年はオ・セジョ他（2003），206頁より作成。
　　　2014年はリテールマガジン（2015），38頁より作成。

これらの背景には，外資系小売企業の業績低下があるとみられる。その要因としてオ・セジョ他は「韓国市場の特異性と競争環境の逆風があると指摘するとともに，外資の現地市場への適応を不十分なものにしている」(オ・セジョ他 2003, 220頁) と指摘している。つまり，外資系小売企業が韓国市場へ十分に適応できなかったことが定着に結びつかなかったのである。一方で，外資系小売企業の店舗は撤退により，韓国系の大型マートへと買収されている。こうしたことが大型マートの寡占化を促進したのではないかと考えられる。

2. 韓国の大型マートの海外進出

外資系小売業が韓国市場へ参入するなかで，韓国の小売企業は外資への対策とともに，海外進出を進めてきた。図表9-8にあるように1997年にEマートは韓国の流通企業としては初めて中国の上海へ進出し，現在では上海，天津を含む4地域に13店舗を構えている。このほか，ベトナムのホーチミンへ出店したほか，2016年7月にはモンゴルのウランバートルで1店舗が開店している。

一方，ロッテマートはEマートより遅れて2008年に海外へ進出している。2008年5月の中国進出を契機として，同年10月にインドネシア，12月にはベトナムへ進出している。ロッテマートの海外進出に共通するのは，店舗の買収である。中国とインドネシアのロッテマートの場合，マクロの店舗を買収のうえで，ロッテマートとして進出している。

図表9-8　韓国の大型マートの海外進出状況（2016年7月時点）

企業名	進出先	店舗数・地域
Eマート	韓国国内	141店舗
	中国	13店舗（上海，昆山，無錫，天津）
	ベトナム	1店舗（ホーチミン）
	モンゴル	1店舗（ウランバートル）
ロッテマート	韓国国内	116店舗
	中国	116店舗（北京，天津，上海，瀋陽，安徽省，浙江省，江蘇省）
	ベトナム	12店舗（ハノイ，ホーチミン，ダナン）
	インドネシア	43店舗（ジャカルタ，スマトラ，スラウェシ，バリ）

資料：Eマートは当該国 (中国・ベトナム・モンゴル) のホームページ，ロッテマートは「グローバルロッテマート (http://company.lottemart.com/) をもとに筆者作成。

これらの企業のうち，ロッテマートは，「2018　核心戦略」において，「新事業の強化」，「経営の効率化」，「海外事業の強化」を掲げている。このうちの「海外事業の拡大」においては，国別のカスタマイズ戦略，多様な店舗形態，多様な販売形態が掲げられている。

　そして，進出先としてはBRICsをもじったVRICs（ベトナム，ロシア，インド，中国）地域への進出を計画している。このうち，ベトナムと中国にはすでに進出していることから，今後はロシアやインドへの進出が予想される。

3．大型マートにおける訪韓外国人への対応

　大型マートは海外進出を進めるなかで，進出先に応じた現地化を進め，現地の顧客を獲得している。もちろん，韓国国内においても，地域の特性を生かした対応を進めている。特に，近年では韓国を訪問する外国人の増加に伴って，こうした外国人をターゲットにした取組みを進めている。

　ソウル市内の大型マートを例にとると，ロッテマートのソウル駅店や金浦空港店，Ｅマート龍山駅店や金浦空港店などのように，外国人観光客の訪問頻度が高い店舗では対応が進められている。

　例えば，ソウル駅に隣接ロッテマートソウル駅店の場合は，観光地である南大門市場に近く，仁川国際空港への鉄道の駅に近い。これに加えて，旅行ガイド等により取り上げられたことから，外国人観光客が多く訪れている。そのため，同店の場合は売上に占める外国人観光客の割合が15％と高い（MoneyWeek, 2016年2月3日付）という特徴がある。もともと，日本人観光客の利用が多かったが，2013年には中国人観光客と逆転した。

　観光客が多い店舗であることから，日本語や中国語ができる販売員のほか，サービスカウンターの職員もこれらの言語で対応できる職員が配置されている。また，購入商品の海外発送やTaxfreeの手続きも店内で可能となっている。このほか，店内のPOP等も中国語や日本語の表記もされていることから，観光客のショッピングスポットとしての認知度も高まっている。

第5節　今後の課題と日本への示唆

　本章では韓国の小売商業として，大型マートを中心にみてきた。今後は高齢化のさらなる進展のなかで，国内市場の縮小という問題に直面している。そうしたなかで，大型マートでは海外市場への進出を進めるとともに，訪韓外国人観光客への対応を進めていた。

　このほか，コンビニや大型マートのように企業が運営する小売業は圧倒的な力を背景に成長する一方で，その他の小売業との葛藤などを生み出しているという問題があった。このため，2012年より大型店の定期休業制度が実施されている。しかし，消費者にとっては，店舗選択の機会を狭めるなどの問題がある一方，自らの消費スタイルを見直す機会にもなっていた。いずれにしても，消費者への影響を考慮したうえでの政策展開が望ましいことを指摘した。

　以上の内容をもとに，日本に対する示唆を挙げるとすれば，インバウンド観光への対応がある。日本の場合は，ドラッグストア，家電量販店，ディスカウントストアを訪問する観光客が多い。しかし，韓国の場合は大型マートが多いことから，インバウンド観光客に特化した店舗も一部存在する。こうした対応は今後，日本において増加するインバウンドの観光客を受入れる上で参考になるのではないかと考えられる。

【注】
(1) 韓国で最初に登場した大型マートは1993年に登場したEマートである。当時は「割引店」と呼ばれていた。大型マートの名称が登場したのは，2006年以降である。なお，大型マートとは，「売場面積が3,000㎡以上の店舗の集団で，食品・家電，生活用品を中心に，セルフサービスで消費者へ小売する店舗の集団」（流通産業発展法別表「大型店の種類」）である。
(2) 企業型スーパーとは，大規模店舗を経営する企業が直営する店舗で，330㎡以上3,300㎡未満の面積を有し，スーパーマーケットとして小規模の商圏に立地する店舗である。流通産業発展法第2条第4項の「準大規模店舗」が該当する。
(3) これ以前にも弁当類は扱われていたが，おにぎりや海苔巻きが中心であった。この背景には，韓国では日本と異なり食事を1人で取ることが少ないという食習慣の違いがある。

(4) 価格は 2016 年 8 月 9 日のロッテマートモールのものを参考にした（http://www.lottemart.com/，2016 年 8 月 9 日アクセス）。
(5) 流通産業発展法は 1997 年 7 月に制定された法律である。これ以前は，市場法，流通産業近代化促進法,卸小売振興法などの法律が関わってきている。詳細については，呉（2003）の 48 〜 49 頁を参照されたい。
(6) 韓国では「倫理的消費」と言われる消費のスタイルである。近年，日本で普及している「エシカル消費」とも類似しているものといえる。なお，エシカル消費についての詳細は，「倫理的消費」調査研究会（2016）の 3 頁を参照のこと。

【参考文献】
キム・スクヨン，キム・チョンゴン，キム・ギファン（2011）『流通産業の構造変化および競争力強化の方案―小売流通を中心に―』産業研究院（韓国語）。
リテールマガジン編集部（2015）『2015　流通業態年鑑』韓国チェーンストア協会出版部（韓国語）。
MoneyWeek,「ロッテマートソウル駅店，中国人の売上をみてみると…チャンポンラーメン・ハニーバターが『人気』」（2016 年 2 月 3 日付），2016 年 8 月 22 日（韓国語）。
パク・ヒョンジュ，チャン・ステ（2008）『大型割引店の PB 商品流通実態調査』韓国消費者院（韓国語）。
韓国農村経済研究院（2015）『2015　食品消費形態調査統計報告書』韓国農村経済研究院（韓国語）。
韓国銀行「ECOS 韓国銀行経済統計システム」（https://ecos.bok.or.kr/）（韓国語）。
韓国統計庁『卸小売業調査』（http://kosis.kr/），2016 年 8 月 8 日アクセス（韓国語）。
韓国統計庁『2012 年　フランチャイズ統計』（http://kosis.kr/），2016 年 8 月 8 日アクセス（韓国語）。
韓国統計庁人口総調査課（2011）『2010 センサス人口住宅総調査　全数集計結果（人口部門）』韓国統計庁（韓国語）。
ホ・ミニョン（2013）『大型マートの営業規制と消費者厚生』韓国消費者院（韓国語）。
呉世祚（2003）「韓国小売業の現状」関根孝，オセジョ編『日韓小売業の新展開』千倉書房，47 〜 71 頁。
オ・セジョ，イム・ヨンキュン，ソン・ヨンウク，キム・サントク（2003）「韓国ディスカウントストアの競争戦略―内外資本の事例比較」『中国・アジアの小売業革新』日本経済新聞社，205 〜 225 頁。
深川由起子（1997）『韓国・先進国経済論　成熟過程のミクロ分析』日本経済新聞社。
「倫理的消費」調査研究会（2016）『「倫理的消費」調査研究会中間取りまとめ〜あなたの消費が世界の未来を変える〜』消費者庁（http://www.caa.go.jp/region/pdf/160622_1.pdf），2017 年 2 月 21 日アクセス。

第10章
フィリピンの小売商業

舟橋 豊子

はじめに

　本章では，フィリピンの小売商業（以下，小売業）について述べていく。フィリピンでは近年にみられるめざましい経済成長のなかで，近代的小売業とフィリピン小売業の多数を占める伝統的小売業の増加をみることができる。その背景や要因を探るために，本章ではフィリピン小売業の基本的な構造ならびに実態や動向を明らかにし，消費者の生活や文化についても触れていきたい。

　本章の第1節では「フィリピンの社会経済」について，人口・経済・産業などから概観し，第2節では「小売業の構造と推移」について考察している。第3節では「小売業の近代化と業態構造」について近年増加している近代的小売業態別の現状と動向から述べている。第4節では「小売業のグロバリゼーション」について，外資規制と企業提携による市場参入を中心に考察する。そして，第5節では「今後の展望」を行っている。

第1節　フィリピンの社会経済

　フィリピンは面積が299,404km²（日本の80％割合）あり，7,109の島々からなる。2015年8月の国勢調査によると人口は1億98万1,437人である。世界で12番目，ASEANではインドネシアに次いで2番目の人口をもつ。The Philippines in Figures（2016）によると，2010年から2015年平均の人口増加

率は 1.73％であり年齢別人口構成比率（2010 年）は 0 〜 14 才が 33.3％, 15 〜 64 才が 62.4％, 65 才以上が 4.3％であり, 平均年齢が 24 才余りの若い人々から成り立っている。地域別人口構成比率（2010 年）は都市部が 45.3％, それ以外が 54.7％であり, 限られた都市部に人口が密集している。フィリピン 1 世帯あたりの年間所得（全国／2012 年）は平均 18 万ペソ（約 40 万円）であり, 25 万ペソ（約 55 万円）以上の世帯が 29％, 10 万ペソ（約 22 万円）〜 25 万ペソ（約 55 万円）未満の世帯が 42％, 10 万（約 22 万円）未満の世帯が 29％である。25 万ペソ（約 55 万円）未満の世帯が 8 割を占めている。

2010 年から 2016 年までのベニグノ・アキノ政権では, 汚職撲滅や経済成長への取り組みが行われ, フィリピン証券取引所の総合株価指数が過去最高に, そして GDP 成長にもつながっており, ASEAN 加盟国の中で最も高い水準を保っている。2015 年の実質 GDP 成長率は 5.8％であり 2009 年のリーマンショックを除けば安定した経済成長を遂げている。これは 184 万人の海外労働者による送金の効果も大きい。2016 年 6 月に就任したロドリゴ・ドゥテルテ政権の経済政策への取り組みにも期待が集まる。

主要産業は図表 10-1 のようにサービス業である。近年, コールセンター事業等のビジネス・プロセス・アウトソーシング（BPO）産業を含めたサービス

図表 10-1　産業別就業者の割合（2015 年実績）

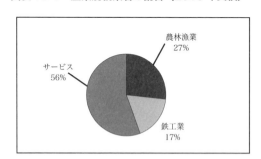

出所：外務省"フィリピン共和国"http://www.mofa.go.jp/mofaj/area/philippines/data.html（2016.6.30 アクセス）より筆者作成。

業が大きく成長しており，現在では全就業人口の約56％が従事している。また，公用語のひとつが英語という強みをいかして，家政婦，看護師，医師，技術者，教員などの海外就労が盛んである。

第2節　小売業の構造と推移

　2014年のフィリピンにおける小売業の市場規模は約3兆ペソ（約6.6兆円）である。図表10-2のように2004年から10年間で年率4.9％増加している。
　フィリピンの小売業は近代的小売業と伝統的小売業からなる。近代的小売業には，百貨店，ハイパーマーケット（大規模スーパーマーケット），スーパーマーケット，コンビニエンスストア（CVS）がみられる。伝統的小売業には，零細小売店，路面店がある。零細小売店は多くが家族経営であり，サリサリストアと呼ばれるキャンディー一個でも購入でき，少量・サッシュ単位で販売する食料雑貨店，そして専門店などがある。ユーロモニターによると、2015年における小売店舗数は約93万店であり、内81万店がサリサリストアである（日本貿易振興機構2015，3頁）。
　フィリピンの小売業の特徴として，空間的・地域的範囲がきわめて狭い地域に制約されている点に特徴がある。フィリピンの都市部では渋滞がひどいこともあり多くの人々は近隣で買い物を済ませている。自宅から離れたショッピングモールには家族や友人と出かけ，ウィンドウショッピングや食事，映画を楽しみ，娯楽的要素が大きい。また，農漁村部や山岳地帯では交通の便が少なく移動しづらい。そのため，フィリピンのどんな地域でもみられる公的市場や零細小売店サリサリストアは日用雑貨や食料品を得る上でフィリピンの人々にとって欠くことのできない存在であり，多くの人々の冷蔵庫的役割を果たしている。
　図表10-2で小売業の業態別販売構成比をみていきたい。2014年の店舗型小売は97.7％であり，フィリピンにおける販売構成比のほとんどを占めている。非店舗型小売は2.3％である。そのうち通信販売はその他に含まれており，フィリピンにおける通信販売の販売構成比は0.5％以下となる。その理由とし

図表 10-2　業態別販売構成比

分類	金額（10億ペソ） 2004	金額（10億ペソ） 2014	年率成長率 (%)	販売額構成比 (%) 2004	販売額構成比 (%) 2014	差分
小売売上高	1912	3076	4.9	100.0	100.0	0.0
店舗型小売	1880	3004	4.8	98.3	97.7	-0.6
食品小売	1106	1843	5.2	57.9	59.9	2.0
近代的小売業（モダーントレード）	202	524	10.0	10.6	17.0	6.4
スーパーマーケット	181	379	7.7	9.5	12.3	2.8
ハイパーマーケット	14	114	23.2	0.7	3.7	3.0
コンビニエンスストア (CVS)	6	27	15.5	0.3	0.9	0.6
その他食品小売	2	6	13.6	0.1	0.2	0.1
伝統的小売業（トラディショナルトレード）	904	1319	3.9	47.3	42.9	-4.4
食品雑貨小売	783	1132	3.7	41.0	36.8	-4.2
食料・飲料・タバコ専門店他	120	187	4.5	6.3	6.1	-0.2
非食品小売	675	968	3.7	35.3	31.5	-3.8
アパレル専門店	76	112	4.0	4.0	3.6	-0.4
電化製品専門店	111	160	3.7	5.8	5.2	-0.6
健康及び美容関連製品専門店	123	198	4.9	6.4	6.4	0.0
日用品、家具、園芸専門店	144	198	3.2	7.5	6.4	-1.1
レジャー、パーソナル用品専門店	86	127	3.9	4.5	4.1	-0.4
その他の非食品小売店	135	174	2.6	7.0	5.7	-1.3
百貨店等	99	199	7.2	5.2	6.5	1.3
非店舗型小売	32	72	8.5	1.7	2.4	0.7
訪問販売	28	58	7.6	1.5	1.9	0.4
その他	4	14	13.3	0.2	0.5	0.3

原出所：Euromonitor より作成。
出所：大和総研（2015）50頁。
http://www.meti.go.jp/meti_lib/report/2015fy/000994.pdf（2016.6.30 アクセス）

て各家庭のパソコン所持率が低く，インターネット環境下にある家庭が少ないことが挙げられる。スマートフォンの所持者は若年層にみられるようになったものの，公共の場所においても Wi-Fi などの無線 LAN が接続しにくいため通信販売の普及には今後，時間を要するものと思われる。

　2014年の小売売上高のうち，食品小売の近代的小売業の販売額構成比は17.0％，伝統的小売業は42.9％である。近代的小売業の販売額は増えてはいるもののフィリピンにおける伝統的小売業の存在感は強い。また，伝統的小売業であるサリサリストアの店主は，近代的小売業から自営店舗で販売する商品を購入する者も多く，スーパーマーケット等の近代的小売業の顧客でもある。近代的小売業の成長にあたって伝統的小売業の囲い込みは欠くことができないといえる。都市部で近代的小売業は成長し続けるが，その一方で富裕層が住む都市の一部を除き下層・中層の人々の支持が強い伝統的小売業はフィリピン各

写真 10-1　山岳地帯のサリサリストア

撮影：筆者

写真 10-2　SM ハイパーマーケットの生鮮食品売り場

撮影：筆者

地で今後も存続していくであろう。

　2014年現在，近代的小売業のうちスーパーマーケットの販売額構成比が最も高く，小売売上高全体の12.3％を占めており，以下，ハイパーマーケットは3.7％，CVSが0.9％である。2004年からの10年間で市場規模はそれぞれ年率7.7％，23.2％，15.5％伸びており，都市部や都市近郊での成長が顕著である。しかし，山岳地帯や農漁村部で近代的小売業をみることは殆んどない。

　伝統的小売業では食品雑貨小売の販売額構成比が高い。伝統的小売業の食品雑貨小売は近代的小売業・伝統的小売業を合わせた小売売上高全体の36.8％を占めており，主要な食料品小売の場である。そして，伝統的小売業は過去10年間で売上高自体は増えてはいるが，それ以上に近代的小売業を含めた小売売上高全体が増えているため，販売額構成比は4.4％低下している。その意味では小売の近代化の傾向がうかがえる。

第3節　小売業の近代化と業態構造

　フィリピンの近代的小売業には，百貨店，ハイパーマーケット（大規模スーパーマーケット），スーパーマーケット，コンビニエンスストア（CVS）がある。

　小売企業の売上首位は華僑系シー財閥グループのSMリテールである。2014年の売上高は41.8億米ドル，小売売上高全体の6％を占めており，2004年からの10年間で，年率17.6％の成長をしている。2位は地場系ピュアゴールドプライスクラブで，もともとは低価格販売に力を入れ，零細小売店のオーナー向けの卸売を行ってきたが，最近では一般消費者向けのハイパーマーケットにも力を入れている新興企業である。2014年の売上高は22.6億米ドル，2004年からの年率成長率は29.1％である。3位は地場系マーキュリードラッグで，ドラッグストア事業を全国展開している。2014年の売上高は21.1億米ドルである（大和総研2015，51頁）。

　フィリピンでは地場の財閥系企業の存在感が強く，各財閥系企業はさまざまな業態の小売店をもつ。図表10-3のように不動産や金融，食品など多くの業種を展開しているため，事業に好立地を確保し，グループ内での資金調達や商品調達，政治への影響力などがあり，事業を有利に進めている。S&R（コストコ）などの外資系列ハイパーマーケットもあるが外国人や富裕層が多く住む地域にあり外資系スーパーマーケットは少数派である。

　フィリピンの主要小売グループは，スペインや中国から渡来した祖先をもつ財閥が有力である。1898年の米西戦争まで300年以上に渡ってフィリピンはスペインに植民地化されていたことから，フィリピンの支配者層，富裕層にはスペインを由来とする人々が多く輩出されてきた。また，古くから多くの中国人がフィリピンにビジネスのために渡来しており，華僑系の人々のビジネスにおける活躍がめざましい。

　スペイン由来の財閥にはアヤラ財閥，中国由来の財閥にはゴコンウェイ財閥，シー財閥，タントコ財閥等がある。

図表 10-3　フィリピンの主要小売グループ

財閥	業種
アヤラ財閥 （アヤラグループ）	銀行，小売，食品，通信，不動産，保健
ガイサノ財閥 （ガイサノグループ）	小売
ゴコンウェイ財閥 （ゴコンウェイグループ）	航空，小売，食品，石油化学，繊維，通信，不動産
シー財閥 （SM グループ）	銀行，小売，不動産，建築他
タントコ財閥 （ルスタンズグループ）	小売

注：他に小売取扱い以外のフィリピン財閥として，コファンコ財閥，ユーチェンコ財閥，ルシオ・タン財閥，ソリアノ財閥，アラネタ財閥等がある。
出所：各社ホームページから筆者作成。

次に各業態についてみていきたい。主なショッピングモールには，SM モール，ウォルターマート，アヤラモール，メトロ，ロビンソンズモール等がある。
2014 年現在で SM モールは 56 店舗をもち年間収入は 365 億ペソ（約 803 億円,不動産賃貸料含む）である。ウォルターマートは 20 店舗をもち 365 億ペソ（約 803 億円）の年間収入がある（不動産賃貸料含む）。アヤラモールは 13 店舗をもつ（年間収入は非公表）。メトロは 10 店舗をもち年間収入は 98 億ペソ（約 216 億円），ロビンソンズモールは 38 店舗をもち年間収入は 39 億ペソ（約 86 億円）である[1]。

図表 10-4 のようにハイパーマーケットとして挙げられるのは 3 社で，2014 年現在で首位は急成長を遂げているピュアゴールドプライスクラブである。ピュアゴールドプライスクラブは 126 店舗をもち売上高は 16.4 億米ドル，2 位は SM リテールが運営する SM ハイパーマーケットで 42 店舗をもち，売上は 7.2 億米ドルである。3 位はルスタンズが運営するショップワイズであり，10 店舗をもち 2.2 億米ドルの売上をもつ。

スーパーマーケットについてみていくと,図表 10-5 のように 2014 年に SM スー

図表 10-4　ハイパーマーケット

2014 年度		売上高	店舗数
1 位	ピュアゴールドプライスクラブ	16.4 億米ドル	126
2 位	SM ハイパーマーケット	7.2 億米ドル	42
3 位	ショップワイズ	2.2 億米ドル	10

出所：大和総研（2015），54 頁より筆者作成。元データは Euromonitor。

パーマーケットは40店舗をもち，売上は11.2億米ドルで首位であった。ロビンソンスーパーマーケットは103店舗をもち，8.0億ドルの売上2位であった。セーブモアスーパーマーケットは108店舗をもち5.2億米ドルの売上3位であった。

図表 10-5　スーパーマーケット

2014年度		売上高	店舗数
1位	SMスーパーマーケット	11.2億米ドル	40
2位	ロビンソン	8.0億米ドル	103
3位	セーブモア	5.2億米ドル	108

出所：大和総研（2015），52頁より筆者作成。元データはEuromonitor。

コンビニエンスストア（CVS）はセブンイレブンとミニストップがCVS市場のシェア92.6%を占めている。図表10-6のように売上首位はセブンイレブンである。2014年の売上高は3.9億米ドルで, CVSの売上シェアの63%を占めており小売売上高全体でも8位である。セブンイレブンは，フィリピン セブン コーポレーションが運営し，台湾系のプレジデントチェーンストアHDが株式の過半数をもつ。2014年時の店舗数は1,255でフィリピンのCVSの中で最も多い。2位はミニストップで，2014年の売上高は1.8億米ドル（同29.7%）である。ミニストップ（ロビンソン コンビニエンス ストア）は2000年に日系企業として初めて進出した。地場のパートナー企業は，ロビンソン リテール ホールディングスインクであり商品は現地調達品が大部分を占めている。2013年にはファミリーマートがSIAL CVS リテーリングスインク（60%：スペイン系財閥アヤラグループとルスタンズグループとの合弁企業），ファミリーマート（37%），伊藤忠商事（3%）の合弁で参入した（大和総研2015, 54頁）。2015年9月時点で113店ある。2014年9月時点で店舗数は60店ほどであったので，1年間で50店舗以上開店したことになる。

2014年にはローソンがピュアゴールドプライスクラブとの合弁で参入（出

図表 10-6　コンビニエンスストア（CVS）

2014年度		売上高	店舗数
1位	セブンイレブン	3.9億米ドル	1,255
2位	ミニストップ	1.8億米ドル	500
3位	ファミリーマート	0.1億米ドル	100

出所：大和総研（2015），54頁より筆者作成。元データはEuromonitor。

資比率は30％）した（大和総研 2015, 54 頁）。

CVS は都市部で出店が増えている。都市部では欧米向けコールセンターが増えており，フィリピンの中でも比較的良い給料を得ているスタッフは 24 時間営業の CVS で夜間の休憩時間や就業前後に店内で食事をとっている。また，格安な中食を用意しており学校帰りの学生が気楽に飲食することもできる。

第 4 節　小売業のグローバリゼーション

フィリピンでは国内の中小企業保護政策のため，外国資本の中小規模の小売企業の参入を規制している。小売業への参入にあたって外資系企業への投資優遇措置はない。

小売業への投資は 1954 年にフィリピン人だけに限定され，外資企業は長い間，参入できなかった (Digal 2001, p.14)。その結果として，フィリピン人の雇用，特に零細小売店を営む多くの人々の雇用を維持し，地場財閥企業の成長にもつながったが，フィリピンの小売近代化が遅れた要因ともなった。

コラソン・アキノ政権（1986～1992 年）下の 1987 年にオムニバス投資法が制定され，優遇措置によって外資参入が促進された。1991 年には外国投資

図表 10-7　小売業にかかわる外資規制

資本金規制 （RA8762 第 5 節）	(1) 外資の場合，払込資本金は 250 万米ドル以上で 1 店舗当たりの投資額は 83 万米ドル以上。 (2) 高級品もしくは贅沢品に特化した企業で，1 店舗当たりの払込資本金は 25 万米ドル以上。
外国資本要件 （RA8762 第 8 節） 100％の外国資本の参入要件 （a～b をすべて満たす）	a. 親会社の純資産が 2 億米ドル以上（上記 (1) に該当する企業），5 千万米ドル以上（上記 (2) に該当する企業）。 b. 世界で 5 ケ所以上の小売店舗もしくはフランチャイズを展開し，少なくともその 1 店の資本金は 25 万米ドル以上。 c. 小売業で 5 年以上の実績を有する。 d. フィリピンの小売企業の参入を認めている国の国民もしくは同国で設立された法人。

出所：日本貿易振興機構（ジェトロ）"フィリピン進出に関する基本的なフィリピンの制度：外資に関する規制"（http://www.jetro.go.jp/world/asia/ph/invest_02.html）（2017 年 2 月 21 日アクセス）より筆者作成。

法（Foreign Investment Act of 1991, 1996 年改正）が制定され，フィリピン国内への外国資本 100％の投資が認められるようになった（大和総研 2015, 59 頁）。

2000 年には小売自由化法（The Retail Trade Liberalization Act of 2000）が発令され，フィリピンでの小売業の規制が大きく緩和された。そして，図表 10-7 のように払込資本金額が 250 万米ドルを超える小売業が，原則として外資参入可能となった。卸売業については，外資 100％での設立が認められている。

この小売自由化法の前後から，外資ブランドショップや外資飲食店の参入がみられるようになり，これら外資系小売店が入るショッピングモールも多く操業されるようになった。

フィリピンの小売業の外資規制では，払込資本金と投資額が大きな障壁である。特に小規模小売店や飲食店（フィリピンでは小売業に分類）はフィリピンに参入するのが困難である。フランチャイズについてはその適用外である。

また，店舗開設に至るまでには，税務登録や各種ライセンスの取得項目が多く，官僚的な手続きで賄賂を求められたりするなど不透明なところもある（大和総研 2015, 64 頁）。

外資に特定の商品の販売を制限する規制（販売品目規制）はない。店主が敬虔なカトリック教徒である場合は，酒類，タバコ，避妊具などの商品について自主的に取り扱わないこともある。販売面積，現地調達比率，営業時間，従業員数などの規制はないが，出店可能な地域は，地方自治体（LGU）が全ての土地を区画化（ゾーニング）しており，居住エリアではなく商業エリアだけに限られる。独占禁止法/競争法などの包括的な規制は存在しない（大和総研 2015, 62 頁）。

外国資本はセブンイレブンなどの CVS やユニクロなどの専門店に限定的である。地場小売業の SM グループは 2010 年に米国企業フォーエバー 21 と提携して店舗を展開している。Forever Agape & Glory, Inc（比資本60％, 外資40％）を，2012 年には Fast Retailing（Singapore）と Fast Retailing Philippines（比資本25％, 外資75％）を設立した。ロビンソンズグループは大創産業と RHD Daiso-Saizen, Inc. を設立し Saizen というブランド名で「100 円ショップ」（88 ペソショップ）を運営している（日本貿易振興機構 2016, 7 頁）。トイザラスの運

営もしており，幅広い業態を手掛けている。

図表10-8は日系小売業の例であるが，単独でフィリピン市場に参入している企業はなく財閥企業と提携している。ミニストップ，ファミリーマート，ローソン，ファーストリテイリングの事業形態は合弁会社であり，良品計画，大創産業の事業形態はライセンス供与である。

図表10-8　日系小売業

企業名	事業形態	相手先と出資比率	進出年	店舗数
ミニストップ	合弁会社	Robinsons Retail Holdings (RCSI：ゴコンウェイ財閥) 51%，ミニストップ（イオン）25%，三菱商事24%	2000	513店（2016年7月末現在）
良品計画	ライセンス供与	RUSTANS（タントコ財閥）のリテール部門グループ会社である「ストアーズ　スペシャリスツ社(STORESPECIALISTS,INC.)」へのライセンス供与／商品供給	2010	7店（2016年8月末現在）
大創産業	ライセンス供与	Robinsons Retail Holdings (RCSI：ゴコンウェイ財閥)，三菱商事	2009	55店（2016年8月末現在）
ファーストリテイリング・フィリピン	合弁会社	ＳＭリテール（シー財閥）25%，ファーストリテイリング75%連結対象子会社	2012	32店（2016年7月末現在）
フィリピン・ファミリーマート	合弁会社	SIAL CVS RETAILERS（アヤラ財閥とRustanグループ・タントコ財閥との合弁会社）60%，ファミリーマート37%，伊藤忠商事3%	2012	113店（2015年9月末現在）
ローソン	合弁会社	PPCI（ピュアゴールドプライスクラブ）70%，ローソンアジアパシフィック30%	2014	20店（2016年4月5日現在）

出所：各社ホームページなどから筆者作成。

将来的には三越伊勢丹ホールディングスが野村不動産と組み，商業施設・住宅をフィリピンのマニラ郊外で2022年にも部分開業する予定である。これは，日本の百貨店がフィリピンに進出する初めてのケースとなる[2]。

フィリピン小売業の海外出店についてみるとSMグループが中国に7店舗のショッピングモールを2016年12月現在，展開している[3]。

第5節　フィリピンの小売商業の課題と展望

　フィリピンの小売業はめざましい経済成長のなかで，店舗数，売上高ともに成長し続けている。それは，財閥企業の成長と消費者の収入増加や海外労働者からの送金によって購買力が増していることに起因するであろう。また，貯蓄の習慣がない消費文化をもち若年層の多いフィリピンでは，今後も小売市場の成長が予想される。しかし，フィリピンの近代的小売業を牛耳る財閥グループの政治的な影響力は強く，外資企業にとっては出資規制が足かせである。参入障壁が高いため外資企業がフィリピン市場に参入にするためには地場財閥企業との提携がかぎとなる。

　フィリピンの小売業の特徴として，空間的・地域的範囲がきわめて狭い地理的領域に制約されている点が挙げられる。フィリピンの都市部では渋滞がひどく多くの人々は近隣で買い物を済ませる。また，農漁村部や山岳地帯では交通の便が少なく移動が不便である。そのため，フィリピン全土どこにでもある零細小売店サリサリストアはフィリピンの人々にとって欠くことができない存在である。ツケ払いができる店舗があること，そして，少量単位で買い求めることができることから，富裕層を除く多くの人々の冷蔵庫的役割を果たしている。実際，フィリピンの電気代は先進国以上であり，電化製品は値がはることから，下層の人々は冷蔵庫を自宅にもたない。

　近代的小売業は成長し続けているが，店舗数だけでみると，伝統的小売業が多数を占める。また，食料雑貨についていえば近代的小売業の多くの顧客は伝統的小売業・サリサリストアの店主である。スーパーマーケットなどの近代的小売業で購入した商品に利益をのせ，少量単位で店舗近隣の人々に販売する。近代的小売業の成長にあたっても伝統的小売業の囲い込みは欠くことができない。

　今後，フィリピンの経済成長とともに都市部では近代的小売業が成長し，伝統的小売業は減少していくかもしれない。しかし，都市部と比較して経済格差が大きくインフラが不十分なフィリピンの山岳地帯や農漁村部では，近所にあ

り少量単位で買い求めることのできる伝統的小売業が存続していくのではないだろうか。その一方でグローバル化はフィリピンにおいても例外ではなく，外資系の CVS や専門店が都市部では散見される。また，地場財閥の SM グループは中国に 7 店舗のショッピングモールを展開している。

　新旧入り混じったフィリピンの小売業の今後に目が離せない。インフラが不十分なため，情報・物流技術の発達や社会経済のグローバル化に伴う小売経営技術の革新は今後の課題である。しかし，財閥グループによる大規模化・組織化・チェーン化を通して今後も都市部を中心に流通の近代化が牽引されていくに違いない。

【注】
(1) 各社ホームページより。
(2) 『日本経済新聞』2016 年 8 月 19 日。
(3) *Shanghai Business Review*, http:sbrchina.com/sm-opens-new-china-mall (2017 年 2 月 21 日アクセス)

【参考文献】
Business Monitor International (2016), *Philippines Retail Report Q2 2016*, BMI Research.
Digal L.N. (2001), "An Analysis of the Structure of the Philippine Retail food industry", *Philippine Journal of Development*, Vol. 28, Num. 51, No.1, pp.13-54.
Euromonitor International, *World Retail Data and Statistics*, Euromonitor International Ltd., London. 各年版 (1983-2013)
Philippine Statistics Authority, *The Philippines in Figures*, Philippine Statistics Authority, 各年版 (2005-2015).
ARC 国別情勢研究会(2014)『ARC レポートフィリピン 2014/15』ARC 国別情勢研究会.
桂木麻也 (2015)『ASEAN 企業地図』翔泳社。
大和総研 (2015)『平成 26 年度商取引適正化・製品安全に係る事業（アジア小売市場の実態調査）』経済産業省委託調査，大和総研．http://www.meti.go.jp/meti_lib/report/2015fy/000994.pdf（2016 年 6 月 30 日アクセス）
日本経済新聞「三越伊勢丹　フィリピン進出」2016 年 8 月 19 日
日本貿易振興機構（ジェトロ）マニラ事務所（2016）『フィリピンにおける小売・サービス産業基礎調査』日本貿易振興機構。
日本貿易振興機構（ジェトロ）マニラ事務所（2011）
『フィリピンにおけるサービス産業基礎調査』日本貿易振興機構。
舟橋豊子 (2013)「BOP (Base of the Pyramid) 市場における流通と消費—フィリピンのサリサリストアを事例にして—」『流通』日本流通学会，No.32，35 〜 43 頁。

外務省"フィリピン共和国"http://www.mofa.go.jp/mofaj/area/philippines/data.html（2016 年 6 月 30 日アクセス）
ダイソー　http://www.daiso-sangyo.co.jp/company/profile/history.html（2016 年 8 月 31 日アクセス）
日本経済新聞「ローソン，フィリピンで出店加速」2016 年 4 月 8 日 http://www.nikkei.com/article/DGXLZO99461970Y6A400C1FFE000/（2016 年 8 月 31 日アクセス）
日本貿易振興機構（ジェトロ）"フィリピン進出に関する基本的なフィリピンの制度：外資に関する規制"http://www.jetro.go.jp/world/asia/ph/invest_02.html（2017 年 2 月 21 日アクセス）
ファーストリテイリング http://www.fastretailing.com/jp/group/strategy/philippines.htm（2016 年 8 月 31 日アクセス）
フィリピン経済・金融・投資情報 http://ph.isajijournal.com/japanese-foreign-capital/4862-follow-up-muji-opened-store-in-the-philippines-4.html（2016 年 8 月 31 日アクセス）
ミニストップ　http://www.ministop.co.jp/corporate/about/shop/（2016 年 8 月 31 日アクセス）
ローソン"ニュースリリース：2014 年，フィリピンに「ローソン」オープン"http://www.lawson.co.jp/company/news/091338（2015 年 9 月 24 日アクセス）
Ayala Corporation, http://www.ayala.com.ph（2016 年 6 月 30 日アクセス）
BMI Research, http://store.bmiresearch.com/Philippines-retail-report.htm（2016 年 7 月 20 日アクセス）
Daiso Japan http://www.daisoglobal.com/store/list/?c_id=C0028（2016 年 8 月 31 日アクセス）
Department of Trade and Industry, http://www.dti.gov.ph（2016 年 6 月 30 日アクセス）
Gaisano Capital, http://www.gaisanocapital.com/about/brief-history/（2017 年 2 月 22 日アクセス）
MUJI, http://www.muji.com/storelocator/?c=ph　（2016 年 8 月 31 日アクセス）
Philippine Statistics Authority "Economic Accounts" http://www.gov.ph/report/gdp/（2016 年 3 月 13 日アクセス）
Puregold, http://www.puregold.com.ph（2016 年 6 月 30 日アクセス）
Robinsons Land, http://www.robinsonsland.com（2016 年 6 月 30 日アクセス）
Robinsons Retail Holdings, http://www.robinsonsretailholdings.com.ph/our-company/organizational-structure（2016 年 8 月 31 日アクセス）
Rustan's, http://www.rustans.com.ph（2016 年 6 月 30 日アクセス）
SM Investments Corporation, http://www.sminvestments.com/corporate-profile（2016 年 6 月 30 日アクセス）

第２部　アジア・欧米の小売商業

第４編　欧米の小売商業

第11章
アメリカの小売商業

山口 夕妃子

はじめに

　アメリカ小売業は市場の環境の変化とともに常に新しい業態を生み出してきている。消費者の需要の変化にあわせて，消費者が求める品揃えの提供や新しいサービスを導入し，消費者へ新しい生活文化の提案を行ってきた。

　インターネットの登場は，アメリカ小売業にとっても大きな変化をもたらした。ユビキタス社会と言われるように，「いつでも，どこでも，なんでも，誰にでも」アクセスが可能となり，コミュニケーションをとることだけでなく，商品やサービスの売買や提供を可能にした。このような小売市場環境や消費者行動の変化をアメリカ小売業はどのように捉え，対応しているのかを本章では考察していく。

　まずはアメリカの小売商業の実態をアメリカ政府が5年に一度出しているセンサスデータから小売構造の推移を考察する。このセンサスデータでは，業種区分で行われている。アメリカ小売業の特徴である巨大小売業の実態を把握するために，Deloitte が毎年統計をとっている "Global Powers of Retailing" の売上高ランキングからも考察を試みる。

第1節　世界の小売売上高ランキングとアメリカ小売業

　Deloitte の年次レポート『Global Powers of Retailing 2016』をもとに，アメリカ小売業の現状をみていく。世界ランキングの上位30社のうち11社

がアメリカ小売業で占められている。世界ランキングの1位はスーパーセンターのウォルマートで4,856億5,100万ドルと2位の会員制ホールセールクラブのコストコの1,126億4,000万ドルの4倍以上の差をつけ、トップとなっている。

また3位のクローガーは世界ランキング上位にありながら、海外展開を行っ

図表11-1 世界小売企業売上ランキング

(単位：百万ドル)

順位	企業名	本社	小売企業売上高	進出国数
1	ウォルマート・ストアーズ	米	485,651	28
2	コストコ	米	112,640	10
3	クローガー	米	108,465	1
4	シュヴァルツ	独	102,694	26
5	テスコ	英	99,713	13
6	カルフール	仏	98,497	34
7	アルディ	独	86,470	17
8	メトロ	独	85,570	32
9	ホーム・デポ	米	83,176	4
10	ウォルグリーン	米	76,492	2
11	ターゲット	米	72,618	1
12	アマゾン・ドット・コム	米	70,080	14
13	オーシャン	仏	69,622	13
14	CVSヘルス	米	67,798	3
15	カジノ	仏	64,462	29
16	イーオン	日	61,436	11
17	エディカ	独	60,960	1
18	ロウズ	米	56,223	4
19	セブン＆アイホールディングス	日	53,839	18
20	レーヴェ	独	51,168	11
21	ウェスファーマーズ	豪	49,572	2
22	ルクレール	仏	48,573	7
23	ウェスファーマーズ	豪	48,095	2
24	アホールド	蘭	43,566	6
25	ベストバイ	米	40,339	4
26	イケア	蘭	39,064	42
27	ITM	仏	38,164	5
28	セインズベリー	英	37,832	1
29	ロブロウ	加	37,812	2
30	セーフウェイ	米	36,330	2

出所：Deloitte, "Global Powers of Retailing 2016"

ていないスーパーマーケットであり，過去5年間の年平均成長率でも5.3％と好調な販売売上をあげている。世界ランキング30位に入っているアメリカ小売業の業態をみてみると，他には，ホームセンターのホーム・ディポとロウズ，ディスカウント・ストアのターゲット，ドラッグストアのウォルグリーンとCVSヘルス，家電量販店のベストバイ，百貨店のシアーズ・ホールディングス，ネット販売のアマゾンがある。特に，ネット販売を展開しているアマゾンは世界の売上高でもトップに立ち，700億8,000万ドルに達している。これは1位のウォルマートのネット販売の売上高約100億ドルに対して約7倍となっている。さまざまな業態の小売業が世界ランキング上位に位置し，アメリカの小売業が世界の小売業を牽引していることがわかる。

第2節　アメリカ小売業の構造と推移

本節では，アメリカの小売業の概観するために，まず，アメリカ政府が発表しているセンサスデータをもとにした1992年から2012年までの20年間の推移をみることによって，アメリカ小売商業の特徴を明らかにしたい。

1992年の小売年間販売額は1兆8,112億3,700万ドルであった。その販売額1位で23％を占めていたのは自動車ディーラーで，4,183億9,300万ドルであった。次いで20％を占めている食品・飲料店の3,705億1,300万ドルであった。14％の総合スーパー（GMS），建築材料，園芸用品の10％と続いている。無店舗販売はわずか4％の785億100万ドルであった。

このセンサスデータの推移からみると，アメリカ小売市場は3大市場から構成されているといえる。自動車ディーラー(Motor vehicle and parts dealers)，食品・飲料店（Food and beverage stores），総合スーパー（General merchandise stores）である。アメリカの小売センサスは1929年以来実施されているが，その当初よりこの3大市場が大きな比重を占めており（中野2007，3～5頁），この構成比は現在のセンサスデータにおいてもほぼ変化していないことが図表11-2からもわかる。この総合スーパーは，百貨店，総合ディスカウント・ストア，バラエティ・

ストアなどの大規模店からなり、この構成比は 20 年間ほぼ変わることなく、13 ～ 15% で動いている。

図表 11-2　業種別アメリカ小売販売額と構成比

(単位：百万ドル)

業種別	2012		2007		2002		1997		1992	
自動車ディーラー	886,494	21%	910,139	23%	818,811	26%	653,817	26%	418,393	23%
家具，家具用品	91,542	2%	111,144	3%	94,438	3%	72,715	3%	52,336	3%
電子機器，ソフト	102,060	2%	106,599	3%	83,740	3%	70,061	3%	42,631	2%
建築材料，園芸用品	281,533	7%	320,854	8%	248,539	8%	191,063	8%	130,989	7%
食品，飲料店	628,205	15%	547,837	14%	464,856	15%	409,373	17%	370,513	20%
健康，パーソナルケア	274,000	6%	237,164	6%	179,983	6%	118,672	5%	89,705	5%
給油所	555,419	13%	451,822	11%	250,619	8%	199,700	8%	156,324	9%
衣服店	239,493	6%	221,205	6%	172,304	6%	140,293	6%	120,103	7%
スポーツ用品，趣味，本，音楽	82,981	2%	84,651	2%	76,680	2%	65,288	3%	49,026	3%
GMS	642,313	15%	578,582	14%	446,520	14%	331,363	13%	247,876	14%
雑貨	110,018	3%	116,418	3%	102,783	3%	90,232	4%	54,840	3%
無店舗販売	408,171	9%	308,767	8%	189,279	6%	126,190	5%	78,501	4%
小売販売額合計	4,302,229	100%	3,995,182	100%	3,128,552	100%	2,468,767	100%	1,811,237	100%

出所：U.S. Census Bureau, 2012 Economic Census, Annual Retail Trade より筆者作成。

　20 年の推移の中で大きく変化がみられるのは、無店舗販売の販売額であろう。1992 年にわずか 4 % であった無店舗販売の売上 785 億 100 万ドルは、10 年後の 2002 年には、2 倍以上の市場となり、1,892 億 7,900 万ドルとなり、さらに 10 年後の 2012 年になると 4,081 億 7,100 万ドルへと増加している。この無店舗販売の販売額は電子商取引、通信販売、自動販売、直接取引、給油所を含んだものとなっている。図表 11-3 の「アメリカにおける無店舗販売額と構成比」は無店舗販売の販売額の内訳である。ここをみると、1992 年の「電子商取引、通信販売」は 352 億 1,000 万ドルであったが、2012 年には 9.3 倍増の 3,286 億 5,500 万ドルとなっている。「電子商取引」と「通信販売」の 2 つのフォーマットのうち、ほとんどを「電子商取引」の販売が占めている。

　図表 11-3 をみてもわかるように、2012 年には「電子商取引・通信販売」の総販売額は 81% を占めるまでに成長している。これに対して、「給油所」の販売額はこの 20 年ほぼ変化はしていない。「直接取引」は 1992 年における販売額の 362 億 6,300 万ドルから 2012 年には約 2 倍の 728 億 7,400 万ドルとなってはいるが、構成比でみると、1992 年の 46% から 2012 年には 18% となり、他の業種の電子商取引・通信販売の売上の伸びの方が著しいことを示している。

図表 11-3　アメリカにおける無店舗販売額と構成比

(単位：百万ドル)

業種	2012		2007		2002		1997		1992	
電子商取引, 通信販売	328,655	81%	223,681	72%	122,214	65%	70,067	56%	35,210	45%
自動販売機	6,642	2%	7,866	3%	7,968	4%	7,772	6%	7,028	9%
直接取引	72,874	18%	77,220	25%	59,097	31%	48,351	38%	36,263	46%
給油所	35,935	9%	37,436	12%	23,981	13%	21,941	17%	16,665	21%
販売額合計	408,171	100%	308,767	100%	189,279	100%	126,190	100%	78,501	100%

出所：U.S. Census Bureau, 2012 Economic Census, Annual Retail Trade より筆者作成。

センサスデータからみる業種の構成比トレンドは比較的安定的に推移しているが，上述した図表11-1に示す，世界ランキングからみたアメリカの小売企業の売上高ランキングをみると，さまざまな小売業態がランキング入りし，アマゾン・ドット・コムにみられるようにeコマースの成長が著しい。これは，eコマースを主とする小売企業だけではなく，ウォルマート・ストアーズのように従来の小売業態を維持ししつつ，ネット販売を展開している小売業が多い。この点から次節ではこの点から考察していく。

第3節　eコマース事業の成長

eコマース企業売上高トップ10社のランキングは "Global Powers of Retailing 2016" をもとに，アメリカに本社をおく企業を抽出したものである。このランキングの対象となっているのは，企業が商品在庫を保有し，直接販売するeコマースのみである。

この10社のうち，8社が世界ランキング50位以内にはいっており，アメリカeコマースにおける販売額の大きさがわかる。スマートフォンやタブレットなどさまざまなモバイルデバイスが増えてきて，消費者の購買行動においてもインターネットを介した買い物行動が多くなり，今後もこの市場は大きく成長することが予想することができる。アマゾンの売上は700億8千ドルでトップであり，2位のアップルの206億ドルの3倍強の販売額である。

3位のウォルマートは「ウォルマート・ドット・コム」と「サムズクラブ・ドッ

図表11-4　Eコマース売上トップ10社　2015年

(単位：百万ドル)

順位	世界小売ランキング	企業名	売上高	全体売上/eコマース (%)	eコマースの成長率 (%)
1	12	アマゾン	70080	100.0	15.1
2	48	アップル	20600	49.0	12.6
3	1	ウォルマート	12200	2.5	22.0
4	35	メイシーズ	5400	19.2	30.1
5	97	リバティインタラクティブ	5198	49.5	6.4
6	9	ホームディポ	3765	4.5	36.9
7	25	ベストバイ	3500	8.7	16.7
8	2	コストコ	3000	2.7	18.0
9	31	シアーズ・ホールディングス	2850	9.1	10.0
10	n/a	ニューエッグ	2800	100.0	3.7

出所：Deloitte, "Global Powers of Retailing 2016"

トコム」を運営しており，eコマースの成長率は22％の伸びである。ウォルマートのようにリアル店舗をもつ小売企業は，eコマース事業を強化しており，4位のメイシーズeコマースの成長率は30.1％と順調に事業を伸ばしており，メイシーズ全体売上の19.2％を占めるようになってきている。

　この10社のうち無店舗販売を中心とする小売企業はアマゾンとニューエッグ2社であり，他の企業はリアル店舗での販売ととともに，オンラインでの売上を伸ばしている小売企業である。多くのリアル店舗をもつ小売企業はeコマース成長率を2桁の伸びを示している。

　またアメリカの消費者の行動にも変化がみられる。消費者が店内で買い物中に消費者がインターネットでバーチャル店舗との価格比較を行い，バーチャル店舗が安ければ，店内で商品を購入せずにバーチャル店舗で購入するという新たな消費者行動パターンがうまれている。またあるいは，はじめからバーチャル店舗での購入を決めていて，リアル店舗で商品を実際にみて，購入はバーチャル店舗で行う行動がみられるようになってきた。つまり，リアル店舗が商品を購入する場所ではなく，店舗のショールーム化している現象がでてきた。このような現象は「ショールーミング（Showrooming）」と呼ばれている。ショー

ルーミングしやすい商品として家電，CD・DVD，書籍などがあげられる。また，消費者が買い物に出かける前にオンラインで商品をチェックする行動は「ウェブルーミング（Webrooming）」といわれている。

このような消費者行動の変化やインターネットをはじめとする新しいチャネルをどのように活用していくのか，既存の店舗とどのように融合させていくのかということがアメリカ小売企業の大きな課題となってきている。次節では既存の小売店舗と新しいチャネルをどのように融合させていくのか，シナジー効果を発揮しているのかという視点から，その概念の変遷をアメリカ小売企業の取り組み事例を考察することにより，バーチャルとリアルの関係性を考察していきたい。

第4節　アメリカ小売業におけるイノベーション

1．クリック・アンド・モルタルからマルチチャネルへ

1990年代後半からアマゾンに代表されるように，インターネットを活用した無店舗販売がアメリカで急速に成長してきた。その一方で，既存の小売業は，インターネットを新たな販売チャネルとして活用するようになってきた。このようなリアル店舗とウェブサイトのバーチャル店舗の両方を行うことによって，リアル店舗のもつメリットとバーチャル店舗のもつメリットを組み合わせてシナジー効果を享受していくクリック・アンド・モルタル（Click and Mortar）という考え方が出てきた（方 2010）。リアル店舗のもつメリットとしては，商品に直接触れることができ，製品の使用法を店舗の従業員とやり取りしながら購入できるという点がある（Underhill 2008）。一方，インターネットを通じた商品の購買には時間や空間に左右されず購入することができるというメリットがある。このようにリアルとバーチャルのメリットを活かした売上の向上をはかることができるだけではなく，クリック・アンド・モルタルのメリットは「それぞれのチャネルが販売チャネルだけではなく，広告やプロモーションなどのコミュニケーション・チャネルとしても捉えられていることである」と評価することができる（近藤 2015）。

このコミュニケーション・チャネルとしてのクリック・アンド・モルタル

の導入は，O2O（Online to Offline）という新たなマーケティング手法へとつながっている。O2Oとは，バーチャル店舗を訪れた顧客やSNS（Social Netwoking Service）を通じて情報を知った顧客がリアル店舗に足を運んでくれるよう誘導する仕組みや取り組みのことである。例えば，バーチャル店舗を訪れた顧客がウェブ上で割引クーポンやサービス券を取得し，プリントアウトする。それをもってリアル店舗で提示し，商品を購入したり，サービスを利用したりすることによって，オンラインからオフラインへと顧客をリアル店舗へと誘導することである。

このような消費者行動の背景をもとに，リアルの店舗とウェブサイトのバーチャル店舗の両方を運営することによって，消費者をオンラインからオフラインへ，オフラインからオンラインへとそれぞれの店舗への誘導を行い，シナジー効果をうみだすコミュニケーション・チャネル形成を図っている。このクリック・アンド・モルタルはさらに，複数のチャネルを利用して商品やサービスの提供を行っていくマルチチャネル小売業（Multichannel Retailer）の概念へと発展させていく。

2. マルチチャネルからオムニチャネルへ

クリック・アンド・モルタルの概念がリアル店舗をもつ小売業がどのようにインターネットをはじめとするeコマース事業に参入し，急成長しているネット販売小売業に対抗していくのかに主眼が置かれていたのに対して，マルチチャネルは複数のチャネルを利用して，それぞれのチャネル特性とそれらのチャネルを利用する消費者に対してどのように有効にコミュニケーション戦略をとっていくのかということに焦点を当てていった。

マルチチャネルの事例として，アメリカ最大の書籍チェーンであるバーンズ・アンド・ノーブルの事例から考えてみたい。バーンズ・アンド・ノーブルは，1917年にニューヨークで書店を始めた老舗であり，1970年からカタログ販売やメールオーダーサービスにも取り組んでいる797店舗の書店をもつアメリカ最大の書籍チェーンである。バーンズ・アンド・ノーブル社は，書店の経営でだけでなく2000年代初めに出版社2社を買い取り，広く書籍事業に携わってきていた。

バーンズ・アンド・ノーブルは，急速に伸びてきたインターネット販売の

アマゾンに対抗するため，1997年にバーチャル店舗「barnesandnoble.com」を別組織で運営した。そこには，迅速な意思決定やネット・ベンチャーとしての資金確保を容易にするという目的のもと，インターネット事業をスタートした。しかし，実際には株価は低迷し，バーンズ・アンド・ノーブルのCEOは辞任に追い込まれることとなった。

　バーンズ・アンド・ノーブルのようなリアル店舗とバーチャル店舗の分離による運営は，マルチチャネルを行う企業でよくみられた。マルチチャネル小売業は，それぞれのチャネルを分離し，それぞれのチャネルに対して顧客との接点をみいだし，コミュニケーション局面で生じるマーケティング戦略を考えた。しかし，このマルチチャネルでは，それぞれのチャネルにおいて最適なマーケティング戦略を行うことに重点をおくため，経営資源や経営能力が小売企業としては分散し，チャネル間でのシナジー効果が発揮できないという大きな課題がでてきた。もちろん，分離は急速な事業展開に対応できる措置としてリアル店舗をもつ小売業が導入してきた運営方法のひとつである。

　Schoenbachler and Gordon (2002) は，マルチチャネルはチャネル間のカニバリゼーションを避けるため，消費者ごとに異なるチャネルを利用するような構造を模索してきたと指摘する。近藤 (2015) は，マルチチャネルはクリック・アンド・モルタルで示された店舗とインターネットの販売・コミュニケーション・チャネルの要素をさらに拡大し，販売局面およびコミュニケーション局面で生じるさまざまな顧客接点を包括し，顧客関係を深化させる戦略的行動」と捉えている。

　この発展の背景には，上述の「ショールーミング」と「ウェブルーミング」の消費者行動があり，アメリカ消費者の多くが経験している。多くの消費者がスマートフォンなどのモバイル端末を利用するようになり，オンラインでの情報収集とオフラインでの消費活動が連続的に行うことができるようになった。このような消費者行動をデータとして企業が把握できるようになったからである。

　消費者の複数チャネル間での情報収集や接点をどのように活用していくのか，またマルチチャネルが抱えてきた組織内での分散した経営資源や能力を調整し，チャネル間を効果的に連動させていくのかという課題に対してオムニ

チャネル（omnichannel）概念がでてくるのである。

3. オムニチャネル―メイシーズを事例として―

　Rigby（2011）はオムニチャネル小売業は異なるチャネルを単一のシームレスなオムニチャネル体験へと統合することと定義し，オムニチャネルは，リアル店舗，パーソナルコンピュータ，スマートフォン，タブレット，ソーシャル・メディア，テレビ，コールセンター，カタログなどすべてを含んだものである。また，このオムニチャネルを形成する伝統的な小売企業はリアル店舗のもつメリットとオンラインのもつメリットを組み合わせて，消費者へ魅力的で信頼性の高い，シームレスなショッピング体験をもたらす戦略に発展させなければならないと指摘する（Rigby 2011, p.67）。宮副（2016）はオムニチャネルとは，「小売業が，店舗・ネットなど顧客と関係するチャネルを複数にもち，顧客の商品探索・選択・購入・受取など購買プロセスに応じて各チャネルの役割を適宜活かしながら，顧客にとっては一連の購買プロセスとなるよう連携させて商品を販売すること」と定義している（宮副 2016, 3頁）。

　本節では，オムニチャネルの先駆け企業であるメイシーズを事例にオムニチャネルの課題を考察する。1958年創業の老舗百貨店のメイシーズは，百貨店業界トップの企業で2000年代にeコマース事業に参入し，オンラインカタログ販売を行うようになった。2009年には，300人であったeコマース企業部門に300人の新規人材登用を行い，2010年にオンラインとリアル店舗の両方でシームレスな顧客体験を生み出せるようなさまざまなプロジェクトを盛り込んだ長期計画「オムニチャネル」戦略を打ち出した。

　具体的に顧客へのシームレスな誘導についてみてみると，インタラクティブな掲示板，顧客を誘導するモバイルアプリなどを実践している。また顧客へのさまざまなチャネルへの複合的な誘導だけでなく，商品管理においては，在庫管理にRFID（Radio Frequency IDentifier）タグを採用し，各チャネルのもつ商品在庫状況がすぐに把握できるようにした。2012年には，オンラインによるオーダーを店舗で直接受け取る仕組みを構築した。2013年には，リアル店舗，オンライン，モ

バイルなどの活動を緻密に統合する戦略策定とともに，組織内におけるシステム，技術，物流，関連部門の統合を行っている（Rigby 2011, p.67, Rigby 2014, pp.89-91）。

　メイシーズのオムニチャネルの取組が示唆していることは，宮副（2016）が指摘するように，商品選択力や編集力を発揮し，接触・フィッティング機会を多くもつ百貨店の強みをICTの活用やオムニチャネル商法でより強調し，競争優位を発揮した点であろう。消費者とのコミュニケーション機会を複数チャネルで実施し，リアル店舗での商品在庫に限界がある商品などの在庫管理を一元化し，シームレスに消費者に提供していくシステムを構築したところにある。2011年に米シンクタンクのL2が選ぶ「L2デジタルIQ指数」の専門小売店部門で，首位に立つことになったことやそれ以降の株価の上昇がメイシーズのオムニチャネルのアメリカ市場の評価ということができるだろう。

第5節　小売イノベーションと今後の展望

　このオムニチャネル概念とマルチチャネルの概念との大きな違いは，Rigby（2011）が「シームレスなショッピング体験」，宮副（2016）が「一連の購買プロセス」と表現したように，①各チャネル間を消費者と小売企業とのクロスポイントで，時間的，空間的制約を受けずに取引とコミュニケーションをシームレスに行うことと②組織内において流通タスクと顧客情報，在庫情報を共有することを目的としたチャネル間の連動性を行うことに重点をおき，流通システムとコミュニケーションツールを構築しているところである。世界ランキングのトップに立つウォルマートも「Buy Online Pickup In Store」や「Walmart Pickup Grocery」というサービスを消費者へ提供している。オンラインで購入した商品の受け取りがリアル店舗でできるサービスである。また「ショールーミング」の抑制手段のひとつとして，ウォルマートで購入した商品の価格が競争相手の広告価格より高い場合には，その差額をEギフトカードの形で返金するサービスも行っている。オンラインからオフラインへの誘導への取り組みは他のアメリカの小売業でもこのような取り組みは多くみられる。

アマゾンにみられるように，無店舗販売の e コマース企業が成長してきているのは事実であるし，今後も伸びていくことは容易に推測できるが，従来のリアル店舗をもつ小売業でしかできないこともある。アメリカ小売業は，世界の小売業業界を牽引し，さまざまな新しい業態，流通システム，サービスなどを提供してきた。2000 年度以降，アメリカ小売業が経験してきた ICT 化やインターネットの普及による小売イノベーションともいうべき大きな変革は消費者行動の変容とともに小売企業と消費者との関係性や従来の流通システムの構築までをも変化していかざるを得ないものである。またこのアメリカ小売業の取組が日本の小売業へ波及し，日本小売業においても変化を促す大きなものであるだろう。

【参考文献】

Deloitte "Global Powers of Retailing 2016" (https://www2.deloitte.com/global/en/pages/consumer-business/articles/global-powers-of-retailing.html)

Rigby Darrell (2011), "The Future of Shopping", *Harvard Business Review* Vol.89, No12, pp.64-75.

Rigby Darrell (2014), "Digital-Physical Mashups", *Harvard Business Review* Vol.92, No,9, pp.84-92.

Schoenbachler,D.D. and Gordon,G.L. (2002), "Multi-channel shopping: understanding what drives channel choice", *Journal of Consumer Marketing*, 19 (1) 42-53.

Underhill (2008), *Why We Buy: The Science of Shopping--Updated and Revised for the Internet, the Global Consumer, and Beyond*, Simon & Schuster.

U.S. Census Bureau, Economic Census, Annual Retail Trade Survey (https://www.census.gov/retail/index.html)

角井亮一 (2015)『オムニチャネル戦略』日本経済新聞出版社。

公益財団法人流通経済研究所 (2015)『アメリカ流通概要資料集 2015 年版』。

近藤公彦 (2015)「小売業におけるマルチチャネル化とチャネル統合」『国民経済雑誌』 212 (1) 61 〜 73 頁。

蓼沼智行 (2010)『イノベーションと流通構造の国際的変化』時潮社。

中野安 (2007)『アメリカ巨大食品小売業の発展』お茶の水書房。

波形克彦 (2012)『未来型経営革新の進むアメリカ流通業』三惠社。

方慧美 (2010)「小売業におけるインターネット活用〜クリック＆モルタルに至る経緯とその後の展開〜」『マーケティングジャーナル』Vol.29, No,3, 118 〜 130 頁。

宮副謙司「米国メイシーズのオムニチャネルリテイリング― 店頭―ネット連携商品表示の定点観測調査での発見と示唆―」日本マーケティング学会ワーキングペーパー Vol2. No.14.

第12章
カナダの小売商業

菊池 一夫・Heather Ranson

はじめに

　日本からみたカナダのイメージは何であろうか。例えば，豊かな自然，広い国土，アイスホッケー，住みやすい国などが思い浮かぶ。これに対して，カナダの小売商業については，どのような小売営業形態や小売企業が存在し，躍進しているのであろうか。カナダに進出している日系小売企業には，コンビニエンス・ストアのセブン・イレブンが展開しているし，大創産業もバンクーバーに出店している。しかし，その他の小売商業の動向はどのような状況であろうか。

　これまで，わが国におけるカナダの研究においては，カナダの政治体制，天然資源が豊かなカナダ経済や移民政策などを対象にして研究されてきた（日本カナダ学会編 2009）。これに対してカナダの小売商業の研究に関しては，確かにハドソンベイ百貨店の生成の研究（後藤 2010），カナダのロブロウ社をはじめとしたスーパーマーケットの研究（鈴木 2011，2013）などがある。しかし，わが国におけるカナダの小売商業を対象にした研究は少なく，そして小売商業を全体的に捉えた研究は十分になされていない。

　こうした研究潮流は，同じ北米にあるアメリカの小売商業を対象にして豊富に蓄積されてきたのとは対照的である。アメリカでは小売企業が多様な営業形態を開発し，新しい営業形態は国内外で展開され，普及していった。この点で，アメリカに隣接するカナダはどのような影響を受けているのであろうか。例え

ばウォルマートは買収戦略を通じてカナダに参入し、ディスカウント・ストアからスーパーストアに業態転換し、さらに生鮮食品重視の小型の業態を展開している。これに対抗してロブロウ社はショッパーズマートと T&T を買収している（丸谷 2014）。

　そこで本章ではカナダの現代の小売商業に着目して、議論を展開していく。まずカナダの歴史、地理や人口などの諸特性について概観する。次にカナダの小売商業の現状について、カナダ政府の統計資料とカナダ政府の資料などを中心にして把握していく。

第 1 節　カナダの特性

　本節ではカナダの歴史、人口、地理および政治と貿易の諸特性について、その概略を述べて、カナダの全体像の理解を深める。

図表 12-1　カナダの地図

出所：http://www.freemap.jp/itemFreeDlPage.php?b=north_america&s=canada
（2016 年 9 月 30 日アクセス）

1. カナダの歴史

　カナダは1867年7月1日に公式に建国された。しかし先史時代には1万年の歴史がある。カナダは東海岸の沖の豊富な魚のために発見された。イギリス,フランス,スペインそしてポルトガルから漁夫たちが鱈を求めてニューファンドランドの岸まで来たのであった[1]。1534年にフランス人の探検家のジャック・カルティエはイロコイ族の言葉のKanataから名前を取り,カナダ王国と名付けた。イギリスとフランスの両国は1600年代の初期の植民地化の努力に関心をもち,成功した。フランスはカナダで最初の都市として現在ケベック市に入植した。

　他方でイギリスはニューファンドランドでカナダにおいて最初に入植した。当時,多くのイギリス人は東海岸沿いのアメリカにすでに居住していた。そのため,英仏戦争を通じてアメリカからの増援が頻繁になされた。1763年にパリ条約が調印され,フランスはカナダをイギリスに割譲した。それにもかかわらず,多くのカナダ人(主にケベックに居住する人達)はフランスに親近感を感じている。そしてカナダから独立するためのケベック州の努力は1990年代の中ごろまで続けられていた(日本カナダ学会編2009)。

　18世紀から19世紀を通じて,カナダで入植者と原住民との毛皮の取引がなされた。カナダはオンタリオ,ケベック,ノバスコティアそしてニューブランズウィックからなる小規模な国から始まった。カナダの拡張は,1871年のブリティッシュ・コロンビアを含めた大陸横断鉄道の建設を通じて成立した。カナダの国家警察は1873年に設立され,最西の州の秩序を保ち,低密度に人口が居住する地域をアメリカの拡張から保護した。初期の移民はフランスやイギリスから来たし,ウクライナ,アイルランドやスカンジナビア諸国などの国からも来た。これらの国々は西部の鉄道の開設に関連して生じた「グレート・イミグレーション」の期間のカナダの人口増加に貢献した。中国系移民も1859年にかなりの数になった。そして最初は鉄道の建設に貢献し,世界中からブリティッシュ・コロンビアに炭鉱夫が集まった1800年代のゴールドラッシュの間,滞在した。

1982年にカナダ憲法が公布され，法律的に完全に主権国家になった。そこでは，全てのカナダ人の民主的な，平等的な，法的な，そして言語的な権利をうたうカナダ人権憲章をもつようになった。

2．人　口

カナダは多様な人種で構成されており，モザイク国家と呼ばれている。カナダの人口は2016年には3,600万人に到達しているが，その多くが移民によって構成されている[2]。カナダの原住民の人口は全人口のうち最も速く増大しているセグメントであるが，2006年に110万人しかいない[3]。オンタリオ州は1,300万人以上の人口である。カナダの人口の80％以上はカナダの南の地域，すなわちアメリカとカナダの国境の近くに居住している。そのうち，ケベック州は800万人，ブリティッシュ・コロンビア州は400万人，そしてアルバータ州は300万人となっている。これは温暖な気候によるものである。これに対してカナダ北部の人口密度は低い。

2006年から2011年にかけてのカナダへの最近の移民は，外国で出生したカナダ国籍をもつ人口のうちで全体の17％を占めた[4]。大多数の移民は4つの大きな州（オンタリオ州，ケベック州，ブリティッシュ・コロンビア州そしてアルバータ州）とカナダの大規模な都市に住んでいる。中東を含めたアジアはカナダの新しい移民の源である。

3．地　理

カナダは約998万平方キロメートルの広大な面積を有し，世界第2番目の巨大な国である。カナダはまた大規模な土地のうち7％をカバーする2万以上の湖がある[5]。カナダは3つの海に国境を有している。東部では大西洋，西部には太平洋そして北部は北極海である。その規模によって，カナダには多くのタイプの景観と天候がある。山脈は国中でみられるが，国の西部にあるブリティッシュ・コロンビア州とアルバータ州では顕著である。草原はアルバータ州やサスカチュワカン州とマニトバ州といった内陸で見出される。カナダには

四季があるが，11月から3月まで冬で雪が降る。

　ブリティッシュ・コロンビア州のバンクーバーからセントジョンニューファンドランドまでの距離は4,000キロメートル以上である。一般的に，カナダの大規模な都市の間にはかなりの距離がある。そして飛行機によってビジネスや旅行が容易になる。鉄道は貨物運送に用いられ，バンクーバーとカルガリー，トロントとオタワ・モントリオールといった短距離をカバーする旅客鉄道もある。カナダの最も近い隣国であるアメリカはまた最大の貿易相手国である。ほとんどの州の国境でのカナダ／アメリカ間の旅行が容易にできることは，人と物が頻繁にお互いの国を行き来するということである。しかしカナダの国土の広さによって国の北部に商品を輸送するコストがかかる。例えばグロサリー商品のカナダ北部の価格はバンクーバーやトロントの価格の2倍もすることがある。

4．政治と貿易

　カナダの首都はオタワに位置している。ここには首相官邸と国会議事堂がある。立憲君主制として，君主はイギリス女王である。カナダにはイギリス女王の代理人である総督に権限が委任されている。議院内閣制としては，議会の過半数を占める政党のリーダーが首相として任命され行政を司る[6]。カナダには外交や国防，金融制度など国全体の政策を担う連邦政府がある。教育・文化，裁判所などを担う州政府，または3つの準州政府がある。そして都市や町の地方自治体がある。このようにカナダは分権的な政体であるといえる。

　カナダ最大の貿易相手はアメリカであり，78％以上の合計貿易額を占めている。中国は全貿易額の3.9％を占めており，イギリス，日本とメキシコはカナダのトップ5の貿易パートナー国になっている[7]。カナダの輸入品目の上位は自動車，機械，電子部品と石油である。カナダの輸出品目の上位は，粗製油，自動車と金が上位3品目である。カナダの資源は木材，小麦そしてアルミニウムといった輸出品目において示すことができる。そして航空機と自動車の製造部品も付加価値を生み出している。

　このようにカナダはアメリカに大きな影響を受けつつも，政治体制をはじめ

として異なるシステムを有している。

第2節　カナダの消費者の動向

CBC News（2013）によれば，カナダの小売業に関する5つの消費者トレンドに焦点を当てている。

・バイイング・ローカル

カナダ人の中には地元の店で地元の食品を探している人がいる。カナダ人のなかにはビッグ・ボックス・ストアでの購入を避けて，小規模ながら地元の小売店舗を選ぶものもいる。

・高まる健康意識

カナダ人は健康的な食事と人間工学的にデザインされた家具に高い価格を支払う意志がある。そして健康的になるための方法を探している。

・倹約志向

カナダは高齢化社会である。多くのものは裕福な引退生活を過ごしているが，固定的な所得のもとにいる。そして小売業の品目での高齢者に対する有利な取り扱いを求めている。

・カスタマイゼーションへの願望

消費者は個々人として扱われることを望んでおり自分自身を表現するユニークな商品を探している。コーヒーから家具まで，多くの消費者は注文をカスタマイズしている。

・インターネットの影響

カナダ人は買い物に行く前に家でインターネットを活用して商品の比較検討を行っている。

第3節　カナダの小売商業のマクロ的な現状

カナダの小売セクターはカナダ経済に貢献し，消費者やその活動に影響を与えている（Office of Consumer Affairs 2012）。カナダの小売販売額の推移は，2011年の約4,567億カナダドルから2015年の約5,134億カナダドルになっている（図表12-2参照）。

図表12-2　カナダの小売販売額

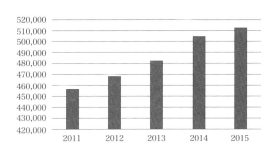

出所：Statics Canadaの資料から作成（販売額の単位は100万カナダドル）http://www.statcan.gc.ca/tables-tableaux/sum-som/l01/cst01/trad15a-eng.htm（2016年9月30日アクセス）

またカナダ政府の統計では，2015年の小売販売額をカナダの州別にみると，オンタリオ州（36%），ケベック州（23%），アルバータ州（15%），ブリティッシュ・コロンビア州（14%）となり，人口の集中している南部の州に，小売販売額の割合が高くなっている[8]。

同様に，2015年の小売販売額を小売形態別にみると「自動車および部品流通業」が最も高く25%，次に「食品・飲料品店」が22%，そして「ジェネラル・マーチャンダイズ・ストア」と続いている（図表12-3）。

図表12-3 小売形態ごとのカナダの小売販売額（2015年）

- ■自動車および部品のディーラー 25%
- ■家具およびホームファニシング店 2%
- ■家電製品店 3%
- ■建築資材およびガーデニング用品店 3%
- ■食料品飲料店 22%
- ■健康パーソナルケアの店 7%
- ■ガソリンスタンド 11%
- ■衣料品およびアクセサリー店 6%
- □スポーツ用品, ホビー, 本, 音楽関連の店 2%
- ■ジェネラル・マーチャンダイズ・ストア 13%
- ■その他 2%

出所：Statics Canadaの資料から作成。http://www.statcan.gc.ca/tables-tableaux/sum-som/l01/ind01/l3_60000_60001-eng.htm?hili_none （2016年9月30日アクセス）

第4節　カナダの小売商業の動向

　本節ではカナダ政府機関であるOffice of Consumer Affairsが公表した, 2012年の報告書"Consumers and Changing Retail Markets"と, 2013年の報告書'Canada's Changing Retail Market', およびDaniel and Hernandez (2012, 2013) を中心にして, 以下にカナダの小売商業の現代的動向と課題を検討していく。

1. カナダの小売セクターの現状

(1) 小売の構造的変化―ビッグ・ボックス・ストアの躍進

　カナダの小売市場は発展し続けている。成長する小売店舗もあるし, 他方で多くの伝統的な小売店舗は停滞している。その中で特筆すべきことは, カナダ以外の数多くの大規模な小売企業（主としてアメリカ）がカナダでかなりの存在感を確立した点である。それらは小売ビジネスを行うにあたり新しいアプローチを導入している。それらはビッグ・ボックス・ストアといった小売営業形態, EDLP, 優れたロジスティクス・システムなどの経営手法を導入している。ビッグ・

ボックス・ストアの形態には，スーパーストア，コンビネーション・ストア，ウェアハウスクラブおよびスーパーセンターがある（Levy and Weitz 2001,p.46.）。

これらの新しい参入者に対して，カナダの小売企業の中には自らを変革するものもいる。いくつかの商品カテゴリーでは，中小規模の独立小売商業者が減少している。短期的には，カナダの消費者は小売構造の変化によって低価格と便宜性を享受する。しかし同時に，小売商業は集中化している。過去30年間にわたって，外国の小売企業はカナダで存在感を増してきた。1975年から1995年までの間，外国の小売企業の店舗の数は3倍以上になった。そして床面積は2倍以上になった。1996年には，外国小売企業はカナダの小売販売額の35%を占めており，自動車の販売以外では19%であった。カナダにおける外国小売企業の全売上のうち約75%程度が，アメリカ系小売企業に占められている。例えば2011年には，カナダのトップ20の小売企業のうち10社はアメリカ系企業である（Office of Consumer Affairs 2012）。

アメリカ系小売企業が躍進した背景にはメディアの影響がある。カナダの消費者は，アメリカ製品の継続的なメディア露出によって，アメリカ製品をすぐに認知する。それはアメリカ製品やサービスがカナダ市場に実際に入ってくる以前でさえ，認知される。他の要因としては，アメリカ文化・市場とカナダ文化・市場の類似性，そして地理的な近接性である（Burns and Reyman 1995）。例えばトロントは北米でも大きな都市であることから，カナダ市場はアメリカ系小売企業にとって近接的で魅力的な市場である。

歴史的に，外国の小売企業はカナダの小売セクターにおける革新を導入する役割をはたしてきた。それはファイブ・アンド・ダイムストア，スーパーマーケット，ディスカウント・デパートメントストアそしてビッグ・ボックス・ストアに見受けられる。例えば，ウォルマートは効率的なクロス・ドッキングができる流通センターを運営し，カナダの小売業の革新に刺激を与えた。1990年代のアメリカ系小売企業の参入の前には，カナダの小売企業間の競争は十分ではなかった。アメリカ系企業の参入によって，価格競争が発生し，店舗の品ぞろえの幅も広がった。ビッグ・ボックス・ストアも1990年代以降，カナダ

におけるアメリカ系小売企業によって促進されている。例えばベストバイ，ホームデポ，ウォルマートやステープルズなどである。このビッグ・ボックス・ストアは大きな影響をもち，カナディアン・タイヤ，ロブロウ社のスーパーセンター，そしてゼラーズなどの大規模なカナダの小売企業はビッグ・ボックス・ストアの形態を採用した。さらに，ビッグ・ボックス・ストアはパワーセンターを発達させた。パワーセンターは，3つ以上のビッグ・ボックス・ストアがあって，共通の駐車場をもち，いくつかの小規模な商業サービスを含んだ形態であるといわれる（Office of Consumer Affairs 2012）。

ビッグ・ボックス・ストアの特徴は，長時間営業，ワンストップショッピング，無料で十分な駐車場である。カナダ人に対して，ビッグ・ボックス・ストアは便利なワンストップショッピングを提供し低価格を提供している。そしてそのコンセプトは，製造業，物流業，そして包装業といった関連するセクターのサプライチェーンのすべてにわたって変化をもたらした。大規模仕入によって，ビッグ・ボックス・ストアは競争優位を追求するために供給業者に変革を迫る立場になっている。

カナダではビッグ・ボックス・ストアの3つのユニークなカテゴリーがある。第1はスーパーマーケットであり，第2は，スポーツ用品，家電，おもちゃ，ドラッグと衣料品の専門店である。そして第3には，ジェネラル・マーチャンダイズ・ストアである。1989年以降，これらの3つのカテゴリーは各々の市場でカナダの消費者市場で大きなシェアを確実にとっている（Office of Consumer Affairs 2012）。

確かに多くのカナダ人はビッグ・ボックス・ストアを支持している。しかし交通混雑やにぎわう店内での買い物によって，高齢者は疲れてしまう。そして非常に広いスペースと人的サービスの欠落は問題視されている。このためにビッグ・ボックス・ストアよりも地元の小規模な店舗での買い物を好む消費者もいる（Office of Consumer Affairs 2012）。

図表12-4 カナダにおけるトップ20位の小売企業(2011年)

順位	小売企業	収益 (百万カナダドル)	トータルの 小売販売額の%	国籍
1	Weston Group	31,705	10.61	カナダ
2	ウォルマート	23,551	7.89	アメリカ
3	Empire Company Ltd.	16,055	5.37	カナダ
4	コストコ・カナダ	13,867	4.65	アメリカ
5	メトロ	11,431	3.82	カナダ
6	Shoppers Drug Mart Inc.	10,459	3.50	カナダ
7	カナディアン・タイヤ	8,437	2.83	カナダ
8	Rona Inc.	6,800	2.28	カナダ
9	セーフウェイ	6,707	2.24	アメリカ
10	ホーム・デポ	6,426	2.15	アメリカ
11	ベスト・バイ	6,023	2.02	アメリカ
12	NRDC Equity Partners	5,763	1.93	アメリカ
13	シアーズ	5,717	1.91	アメリカ
14	The Katz Group Inc.	5,498	1.84	カナダ
15	Home Hardware Inc.	4,977	1.67	カナダ
16	Jean Coutu Group	4,002	1.34	カナダ
17	Jim Pattison Group	3,420	1.14	カナダ
18	ステープルズ	3,040	1.02	アメリカ
19	TJX Companies Inc.	2,651	0.89	アメリカ
20	McKesson Corp.	2,585	0.86	アメリカ

注:小売企業については,確認できる範囲で日本語カタカナ表記をした。
出所:http://www.ic.gc.ca/eic/site/oca-bc.nsf/eng/ca02856.html を一部省略(2016年9月30日アクセス)

(2) 小売市場における集中化

過去10年にわたって大規模小売企業が増大することで,カナダは小売業のサブセクターでの集中化を確認できる(Office of Consumer Affairs 2012, 2013)。外国の小売企業がカナダ市場での存在感を増すにつれて,カナダの小売市場の構造は変化を続けている。2011年には,カナダのリーダー的小売企業のトップ124のうちの53%は外国所有で運営されていた。このうち53%,すなわちカナダの66のリーダー的な外国小売企業はカナダの全リーダー的小売企業の売上の約40%を占めており,1996年から5%も増大している。また全小売販売額のうちの850億カナダドルを占めている。カナダで営業する外国小売企業のうちでアメリカ系小売企業はカナダの小売業界で実質的な存在感を示しており,外国小売企業の95%を占めている。逆に,アルドやジョー・フレッシュのような一部の小売企業はアメリカに参入して成功を収めたものの,カナダの小売企業は

海外への拡張にアメリカ系企業ほど成功する経験をしてはいない。

2011年に，カナダでのトップ30の主要な小売企業は全小売販売額の約1,960億カナダドルを占めている。それはカナダの自動車販売額を除いた66％を占めている。同年，最大の小売企業は自動車販売額を除いた23.9％を占めている。そして集中率は，9の小売セクターのうちの5つのサブセクターは55％以上になっており，各サブセクターにおけるトップ4の間でも高くなっている（Office of Consumer Affairs 2012, 2013）。

こうした小売企業は幅広い商品カテゴリーの中で多くの売上を獲得しているので，アメリカ系小売企業は，カナダの小売商業にかなりの影響を与えているといえる。アメリカ系小売企業はカナダの重要な市場セグメントを支配している。例えば，ジェネラル・マーチャンダイズ，家庭用電器製品などである。他方で，カナダの小売企業はグロサリーと薬局の小売セクターに強い勢力を保持している（Office of Consumer Affairs 2012, 2013）。

図表12-5　カナダの小売サブセクターにおける市場集中度

小売サブセクター	2011年の売上（百万）	小売の市場集中率	各セクターでの上位4位
家具およびホームファニシング	$15,028	35.2%	1.シアーズ (10.7%), 2.The Brick (10.2%), 3.イケア (8.5%), 4.Leon's (5.9%)
家電製品	$14,982	55.2%	1.ベストバイ (40.2%), 2.アップル (4.7%), 3.BCE (3.7%), 4.Gamestop (3.6%)
ホームインプルーブメント	$27,037	74.6%	1.Rona (23.9%), 2.ホーム・デポ (23.8%), 3.Home Hardware (17.6%), 4.Tm Br.Marts (9.4%)
グロサリー/食品	$104,134	61.9%	1.Weston Group (30.0%), 2.Empire Company (15.1%), 3.メトロ (10.4%), 4.セーフウェイ (6.4%)
薬局およびパーソナルケア	$32,848	68.6%	1.Shoppers Drug Mart (31.8%), 2.Katz Group (16.7%), 3.Jean Coutu (12.2%), 4.McKesson (7.9%)
衣料品およびアクセサリー	$26,049	18.9%	1.TJX Companies (7.7%), 2.Reitman Group (3.9%), 3.カナディアン・タイヤ (3.8%), 4.ギャップ (3.5%)
ホビーストア	$11,155	35.0%	1.カナディアン・タイヤ (15.1%), 2.Indigo Books (8.3%), 3.トイザラス (7.2%), 4.Golf Town (4.4%)
ジェネラル・マーチャンダイズ	$56,770	85.7%	1.ウォルマート (41.5%), 2.コストコ (24.4%), 3.カナディアン・タイヤ (10.2%), 4.NRDC (9.6%)
その他	$10,696	34.8%	1.ステープルズ (28.4%), 2.ペットスマート (2.9%), 3.Roark Capital (2.3%), 2.Hallmark Cards (1.2%)

注：小売企業については，確認できる範囲で日本語カタカナ表記をした。
出所：http://www.ic.gc.ca/eic/site/oca-bc.nsf/eng/ca02856.html (2016年9月30日アクセス)

(3) ショッピング・モールの動向

カナダのショッピング・モールは1960年代から70年代にかけて登場して以降，カナダの小売業において重要な役割を果たしている。カナダのショッピング・モールの1人当たりの面積はアメリカのそれより小規模であるが，平均的に売場面積当たりで高い売上を達成している（Office of Consumer Affairs 2012, 2013）。

しかしカナダにおけるショッピング・モールの成長は，都市の小売業の開発に利用できる商業空間が限定的であるためにその開発は縮小している。カナダの地方自治体は新しい小売の空間のための都市の土地の割り当てを減らし，業務用やオフィス用に土地を払い下げている。それは大規模なリージョナルタイプのショッピング・モールの建設の数を減らしたのであった。都心部の利用できる限定された土地に対応するために，既存のショッピング・モールはリノベーションを行い，ビルを建て増しすることで，割り当てられた空間の中で床面積を拡張している。小売企業はまたビッグ・ボックス・ストアを核テナントにするために郊外にショッピング・モールを開発している。

ショッピング・モールは伝統的にはコミュニティを志向したサービスを提供する。例えば，医療クリニック，郵便局や図書館などがある。他方でパワーセンターは一般的にはこれらのサービスを提供しない。

1980年代後半以降にカナダの市場に参入して以来，パワーセンターはビッグ・ボックス・ストアを核テナントとして発展していった。過去と比べて，パワーセンターは大規模なグロサリー，ジェネラルマーチャンダイズ，ハードウェアそして電器製品を扱う小売企業を核テナントにしていたけれども，近年ではスポーツ用品，衣料品店，薬局，付随的なサービスといった新しい小売店舗の多様なテナント・ミックスを行っている。近年，パワーセンターは美的で消費者にやさしいデザインを採用するものも現れた（Office of Consumer Affairs 2012, 2013）。

(4) インターネット通販の進展とマルチチャネル小売企業

多くのカナダ人はインターネットを活用している。インターネットは多くの潜在的便益を提供する。新しい技術，グローバルなアクセス，向上するモビリ

ティ，ソーシャルメディアの各々は，消費者が情報を集めて意思決定を行う方法に影響力を発揮している。つまり，これは小売企業が消費者を標的として誘引し維持する方法を変化させるのである。断片化した市場セグメントに対処するためには，小売企業は多様なチャネルを保持する。そして伝統的なモデルを再構築し，製品やサービスを購入する多様な方法を消費者に提供するのである。あるチャネルから別のチャネルに購買がシフトしているのではなく，マルチチャネル小売企業により多くの支出がなされている。小売の電子商取引の急増はカナダで継続している。2010年には，インターネットを通じたカナダの製品やサービスの1,530億ドルの購入は，2007年の1,280億ドルから増加している。電子商取引のこうした成長に対しては，新しい技術開発への投資不足，中小規模のビジネスにとって技術への高度な投資費用，安全性と消費者保護の問題がある (Office of Consumer Affairs 2012, 2013)。

(5) PB商品の強化

カナダの消費者は，費用を節約するためにNB商品に対してPB商品を選ぶ傾向にある。低コストの代替案としてのPB商品の最初の認識は，これらのPB商品を低コストであるがNB商品に対して比較可能な商品として捉えている。消費者が商品選択の際に価格を重視しており，NB商品よりもPB商品や価格訴求の店舗にシフトしている。カナダで人気のあるPB商品は，ロブロウのプレジデントチョイス，ウォルマートのグレートバリュー，カナディアン・タイヤのブループラネットである (Office of Consumer Affairs 2013)。

第5節　カナダの小売商業の現代的特徴

本章を閉じるにあたり，ここで明らかになったカナダの小売商業の現代的特徴をまとめていく。
- カナダ小売商業においては複数の商品カテゴリーで寡占化が進行している。
- カナダ小売商業の主要なプレイヤーとしてアメリカ系小売企業が着目される。
- 小売商業の動向として，ビッグ・ボックス・ストアとそれを核テナントと

するパワーセンターの躍進ならびにインターネット通販が進展している。
・多くの消費者はビッグ・ボックス・ストアを支持しているが，他方でバイイング・ローカルを重視する消費者もいる。

今後はカナダの小売企業の寡占化プロセスの解明と消費者のバイイング・ローカルについて詳しく検討していく必要があるだろう。

【付記】

本章の執筆分担については，第 1 節および第 2 節を Heather Ranson が中心に執筆し，菊池が翻訳した。はじめに，第 3 節，第 4 節および第 5 節は菊池が中心に担当し，Heather Ranson と意見交換しながら執筆した。

【注】
(1) https://slmc.uottawa.ca/?q=european_colonization（2016 年 7 月 16 日アクセス）
(2) http://www.statcan.gc.ca/tables-tableaux/sum-som/l01/cst01/demo02a-eng.htm（2016 年 5 月 16 日アクセス）
(3) http://www.statcan.gc.ca/tables-tableaux/sum-som/l01/cst01/demo60a-eng.htm（2016 年 5 月 16 日アクセス）
(4) https://www12.statcan.gc.ca/nhs-enm/2011/as-sa/99-010-x/99-010-x2011001-eng.cfm（016 年 5 月 20 日アクセス）
(5) http://yourcanada.ca/geography/（2016 年 5 月 16 日アクセス）
(6) https://www.canada.ca/en/government/system.html（2016 年 5 月 20 日アクセス）
(7) http://www.worldstopexports.com/canadas-top-import-partners/（2016 年 5 月 20 日アクセス）
(8) http://www.statcan.gc.ca/tables-tableaux/sum-som/l01/cst01/trad17a-eng.htm（2016 年 9 月 1 日アクセス）

【参考文献】

Burns D.J. and D. M. Rayman (1995), "Retailing in Canada and the United State: Historical Comparisons," *The Service Industries Journal*, Vol.15 No.4, pp.164-176.

CBC News (2013) ," 5 Canadian consumer trends to shape the future in retail," http://www.cbc.ca/news/business/5-canadian-consumer-trends-to-shape-the-future-of-retail-1.2129072（2016 年 9 月 1 日アクセス）

Daniel,C and T.Helnandez (2012), *Canada's leading retailers latest trends and strategies* 11th edition, Centre for the Study of Commercial activity, Ryerson Univeristy.

Daniel,C and T.Helnandez (2013), *Canada's leading retailers latest trends and strategies* 12th edition, Centre for the Study of Commercial activity, Ryerson Univeristy.

Levy,M. and B.A.Weitz(2001), *Retailing Management Fourth edition*, McGraw-Hill.

Office of Consumer Affairs(2012), *Consumers and Changing Retail Markets*, http://www.ic.gc.ca/eic/site/oca-bc.nsf/eng/ca02096.html#fnb49 （2016年9月1日アクセス）

Office of Consumer Affairs(2013), *Canada's changing retail market*, https://www.ic.gc.ca/eic/site/oca-bc.nsf/eng/h_ca02216.html （2016年9月1日アクセス）

後藤一郎（2010）「カナダにおける大規模小売商の生成─ハドソン・ベイ・カンパニーについて─」『同志社商学』第61巻第6号，82～97頁。

ジョンベイソン・ギャレスショー編著（1996）『小売システムの歴史的発展─1800年～1914年のイギリス，ドイツ，カナダにおける小売業のダイナミクス』中央大学出版会。

鈴木俊仁（2011）「カナダの小売業研究」『販売革新』2011年7月号,商業界,46～55頁。

鈴木俊仁（2013）「CSA WORLD NEWS SPECIAL 寡占化が浸透するカナダ最大の小売業 ロブロウの大研究」『Chain store age』2013年9月1日号，97～99頁。

日本カナダ学会編（2009）『はじめて出会うカナダ』有斐閣。

丸谷雄一郎（2014）「ウォルマートのカナダ市場における現地適応化戦略」『東京経大学会誌・経営学』284号，187～205頁。

第13章
イギリスの小売商業

鳥羽 達郎

はじめに

　イギリスの小売業界にみられる特徴として，大手企業の多くが食品小売業であることを取り上げることができる。2015年度の売上高ランキングに目を向けてみると，テスコ（Tesco），セインズベリーズ（Sainsbury's），そしてモリソンズ（Morrisons）の順となっている。いずれも食品が主要な取扱商品となるスーパーマーケットやハイパーマーケットなどの小売業態（以下，業態と省略）を展開している（Deloitte 2017, p.17）。

　また，これらがきわめて寡占的な状態を形成しているところに特徴がある。そこにアメリカ合衆国から進出してきたウォルマート（Wal-Mart）のイギリス子会社となるアズダ（ASDA）を含めると，わずか4社で約70%の市場シェアを占めることになる。なかでも，イギリス最大の小売企業となるテスコは単独で28%もの市場シェアを獲得している（Levitin and Daley 2016）。

　そしてイギリスの食品小売業界は，新規出店するための敷地を確保することが難しいほどの飽和状態に直面していることも特徴となる。とりわけ，大規模な店舗を要する業態については縮小を余儀なくされている（Wood and McCarthy 2013）。また，そうしたなかでドイツから進出してきたハードディスカウントストアのアルディ（Aldi）やリドル（Lidle）が勢力を急拡大している。小規模な店舗に限定的な商品を揃え，劇的な低価格販売を訴求することで消費者の支持を集めている。

このようにみてみると，イギリスの食品小売業は国内市場で持続的な成長発展を追求することが困難な様相を呈しているように映る。本章は，こうした状況のなかで東欧やアジアの新興経済国を舞台に成長発展してきたテスコの事例研究を通じて，小売企業の国際展開における重要な課題について検討することを目的としている。

第1節　テスコの沿革と国際戦略の特性

テスコの起源は，1932年にジョン・コーエン（John Cohen）がロンドン郊外のバーント・オークで食品店を開店したことに遡る。コーエンは，1935年に渡米した際に現地の小売業界でセルフサービス方式が採用されているのを目にして衝撃を受けた。そして，その手法を持ち帰り即座に自身の店舗に導入した。これが低コスト経営のビジネス・モデルを構築する契機となった。

やがてイギリスでは1964年に再販売価格維持制度が緩和され，小売業界で価格競争が勃発した。とりわけ，チェーン・ストア方式で多店舗化を図り，その強力な購買力を発揮することで低価格販売に繋げようとする動きが顕著になった（Dawson et al. 2006, p.172）。こうした動きに乗じ，テスコもチェーン・ストア方式を導入することで複数の店舗を同時に運営する手法を確立した。また，競合企業の合併と買収を重ねることで店舗網を拡張してきた。

そして1995年には，それまで後塵を拝してきたセインズベリーズを凌駕し，イギリスの小売業界で首位の座を獲得するまでに至った。その後もテスコの成長と発展の勢いは止まることなく，独占的な地位を築き上げるような躍進を描写して「テスコポリー（Tescopoly）」といった造語をもたらすほどであった（Simms 2007）。

こうしたテスコの国内市場における成長と発展は，さまざまな施策によって実現されてきた。その主要なものとしては，多様な業態を展開することで消費者のあらゆる要求に対応を図るマルチ・フォーマット戦略，高品質で豊富な品揃えを形成するプライベートブランドの展開，そしてロイヤルティー・カード

を活用した顧客志向の効率的・効果的なマーケティングの実践などを取り上げることができる (Humby et al. 2003)。その事業展開は，徹底的な低コスト経営，低価格販売，そして大量販売という連鎖を追求することによって「生産性ループ (Productivity Loop)」と称する良循環を回転させるところに特徴がある (IGD 2003, pp.14-15)。

1. 国際展開の沿革

テスコの国際展開は，創業して約半世紀の歳月が経過した1978年に隣国のアイルランドへ進出したことに始まる。欧州の競合他社に比べて出足が遅く，先行研究では国際展開に消極的な小売企業として認識されていた (Treadgold 1990/91, p.21)。しかし現在は，広範な海外市場に果敢と踏み入る多国籍小売企業となっている。

その本格的な国際展開は，1993年にフランスへ進出したことを契機として，ハンガリー，ポーランド，チェコ，スロバキア，トルコという順で欧州の新興経済国を中心に拡大してきた。次いで，アジア市場にも挑戦してきた。1998年にタイへ進出したことを皮切りに，韓国，台湾，マレーシア，日本という順に踏み入ってきた。さらに2007年には，アメリカ合衆国にも上陸している。

初めて国境を越えて38年が経過する現在，8ヵ国の海外市場で3,308もの店舗を展開するに至っている（図表13-1参照）。世界の小売業界における売上高ランキングでは第9位に位置しており (Deloitte 2017, p.17)，総売上高に占める海外部門の割合も着実に拡大してきた（図表13-2参照）。現在 (2015年度末)，総売上高に占める海外部門の割合は21％を占めている (Tesco 2016b, p.1)。

2. 海外市場への参入様式

テスコが海外進出するに際しては，当初は一貫して現地企業を買収する手法を採用してきた。周知のように，他企業の株式を現金あるいは株式交換で取得し，一定割合以上を保有することで当該企業の支配権を獲得する手法である。現地の事情に精通した人材や既存の店舗（不動産）などの経営資源を活用でき

図表 13-1　テスコの海外市場における店舗展開

進出地域	進出国（進出年）	1998	1999	2000	2001	2002	2003	2004	2005	2006	2007	2008	2009	2010	2011	2012	2013	2014	2015
ヨーロッパ	フランス（1993）	1	1	1	1	1	1	1	1	1	1	1	1						
	ハンガリー（1994）	44	39	45	48	53	60	69	87	101	123	149	176	205	212	216	220	209	208
	ポーランド（1995）	32	34	40	46	66	69	78	105	280	301	319	336	371	412	466	455	449	440
	チェコ（1996）	8	10	12	15	17	22	25	35	84	96	113	136	158	322	376	347	340	304
	スロバキア（1996）	7	8	10	13	17	23	30	37	48	60	70	81	97	120	136	150	155	161
	アイルランド（1997）	76	75	76	76	77	82	87	91	95	100	116	119	130	137	142	146	149	149
	トルコ（2003）						5	5	8	30	66	96	105	121	148	191	192	175	169
	小　計	168	167	184	199	231	262	295	364	639	747	864	954	1,082	1,351	1,527	1,510	1,475	1,431
アジア	タイ（1998）	14	17	24	35	52	64	107	219	370	476	571	663	782	1,092	1,433	1,737	1,759	1,815
	韓国（1999）		2	7	14	21	28	38	62	91	137	242	305	379	458	520	631	958	
	台湾（2000）			1	3	3	4	5	6										
	マレーシア（2001）				3	5	6	13	19	20	29	32	38	45	47	49	54	62	
	日本（2003）						78	104	111	109	125	135	142	140	121				
	中国（2004）							31	39	47	56	70	88	105	124	131	134		
	小　計	14	19	32	52	79	179	291	450	636	814	1,047	1,230	1,444	1,840	2,131	2,551	2,771	1,877
アメリカ	アメリカ（2007）										53	115	145	164	185	200			
	小　計										53	115	145	164	185	200			
全地域	合　計	182	186	216	251	310	441	586	814	1,275	1,614	2,026	2,329	2,690	3,376	3,858	4,061	4,246	3,308

注：フランスからは 1998 年に撤退した。しかし，2009 年まで 1995 年に出店した酒専門免税店のテスコ・ヴァン・プラスを展開していた。
出所：Tesco（1998a-2013a; 2014b-2016b）より筆者作成。

図表 13-2　テスコにおける地域別売上高の推移（単位：100 万ポンド）

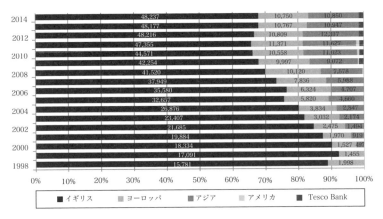

注：2015 年度から業績の集計手法が変更された。データの連続性を担保するために，図表 13-2 では 2014 年度までの結果を示す。2015 年度における地域別売上高の割合は，イギリスが 77%，海外が 21%，そして Tesco Bank が 2% となっている。
出所：Tesco（1998a-2013a; 2014b-2015b）より筆者作成。

るために，いち早く事業展開を始動することが可能となる。アイルランドへ進出した際には，現地で低価格販売を訴求する食品店を展開していたスリー・ガ

第 13 章　イギリスの小売商業　241

図表 13-3　テスコの海外市場への進出と撤退の経験

年代	進出国	事項
1978 年	アイルランド	・食料品店のスリーガイズ（Three Guys）を買収。
1986 年	アイルランド※	・スーパーマーケットのウィリアムズ（Williams）に売却。
1993 年	フランス	・スーパーマーケットのカトー（Catteau）を買収。
1994 年	ハンガリー	・スーパーマーケットのグローバル（Global）を買収。
1995 年	ポーランド	・スーパーマーケットのサビア（Savia）を買収。
1996 年	チェコ	・アメリカ合衆国の K マート（K-Mart）が現地で展開するスーパーマーケットを買収。
	スロバキア	・同上。
1997 年	アイルランド※※	・スーパーマーケットの ABF を買収。
1998 年	タイ	・現地の複合企業であるチャロン・ポカパン（Charoen Pokphand）のエカチャイ・ディストリビューション・システム（Ek-Chai Distribution System）が展開するハイパーマーケットのロータス（Lotus）を買収。
	フランス※	・現地企業のプロモデス（Promodes）に売却。
1999 年	韓国	・現地の複合企業であるサムスン（Samsung）と合弁会社を設立。
2000 年	台湾	・現地でオランダのマクロ（Macro）が展開するホールセールクラブを買収し、全額出資の完全子会社を設立。
2002 年	マレーシア	・現地の複合企業であるサイム・ダービー（Sime Darby）と合弁会社を設立。
2003 年	トルコ	・スーパーマーケットのキパ（Kipa）を買収。
	日本	・スーパーマーケットのシートゥーネットワーク（C Two-Network）を買収。
2004 年	中国	・台湾の頂新国際グループ傘下の流通企業である楽購が展開するハイパーマーケットのハイモール（Hymall）に資本参加（合弁会社の設立）。
2005 年	台湾※	・現地でハイパーマーケットを展開するフランスのカルフールに売却して撤退。
2007 年	アメリカ合衆国	・全額出資の子会社を設立して新業態の「フレッシュ・アンド・イージー」を出店。
2011 年	日本※	・イオン株式会社に売却して撤退。
2013 年	アメリカ合衆国※	・投資会社ユカイパ（Yucaipa）に売却して撤退。
2014 年	中国	・現地でスーパーマーケットを展開する華潤万家に事業譲渡して縮小。
2015 年	韓国※	・独立系投資ファンドの MBK パートナーズ等に売却して撤退。

注：進出国の欄における※は撤退，※※は再進出を示している。
出所：テスコのホームページ（http://www.tescoplc.com/）や各種公開資料より筆者作成。

イズ（Three Guys）を買収した。フランスへ進出するに際しても，現地でスーパーマーケットを展開していたカトー（Catteau）を買収した。そしてハンガリーへの進出については，現地でスーパーマーケットを展開していたグローバル（Global），またポーランドへの進出についてもフランスのカジノ（Casino）が同国で展開していたスーパーマーケットを買収することで実現してきた。さらに，チェコ，スロバキア，タイ，そして日本についても，現地企業の買収を通じて進出を果たしてきた。しかし，韓国，マレーシア，中国については，現地企業と合弁会社を設立することで進出してきた。その理由は，魅力的な買収対象の不在や進出各国における外資政策に対応したものであった。また，台湾とアメリカ合衆国については，入念に実行可能性調査を重ねた上で，全額出資

子会社を設立する形で進出している（図表13-3参照）。そして多くの進出国においては，参入後に買収を重ねることで規模の拡大を図ってきた。

こうしてテスコは，多様な参入方式を柔軟に採用することで広範な市場に進出を果たしてきた。しかし近年，進出国の選択と集中を敢行している。かつて副会長を務めたデビッド・リード（David Reid）が「国際展開には多大なる資金を要する。十分に収益を上げるためには，進出国で1位か2位の地位を獲得する必要がある」（Child 2002, p.136）と公言したことから窺われるように，標的とする海外市場の選択と集中に取り組んでいるのである。テスコの国際展開は，これからも消費の拡大が期待できる東欧や東南アジアとった地域の新興経済国に傾倒している（Girod and Rugman 2005, pp.340-341）。

3．国際戦略の特性：「現地適応化」と「世界標準化」の追求

テスコの国際展開の姿勢は，現地適応化と世界標準化を同時に追求することに特徴づけられる。それは，2000年度の年次報告書における「現地のマーケティング，現地のサービス，現地の人材，そして現地の経営陣によって，共通の店舗設計，共通の運営，共通のシステムを備えた世界に通用するハイパーマーケットを展開する」（Tesco 2000a, p.3）といった見解からも読み取ることができる。その具体的な接近法は，初期展開における撤退経験や進出各国における試行錯誤のなかで学習を積み重ねることによって漸進的に構築されてきた（Palmer 2004; Ryle 2013, p.261）。本格的な国際展開に挑戦してから約10年が経過した2006年には，それまで積み重ねてきた試行錯誤の経験を糧に国際戦略の基本方針を以下のように掲げている（Tesco 2006a, p.11）。

① 進出各国の市場特性に応じて多様な接近法を採用する「柔軟性」
② 進出各国の文化，顧客，流通，規制に対応した「現地特有の提供物」
③ 長期的な視点で国際展開に企業努力を傾注する「集中力」
④ 広範な市場への進出を可能とする「多様な業態」
⑤ 人材，手続き，システムを通じて発揮される「ケイパビリティー（能力）」

⑥　進出各国の顧客と長期的な関係性の構築を助ける「ブランド」

　こうした基本方針に立脚するテスコの国際展開は，まずは現地適応化を追求する。どの国に進出しても，現地の消費者が求めるものを提供することに努める（Tesco 2008a, p.7）。したがって，テスコの店舗は，進出する国や地域と同様に多様性を帯びている（Tesco 2005a, p.14）。例えば，それは「テスコ」という企業ブランドを進出国に浸透させることには固執しない姿勢に窺える。現地の人々が買収した現地の企業や業態の名称に親しみをもっていれば，それを維持する方針をとっている。実際，店舗の看板や店名には「テスコ」の文字を使用せずに，現地企業が展開する店舗との違いが感じられないほどに適応してきた進出国もある。例えば，タイでは「ロータス（Lotus）」，韓国では「ホームプラス（Homeplus）」，そしてトルコでは「キパ（Kipa）」という看板を掲げて店舗展開を始動した。

　また，海外市場における適応的な取り組みのなかで新たな業態を生み出してきた。例えば，チェコやタイでは大型店を展開する現地企業を買収し，そこから大型店の運営手法について経験と学習を積み重ね，独自にハイパーマーケットの「テスコ・スーパーストア」を生み出した。また中欧では，さまざまなタイプのハイパーマーケットの展開を試みるなかで「テスコ・エクストラ」を誕生させた（Palmer 2005）。さらに韓国では，現地主導の取り組みから都市型高層店舗のハイパーマーケットとして「テスコ・ホームプラス」を開発した（Co and Lee 2006）。そして，これらの業態がイギリスに逆輸入されることで本国における持続的な成長と発展の原動力となってきた。これは小売業界におけるリバース・イノベーション（Reverse Innovation）に相当する。

　以上のような現地適応化は，現地人材の主導によって取り組まれる。決して，イギリス本社を拠点に推進されるようなことはない。進出各国の制度や多様な嗜好に対応するためには，現地の諸事情に精通した現地の人材が備える洞察力や暗黙知が要求されるためである（Tesco 2005a, p.14; Tesco 2012a, p.16）。こうした姿勢は海外の現地子会社に本社から派遣される駐在員の数が最低限度に

抑えられていることからも窺える。例えば韓国では，2万人の従業員のなかで本社から派遣された駐在員は6名に過ぎなかった（Tesco 2009a, p.9）。

　もちろん，現地の人材が完全に主導権を握るわけではない。国境を超越した事業展開においては，知識や技術を移転することで人材育成や能力開発に取り組まなければならない。テスコは世界で通用する人材育成を重視し（Tesco 2004a, p.12），国際的な人材開発にも取り組む（Tesco 2007b, p.6）。2011年には，世界規模の事業展開に必要な人材を育成するための施設を韓国のソウルに設置している（Tesco 2011a, p.9）。また，進出各国で生み出される優れた知識や技術については，「ベスト・プラクティス」として全社で共有することが図られている（Tesco 2013a, p.12）。

　一方，テスコは自身が構築してきた知識や技術を世界規模で活用する世界標準化の姿勢を兼ね備えている（Tesco 2012a, p.16）。とりわけ，顧客の目にはみえないバック・オフィスにおける仕事や店舗運営の手法については，すべての進出国で標準化を追求してきた。バック・オフィスにおける仕事とは，あらゆる小売業に共通する仕事を意味する。顧客の目には触れないが，効率的で効果的な経営を実現するために必要な骨格となる仕事で，取扱商品や供給業者の選択，価格設定，発注，配送，そして財務管理などが含まれる（Tesco 2008a, p.17）。また，商品調達や物流といった事業システムの後方部における仕組みについても標準化を追求している。実際，進出各国では独自に流通センターを構築してきた。こうした取り組みを通じて，サプライ・チェーンの効率化を図ってきた（Tesco 2004a, p.27）。

　なお，海外市場における店舗展開は現地子会社に主導権を譲り，イギリスの本社は先進的な運営ノウハウを創造することに注力してきた。例えば2004年には，韓国やインドのチームと共同で商品調達や財務会計などの業務を管理する「テスコ・イン・ア・ボックス（Tesco in a Box）」と称する情報システムを開発した。小売企業を対象とする統合的な基幹業務システムと財務会計や人事情報などの処理システムを統合したものである。その名称が示すように，国際展開を短期間で軌道に乗せるために準備された道具箱といっても良いだろう。すなわち，進出各国のシステムを集約し，イギリスの本社が一元管理すること

で効率的な事業展開を図るのである。2005年にトルコで導入したことを皮切りに，国境を超越する事業展開の推進力となってきた（Tesco 2006a, p.15）。

第2節　テスコの日本市場からの撤退経験

　以上では，テスコの国際戦略に備わる特性を概観してきた。しかし，テスコの国際展開は，必ずしも順風満帆であったわけではない。これまでには，アイルランド（Parker 1986; Palmer 2004），フランス（MacLaurin 2000; Palmer 2004），台湾（Ho and Temperley 2011），アメリカ合衆国（Lowe and Wrigley 2009, 2010; Lowe et al. 2012; Williams and Chandrasekhar 2013），そして韓国（Coe and Lee 2006, 2013; 金 2009; Kim and Hallsworth, 2016）から撤退してきた経験があり，その原因についても考察されてきた。そこで本節では，テスコの日本市場における撤退経験を振り返り，その原因について考察してみたい。

1．日本市場における事業展開

　テスコは，2003年7月に首都圏でスーパーマーケットの「つるかめ」や「つるかめランド」を展開していたシートゥーネットワーク株式会社（以後，シートゥーと省略）をTOB（株式公開買い付け）で買収することで日本市場に上陸を果たした。当時，テスコの国際事業を担当していたデビッド・リードは，「日本では5,000社前後のスーパーマーケットがあり，その半分は20店以下のチェーンだ。先進国でここまで細分化された市場はない。我々が参入し，顧客に提供できるものは十分にある」（『日経流通新聞』2003年10月21日）と期待した。

　以後，首都圏で中小のスーパーマーケットを買収することで漸進的に拡大を図った。また，その過程では，イギリスで独自に開発したコンビニエンス・ストアの「テスコ・エクスプレス」を投入した。2006年に「TSURUKAME」の名称で実験店舗を都内に出店した後，2007年4月に東京都練馬区で第1号店を出店した。日本のコンビニエンス・ストアとは異なる商品開発や価格設定を模索し，日本人がもつ多様な嗜好への対応を図った。通常のコンビニエンス・

図表 13-4　東京都内に出店されたテスコ・ジャパンの店舗

注：左はテスコ江古田店，右はテスコ・エクスプレス大久保店の写真。
出所：筆者撮影。

ストアにおける品揃えに加えて，生鮮食品や加工食品をスーパーマーケットと同程度の価格で販売した。なお，これが日本で初めて「テスコ」の企業名を掲げる店舗となった。その本格的な展開と併せ，2007年9月に日本法人の社名を「テスコ・ジャパン」と変更して事業の拡大を進めてきた（図表13-4参照）。

2．日本市場からの撤退原因

ところが，日本市場に参入して約8年が経過した2011年8月31日のこと，テスコは突如として撤退の意思決定を表明した。その時点では，つるかめ，テスコ，そしてテスコ・エクスプレスなどの名称で129店舗を展開していた。撤退の意思決定を公表するに際し，会長のリチャード・ブロードベント（Richard Broadbent）は「長期的な視野に立って投資する姿勢を大切にしているが，十分な利益を見込むことができない進出国よりも，むしろこれからの可能性を期待できる市場に注力したい」（Tesco 2012a, p.2）と述べている。すなわち，苦戦が続く日本市場に決然と見切りを付け，今後も消費の拡大が期待できる新興経済国における事業展開に注力することに決めたのである。以下では，日本市場における経験を振り返り，撤退の原因について考察しよう。

(1) 参入様式の問題

以上でみてきたように，テスコは海外市場への主要な参入様式として，進出

各国に存在する現地企業やその他の外資系企業を買収する手法を採用してきた。この参入様式では，現地事情に精通した人材の知識や経験，店舗や土地などの不動産，そして買収される企業が構築してきた取引関係といった経営資源を活用することによって，短期間に市場地位を確立することが可能となる。また，こうした経営資源に自身の知識や技術を注入することで，本国で構築してきた強みを再現することも期待される。しかし一方で，買収対象となる企業の探索や評価には困難が伴う（Dawson 2001, p.260）。

　日本市場においては，本国で構築してきた強みを発揮するために必要な経営資源や豊富な知識を有する現地企業の買収が叶わなかった。テスコが日本市場で強みを発揮するためには，ある程度の事業規模を構築できることが保証された上で参入する必要があった。しかし，テスコに先駆けて日本上陸を果たしたフランスのカルフールやアメリカ合衆国のウォルマートの動きに焦りを感じたのか，それが不透明な状況で参入に踏み切ったことは拙速であった。小売企業の国際展開においては，最初に標的として設定した進出国への参入様式に加えて，現地市場でどのように成長発展するのか「拡張様式（Expansion Mode）」についても検討しておく必要がある（Picot-Coupey et al. 2014）。しかし，テスコの日本市場への参入は，その後の拡張様式については十分に検討されていなかった。

(2) ブランド構築の問題

　次いで，テスコが海外から進出してきた外資系の小売企業であること，あるいは世界的な小売企業であることをどれほどの日本人が知っていただろうか。カルフールやウォルマートと比較すると，その知名度は圧倒的に低かった。なぜなら，テスコは国際的に躍進するイギリス最大の小売企業であることを訴求しなかったためである。日本市場におけるスーパーマーケットの展開は，「つるかめ」「つるかめランド」「ふーどれっとつるかめ」，そして「テスコ」という複数の看板を掲げて店舗展開してきた。参入して約3年後に「テスコ」の企業ブランドを訴求する方針をとったが，つるかめランドの看板を掲げる店舗を多く残した。その結果，テスコのブランド認知を十分に高めることができなかった。

　なお，韓国のように，参入当初は企業ブランドの訴求を控えることで現地適

応化に成功した進出国もある。しかし，韓国における成長と発展は，現地で豊富な経営資源を有する巨大な複合企業との合弁によって推進された。すなわち，提携企業に備わる強固な経営基盤に自身の知識や技術を注入することで改革を図ってきたのである。しかし，日本市場への進出に際しては，そのような基盤を確保することができなかった。そうした意味では，世界規模で躍進するイギリスの小売企業であることを訴求することによって，日本市場における拡大に弾みをつける取り組みが必要であったように考えられる。

　また，テスコは，2006年6月から日本市場において本国製のプライベートブランドの取り扱いを開始した。当初は，ジャムやパスタなどの加工食品を投入した。それから2009年7月には，日本で独自のブランド開発に着手した。のり，漬物，納豆，みそなど日本特有の商品を取り揃えることで現地適応化を追求した。2010年の時点で，約400品目を商品化していた。なお，本国では大きく3種類のプライベートブランドを展開するが，日本では「テスコ」の一種類に絞った（『日経流通新聞』2010年8月18日）。

　しかし日本市場では，その強みを発揮することができなかった。価格は大手メーカーのナショナルブランドよりも2割ほど安く抑えたが，魅力的な独自の商品を提供することができなかった。むしろ，小売企業としての知名度が低い段階で積極的にプライベートブランドを投入したために客離れを招いた。さらに日本の小売業界では，スーパーマーケットやコンビニエンス・ストアなどが積極的に価格と品質に優れたプライベートブランドを投入しており，テスコのプライベートブランドが消費者の視線を集めることは困難であった。それは日本市場における事業展開の規模が小さく，日本のメーカーと密接な協力関係を構築することができなったことに起因していた。

(3) 店舗展開の問題

　日本市場における店舗展開は，既存の小規模な買収を積み重ねることで漸進的に拡大を図ってきた。最も多い時期には，142店にまで拡大させた。しかし，買収や居抜きによる出店は，品揃えや売場面積が多様な店舗網をもたらすことになった。70平米の小規模な店舗がある一方で，800平米に及ぶ店舗もあっ

た（『日経流通新聞』2011年9月5日）。店舗によって売場構造が異なれば什器などの設備投資が膨らむと同時に，標準的な店舗形態を確立することが困難となる。その結果，チェーン・ストアとして効率的な店舗展開を実現することができなかった。

しかし2008年には，他の進出各国で採用している情報システムを導入した。具体的には，受発注などの基幹業務，財務会計，そして人事情報を本部が集中管理することで合理化を図った。ところが，本部が店舗の棚割や販売価格を主導して決めるようになり，地域性や競合店を意識した価格設定や売場調整が困難になった。例えば，テスコの関係者は，「競合店がこちらの目玉商品を値下げしても，指をくわえてみているしかなかった」（『日経流通新聞』2011年9月5日）と語っている。テスコが日本に投入したふたつの業態については，小さな商圏が標的となるために地域密着型の柔軟なマーケティングを許容する取り組みが必要であったのではないだろうか。

(4) 人材資源管理の問題

小売企業の国際展開については，現地市場における事業展開の指揮を執る人材や店頭で接客に携わる人材の確保と育成が重要な課題となる。現地経営陣の意向を尊重するテスコの人的資源管理にかかわる方針は，本国で培ってきた手法の標準的な実践を図ったカルフールとは対照的であった。参入当初，アンドリュー・ヒギンソンは，「日本でもシートゥー経営陣を尊重する。（中略）我々は謙虚な姿勢を貫き，よく聞き，よく学ぶつもりだ。日本の経営陣のやる気を引き出し，他店との差別化の方法を探る」（『日経ビジネス』2003年11月10日号，14頁）と語っている。実際，シートゥーがテスコの傘下に入った後も，その経営陣は残留して経営に深く携わった。また，参入して約2年が経過した2005年3月には，それまでイギリス人が務めていた最高経営責任者の職に日本人を登用することで現地の人材を重視する姿勢を鮮明にした。

しかしその後，イギリス本社と日本子会社との間で事業展開にかかわる見解の相違がみられ，組織に混乱が生じた。例えば，業績改善を期して取り組まれた人事を取り上げることができる。テスコは，MBAの取得者，海外高級ブラン

ドのマーケティング担当者,そしてコーヒーチェーンの店舗開発担当者などの外部の人材を幹部に登用した。しかし社内で「肩書ばかりで小売を知らないのに」と反発が生じ,好業績を支えていた社員の流出が相次いだという(『日経流通新聞』2011年9月5日)。小売企業の国際展開における人的資源管理にかかわる先行研究では,本国における人的資源管理の手法を標準的に複製するのではなく,進出各国に備わる制度に配慮した取り組みが要求されることについて言及されている (Boussebaa and Morgan 2008; Gamble 2010)。

(5) 最高経営責任者の交代

なお,小売企業の国際展開における撤退の意思決定は,最高経営責任者や国際部門を率いるリーダーの入れ替わりによって誘発されることがある。なぜなら,新たなリーダーは国際展開に対する思い入れや経営活動の慣性に囚われず,客観的に冷静な判断ができるためである (Cairns *et al.* 2008)。

実際,テスコが日本やアメリカ合衆国から撤退する意思決定をしたのは,国際展開を推進してきた最高経営責任者のテリー・リーヒー (Terry Leahy) が退任して直後のことであった。2011年3月にフィリップ・クラーク (Philip Clark) が最高経営責任者に就任したことが,国際部門について客観的な評価を下す契機となった。この意思決定について彼は,「日本における事業展開のアジアにおけるポートフォリオと業績を検討した。これまでに相当の企業努力を投入してきたが,十分な事業規模を構築することができないと判断した。日本事業を売却し,テスコの成長を促し,収益の改善を目指してアジアでより規模の大きな事業に注力する」(Tesco 2011) という見解を発表している。こうした見解からも窺われるように,最高経営責任者が交代することで撤退の意思決定が促されることがある。

(6) 日本市場の競争環境

以上では,テスコの日本撤退を誘発したと考えられる内的要因に目を向けてきた。しかし,テスコの撤退原因は,日本市場の厳しい競争環境という外的要因にも見出すことができる。最初に,日本の小売業界においては,総合スーパーやスーパーマーケットを展開する巨大企業が都心部で小型スーパーの展開に注

力し始めたことが取り上げられる。また，テスコが広範に店舗展開を拡大したとしても，日本の地方部には地域の食習慣や購買特性を熟知し，生鮮食品の調達体制を確立している競合企業が存在している。それらに対してテスコが特別な優位性を発揮することができたかは疑問である。

次いで，周知のように，日本のコンビニエンス・ストアは，POS（販売時点情報管理）システムを駆使して把握する特定商圏の需要特性を基軸にデマンド・チェーンを形成することで機動的な事業展開を実現してきた。近年では，生鮮食品の取り扱い，自然食品の取り扱い，カフェの導入，低価格の均一店，そして薬局との複合店など従来の品揃えを超越した事業拡大を図っている。すなわち，スーパーマーケット，ドラッグストア，そして喫茶店やファストフード店といった異業態との競争に挑戦してきたのである。テスコが日本で展開したスーパーマーケットやコンビニエンス・ストアは，これらと比較した場合に十分に魅力的な訴求物を提供することができなかった。こうした問題を振り返ると，テスコは日本市場における熾烈な業態内競争や業態間競争に対する調査や分析が不十分であったと評価しなければならない。

第3節　テスコの経験にみる小売国際化の課題

この四半世紀を通じて，小売企業の国境を超越する事業展開が加速化してきた。いまや，それは先進諸国の巨大な小売企業が存続するために取り組まなければならない必須の課題となっているかのように映る。しかし一方で，多くが苦戦を強いられており，撤退を余儀なくされる事例も少なくない。小売業は国境を超越する事業展開が成長と発展の原動力となるまでに至っていないという見解も示されている（Etgar and Rachman-Moore 2008, p.253; Dimitrova et al. 2014）。なかでも，海外進出に挑戦するハイパーマーケットやスーパーマーケットは，多くが苦戦を強いられてきた。なぜなら，食品を中心に取り扱う業態は，進出各国における消費者の嗜好や購買行動の多様性に対応すると同時に，現地に密着した商品調達や物流の体制を構築する必要性があるために，世界規模の

事業展開で規模の経済や範囲の経済の恩恵に浴することが難しいからである (Wortmann 2011, p.152; Corstjens and Lal 2012)。

　本章では，イギリス最大の小売企業であるテスコの国際展開にみられる特徴を整理し，日本市場からの撤退について考察した。以上の考察を要約すれば，その原因は本国で成長の原動力となってきた革新的な業態の展開，魅力的なプライベートブランドの訴求，そしてロイヤルティー・カードを活用した顧客志向の効果的なマーケティングを再現できなかったことにある。すなわち，それは現地市場への知識や技術の移転，現地市場における供給業者との密接な取引関係の構築，そして日本の消費者と関係性を構築することに失敗したことによってもたらされた結果と解釈することができる。いずれも，ネットワークにかかわる問題となる。

　小売企業の国際展開においては，ネットワークの構築が重要な課題になる（Currah and Wrigley 2004; Elg *et al.* 2008)。ネットワークの構築とは，現地で雇用する人材，不動産会社，供給業者，物流業者，そして消費者などの利害関係者と関係性を築き，進出各国の諸制度に対応することで「埋め込み（Embeddedness)」を実現することを意味する（Wrigley *et al.* 2005, pp.441-447)。すなわち，進出各国の現地市場で自然に受け入れられた状態をもたらすことによって持続的な成長発展を追求するのである。今後は，こうした視点を頼りに，国境を超越する小売企業が進出各国の現地市場で成長するためにはどのような取り組みが要求されるのかについて考察を深めることが課題となる。

【付記】
　本章は，鳥羽達郎（2016)「小売企業の国際展開におけるネットワーク構築の視点：テスコの国際展開と日本撤退に関する事例研究」『流通』No.38，日本流通学会，57～73頁を縮約し，加筆修正したものである。また本章は，JSPS科研費（課題番号：15K03651）の助成を受けた研究成果の一部であることを明記する。

第13章　イギリスの小売商業　253

【参考文献】
Boussebaa, M. and Morgan, G. (2008) "Managing Talent across National Borders: The Challenges Faced by an International Retail Group," *Critical Perspectives on International Business*, 4 (1), pp.25-41.
Cairns, P., Doherty, A.M., Alexander, N. and Quinn, B. (2008) "Understanding the International Retail Divestment Process," *Journal of Strategic Marketing*, 16 (2), pp.111-128.
Child, P.N. (2002) "Taking Tesco Global," *The McKinsey Quarterly*, 3, pp.135-144.
Coe, N.M. and Lee, Y. (2006) "The Strategic Localization of Transnational Retailers: The Case of Samsung-Tesco in South Korea," *Economic Geography*, 82 (1), pp.61-88.
Coe, N.M. and Lee, Y. (2013) "'We've Learnt How to Be Local': The Deepening Territorial Embeddedness of Samsung-Tesco in South Korea," *Journal of Economic Geography*, 13 (2), pp.327-356.
Corstjens, M. and Lal, R. (2012) "Retail Doesn't Cross Borders: Here's Why and What to Do about It," *Harvard Business Review*, 90 (4), pp.104-111.〔ダイヤモンド社編集部訳（2012）「守るべき4つのルール：総合スーパーが海外進出に成功する時」『Diamond ハーバード・ビジネス・レビュー』37 (7), 84〜95頁〕
Currah, A. and Wrigley, N. (2004) "Networks of Organizational Learning and Adaptation in Retail TNCs," *Global Networks*, 4 (1), pp.1-23.
Dawson, J. (2001) "Strategy and Opportunism in European Retail Internationalization," *British Journal of Management*, 12 (4), pp.253-266.
Dawson, J., Larke, R. and Choi, S. (2006) "Tesco: Transferring Marketing Success Factors Internationally," in Dawson, J., Larke, R. and Mukoyama, M. (eds.) *Strategic Issues in International Retailing*, Roultledge, pp.170-195.
Deloitte (2017) *Global Powers of Retailing 2017: The Art and Science of Customers*, Deloitte Tohmatsu Limited.
Dimitrova, B.V., Rosenbloom, B. and Andras, T.L. (2014) "Does the Degree of Retailer International Involvement Affect Retailer Performance?" *The International Review of Retail, Distribution and Consumer Research*, 23 (3), pp.243-277.
Elg, U., Ghauri, P.N. and Tarnovskaya, V. (2008) "The Role of Networks and Matching in Market Entry to Emerging Retail Market," *International Marketing Review*, 25 (6), pp.674-699.
Etgar, M. and Rachman-Moore, D. (2008) "International Expansion and Retail Sales: An Empirical Study," *International Journal of Retail & Distribution Management*, 36 (4), pp.241-259.
Gamble, J. (2010) "Transferring Organizational Practices and the Dynamics of Hybridization: Japanese Retail Multinationals in China," *Journal of Management Studies*, 47 (4), pp.705-732.
Girod, S.J.G. and Rugman, A.M. (2005) "Regional Business Networks and the Multinational Retail Sector," *Long Range Planning*, 38 (4), pp.335-357.

Ho, C. and Temperley, J. (2011) "Consumers' Reactions to Tesco's Market Entry in Taiwan: A Comparison with the UK Experience," *International Journal of Management Cases*, 12 (3), pp.62-76.

Humby, C., Hunt, T. and Phillips, T. (2003) *Scoring Points: How Tesco in Winning Customer Loyalty*, Kogan Page.

IGD (2003) *The Tesco International Report*, Institute of Grocery Distribution.

Kim, W. and Hallsworth, A.G. (2016) "Tesco in Korea: Regulation and Retail Change," *Tijdschrift voor Economische en Sociale Geografie*, 107 (3), pp.270-181.

Leahy, T. (2012) *Management in 10 Words*, Random House Business Books.〔矢羽晴彦訳『テスコの経営哲学を10の言葉で語る：企業の成長とともに学んだこと』ダイヤモンド社〕

Levitin, A. and Daley, R. (2016), "Tesco Wins Market Share for First Time in Five Years," *Press Release*, Kantar Worldpanel.

Lowe, M. and Wrigley, N. (2009) "Innovation in Retail Internationalisation: Tesco in the USA," *The International Review of Retail, Distribution and Consumer Research*, 19 (4), pp.331-347.

Lowe, M. and Wrigley, N. (2010) "The 'Continuously Morphing' Retail TNC during Market Entry: Interpreting Tesco's Expansion into the United States," *Economic Geography*, 86 (4), pp.381-408.

Lowe, M., George, G. and Alexy, O. (2012) "Organizational Identity and Capability Development in Internationalization: Transference, Splicing and Enhanced Imitation in Tesco's US Market Entry," *Journal of Economic Geography*, 12 (4), pp.1021-1054.

MacLaurin, I.(2000) *Tiger by the Tail: A Life in Business from Tesco to Test Cricket*, Pan Books.

Palmer, M. (2004) "International Retail Restructuring and Divestment: The Experience of Tesco," *Journal of Marketing Management*, 20 (9/10), pp.1075-1105.

Palmer, M. (2005) "Retail Multinational Learning: A Case Study of Tesco," *International Journal of Retail & Distribution Management*, 33 (1), pp.23-48.

Parker, A.J.(1986) "Tesco Leaves Ireland," *Retail & Distribution Management*, 14 (3), pp.16-20.

Picot-Coupey, K., Burt, S. and Cliquet, G. (2014) "Retailers' Expansion Mode Choice in Foreign Markets: Antecedents for Expansion Mode Choice in the Light of Internationalization Theories," *Journal of Retailing and Consumer Services*, 21 (6), pp.976-991.

Rogers, H., Ghauri, P.N. and George, K.L. (2005) "The Impact of Market Orientation on the Internationalisation of Retailing Firms: Tesco in Eastern Europe," *The International Review of Retail, Distribution and Consumer Research*, 15 (1), pp.53-74.

Ryle, S. (2013) *The Making of Tesco: A Story of British Shopping 'Quality Guaranteed'*, Bantam Press.

Simms, A. (2007) *Tescopoly: How One Shop Came Out on Top and Why It Matters*, Constable.
Tesco (1998a-2013a) *Annual Review and Summary Financial Statement 1998-2013*.
Tesco (1998b-2016b) *Annual Report and Financial Statements 1998-2016*.
Tesco (2011) "Tesco to Sell Japan Business," *News Release*, No.2973N, August 31st.
Tesco (2015) "Tesco Agree to Sell Homeplus," *Immediate Release*, September 7th, pp.1-7.
Treadgold, A. (1990/91) "The Emerging Internationalisation of Retailing: Present Status and Future Challenges," *Irish Marketing Review*, 5 (2), pp.11-27.
Williams, C. and Chandrasekhar, R. (2013) "Tesco's Fresh & Easy: Learning from the U.S. Exit," *Ivey Business School Case*, No. 9B13M126, Ivey Publishing, pp.1-14.
Wood, S. and McCarthy, D. (2014) "The UK Food Retail 'Race for Space' and Market Saturation: A Contemporary Review," *The International Review of Retail, Distribution and Consumer Research*, 24 (2), pp.121-144.
Wortmann, M.(2011)"Globalization of European Retailing," in Hamilton, G.G., Petrovic, M. and Senauer, B.(eds.) *The Market Makers: How Retailers are Reshaping the Global Economy*, Oxford University Press, pp.117-154.
Wrigley, N., Coe, N.M. and Currah, A. (2005) "Globalizing Retail: Conceptualizing the Distribution-Based Transnational Corporation (TNC), " *Progress in Human Geography*, 29 (4) , pp.437-457.
金成洙（2009）「韓国におけるグローバルリテイラーの成功要因と失敗要因：三星テスコを中心に」『専修大学北海道短期大学紀要（人文・社会科学編)』第42号，専修大学北海道短期大学，1～21頁。
鳥羽達郎（2009）「国境を越える小売行動の本質的側面」岩永忠康監修・西島博樹・片山富弘・宮崎卓朗編『流通国際化研究の現段階』同友館，29～53頁。
鳥羽達郎（2011）「小売業の国際化と撤退の構造」『流通』No.24，日本流通学会，103～111頁。
矢作敏行（2007）『小売国際化プロセス：理論とケースで考える』有斐閣。

第14章
フランスの小売商業

佐々木 保幸

はじめに

　郊外での大規模 SC（ショッピング・センター）の発展が著しく，かつ大規模小売業者による小型店開発の進んでいるフランスでは，地方都市の中心市街地において，小売商業経営の厳しさが増している。本章では，近年におけるフランスの経済や社会を概観し，その下での小売業の変化について考察する。また，地方都市における小売業の現状についても言及する。

第1節　フランス経済・社会の現況

1．フランス経済の停滞および失業問題の悪化とマクロン法

　2000年代後半以降のフランスでは，経済の停滞が続いている。サルコジ（Nicolas Sarkozy）が大統領に就いた翌年，米国でリーマン・ショックが起こり，世界的な金融危機の影響はフランスにも及んだ。その結果，2009年のフランス経済はマイナス成長となり，その後 GDP 成長率は2％台に回復するが，2012年のオランド（François Hollande）大統領就任後は，0～1％台の低い経済成長が定着している。

　2000年代に8％台後半から9％台で推移していた失業率は，2008年に7％台に低下するが，金融危機後は再び上昇し，2013年以後は10％台で推移している。政権を問わず，フランスの経済政策にとって，失業問題への対応は最重

要課題のひとつであり,二桁台に達した失業率の改善は,オランド政権(マニュエル・ヴァルス(Manuel Valls)内閣)が優先的に取り組むべき政策課題となる。

このようなフランス経済の停滞や雇用問題に対して,2015年にいくつかの新たな政策対応がとられることとなった。

そのひとつが,2015年8月7日に発効されたマクロン法(Loi n°2015-990 du 6 août 2015 pour la croissance, l'activité et l'égalité des chances économiques, 経済の成長,活動,機会均等のための法律2015-990号)である。同法は,管轄大臣であったエマニュエル・マクロン(Emmanuel Macron)経済・産業・デジタル大臣の名をとって,マクロン法と呼ばれている。同法の主な内容は,以下のとおりである(国立国会図書館調査及び立法考査局 2015)。

第1に,交通・運輸に関して,規制緩和によって長距離定期バス路線の開設を容易にする。これによって,1~2万人程度の雇用創出や地域・都市間連携の活性化が図られるのみならず,低運賃により若年層や中・低所得層の消費活動にも資すると期待される。

第2に,小売業の日曜営業と夜間営業の緩和である。フランスでは,これまで原則として日曜日は非労働日とされており,小売業の日曜営業は例外措置として年5日までのみ認められている。小売業の日曜営業は経済効果が大きいことから,マクロン法においては,これを年12日まで拡大することとした。実際に何日の日曜営業を認可するかは,各自治体の裁量となり,最終的には市長の認可が必要となるほか,労使間の合意も前提とされる。

第3に,フランス観光業による経済への波及効果を高めるために,「国際観光区域(ZTI)」を新設する。この区域の商業施設については,すべての日曜日と午前12時までの営業が許される。具体的には,パリのシャンゼリゼ通りやオスマン通りなどの中心地,ニース,カンヌ,ドゥーヴィル等の諸都市において設定される(LSA,2016年2月8日付)。

第4に,小売業における公正競争という課題に対して,「公正競争調整機関」の権限を強化し,商業地域整備にあたり,小売業に対する各種規制の評価,消費者物価が高い地域における調査活動並びに指導,小売市場の寡占化の抑制,

既存小売業と新規参入小売業との調整等を行う。

　小売業の日曜営業および夜間営業に関して，自治体首長の認可や労使間での合意が必要となることは記述のとおりであるが，基本的に小売業の労働組合はこのような規制緩和に反対しており，マクロン法を超越するような，全面的な小売業日曜営業の実施は困難であると思われる[1]。また，夜間営業についても，厳しい司法の裁定が発表されている。それは，モノプリ（Monoprix）の深夜営業に伴う深夜労働を対象として，主要労組であるCGT（Confédération Générale du Travail）に対して一定額の罰金を支払わせるというものであった（LSA，2015年9月15日付）。日曜営業に関しても，この数年間，罰金を支払いながら違法の日曜営業を強行するカストラマ（Castrama）やブリコラマ（Bricorama）等の企業が後を絶たなかった。

2. 労働法の改定問題と労働運動の激化

　マクロン法の制定とあわせて，労働市場の柔軟化を通して硬直的な経済の活性化を図るべく，フランスでは2015年から労働法の改定作業が進められている。改定案のポイントは，週35時間労働制および雇用の弾力化であるといってよいが，その主な内容は，以下のとおりである（http://www.bbc.com/japanese/36415029）。

　第1に，基本的に週35時間労働制は維持するが，企業が労働組合と週ごとに労働時間について交渉することができ，12週を超える場合は，週当たり46時間まで労働時間を増加させることができる。

　第2に，週35時間を超える労働に対する超過勤務手当は，現行制度より削減される。

　第3に，非常に厳しい労働者解雇に対する条件を緩和し，経営悪化時の解雇を容易にすることによって，採用の拡大が企図されている。

　第4に，これまで労使間の協議対象とならなかった従業者の結婚や妊娠などの個別的休暇について，労使交渉できるようにする。

　以上が，改定労働法案の主要な内容である。一部，労働者側にも資する側面

を有するが，労働組合や学生らは労働時間，賃金，解雇規制等労働条件の悪化や雇用の不安定化を問題視し，政府に対する労働法改定反対運動が展開された。2016年3月以降は，フランス各地の主要都市でデモが活発化・過激化し，国鉄（SNCF）の間引き運転をはじめ，原子力発電所におけるスト，製油所の稼働停止，印刷所の配送停止，ごみ収集業務の停止等も頻発し，フランスの経済や観光のみならず社会生活に多大な影響を及ぼした。その後，同法案は与党の社会党（PS）議員の反対票もあったが，同年6月28日に上院にて可決され，下院での第2回審議をへている。

第2節　フランス小売業の現況

1．販売指標にみるフランス小売業の現況

図表14-1は，2010年から2014年におけるフランス小売業の販売額の推移を示している。2010年から2012年にかけて4,695億ユーロから4,945億ユーロに増加した小売業の販売額は，2012年以降のフランス経済停滞の下で，微減傾向にある。

図表14-1　2010-2014年におけるフランス小売業の販売動向（10億ユーロ）

年	2010	2011	2012	2013	2014
小売業	469.5	485.3	494.5	494.4	492.2
専門食料品店，製造小売業	40.5	42.1	42.8	43.1	43.6
総合小型食料品店，冷凍食品店	15.1	15.1	15.1	15.1	15.0
総合大型食料品店	172.3	180.6	182.8	184.1	181.0
百貨店，その他専門非食料品店	7.5	7.8	8.2	8.5	8.6
非食料品専門店	206.3	211.6	214.4	215.4	215.6
燃料	13.3	14.9	16.7	16.9	16.0
情報・コミュニケーション技術	8.9	9.2	8.9	8.7	8.7
家庭用品	49.9	49.1	49.4	48.3	48.5
文化・レジャー	23.5	24.3	23.3	23.5	24.0
その他専門小売店	110.7	114.1	116.1	118.0	118.4
衣料品・靴	33.7	34.4	35.3	36.2	36.4
その他個人用品	17.3	18.2	19.1	19.1	19.5
薬品・医療品・補正器具	40.8	41.6	41.3	42.1	42.2
その他専門店	18.9	19.9	20.4	20.6	20.3
無店舗販売	27.9	28.1	31.3	28.3	28.4

出所：INSEE資料より作成。

このような傾向は，ほぼすべての小売業に当てはまるが，業種や業態によって若干の差がみられる。食料品小売業では，販売額を増加させていた総合大型食料品店が2014年に減収となったのに対して，専門食料品店は堅調に販売額を伸長させている。非食料品専門小売業では，家庭用品分野でいくぶん販売額が減少傾向にあるが，総じて販売額は微増している。衣料品・靴小売業は日本ではその市場が縮小し続けているが，フランスでは2010年の337億ユーロから2014年に364億ユーロに増大している点が特徴的である。

　次に，図表14-2より2010年から2014年の小売業種・業態別市場占有率の推移をみると，限定的な期間ではあるが，すべての小売業で市場占有率はそれほど大きく変化していない。

　ただし，食料品市場において，総合大型食料品店の占有率は減少傾向にある。その詳細をみると，スーパーマーケットとハイパーマーケットの動向には差異が確認できる。年ごとに増減はあるものの，ハイパーマーケットがほぼ横ばいでその占有率を推移させているのに対して，スーパーマーケットは2011年以降，占有率を減少させている。近年のフランスでは，スーパーマーケットの食

図表14-2　2010-2014年における小売業種・業態別市場占有率の推移（%）

年	2010 食品	2010 非食品	2011 食品	2011 非食品	2012 食品	2012 非食品	2013 食品	2013 非食品	2014 食品	2014 非食品
専門食料品店	18.1	-	18.2	-	17.9	-	17.9	-	18.2	-
パン・菓子店	7.1	-	7.1	-	6.9	-	6.8	-	7.0	-
牛肉・豚肉店	5.0	-	5.0	-	4.8	-	4.8	-	4.8	-
その他専門食料品店	6.1	-	6.2	-	6.1	-	6.2	-	6.4	-
総合小型食料品店，冷凍食品店	7.2	-	7.3	-	7.3	-	7.2	-	7.2	-
総合大型食料品店	67.9	16.3	66.7	17.9	65.7	17.7	66.1	17.0	65.5	16.6
SM	30.8	5.0	30.0	6.0	29.1	6.1	28.7	5.8	28.3	5.7
HM	36.5	10.8	35.8	11.4	35.7	11.2	36.5	10.8	36.3	10.5
百貨店，その他専門非食料品店	0.1	2.1	0.1	2.1	0.1	2.2	0.1	2.3	0.1	2.3
非食料品専門店	0.7	57.1	1.0	56.9	1.2	57.3	1.1	57.6	1.1	57.8
燃料	0.1	3.8	0.2	4.1	0.3	4.5	0.2	4.4	0.3	4.2
薬品	0.2	11.6	0.3	11.5	0.3	11.3	0.3	11.5	0.3	11.6
その他	0.4	41.7	0.5	41.3	0.6	41.4	0.5	41.7	0.5	42.0
無店舗販売	4.8	5.7	5.3	5.3	6.3	5.5	6.2	5.5	6.3	5.6
小計＋製造小売業	98.9	82.5	98.7	83.2	98.5	83.6	98.5	83.3	98.4	83.1
自動車販売店	-	8.6	-	8.6	-	8.3	-	8.7	-	8.9
その他	1.1	8.9	1.3	8.2	1.5	8.1	1.5	8.0	1.6	8.1

　注：食品品はたばこを除く。SM：スーパーマーケット，HM：ハイパーマーケット。
　出所：INSEE資料より作成。

料品市場における地位が低下しているといえよう。しかしながら，スーパーマーケットとハイパーマーケットを合わせた食料品市場における占有率が，2010年代を通して65％以上あるという事実も看過してはならない。すなわち，ここにフランス食料品市場における寡占化の現況を認めることができるのである。なお，食料品市場で占有率を増加させているのは無店舗販売であり，これにはマルシェの存在が作用している。

非食料品市場では，ハイパーマーケットが恒常的に10％以上の占有率を確保しており，残りの市場をさまざまな非食料品専門店が分け合っている点も，フランス小売業の特質のひとつである。

フランス小売業の販売額は，2010年から2012年にかけて増加したが，その後は微減傾向にあった。販売額の動向とは異なり，小売業における雇用は増大している。図表14-3より，2000年に約149万人であった小売従業者数は，2005年に約160万人になり，2014年には約169万人へと増大した（ただし，増加率は2000年から2005年にかけて7.8％であったが，2005年から2014年にかけては5.1％に低下している）。フランスにおいて雇用問題への対応が重要課題であることは既に述べたが，今日においても，フランスにおいて小売業が雇用を吸収するいわば「プール」の役割を果たしていることが理解できよう。

なお，このような小売業における雇用増加の背景として，ハイパーマーケット等大型店に対する出店規制が1990年代末から運用緩和され，2008年には経済近代化法（LME）の制定に伴い，その規制が大幅に緩和されたことが指摘できる[2]。すなわち，このような制度変更によって，ハイパーマーケット等大型店の出店が容易になったのである。

図表14-3　商業部門の雇用動向（1,000人）

年	2000	2005	2014
自動車販売業および修理業	381	391	358
卸売業（自動車・バイクを除く）	985	998	949
小売業（自動車・バイクを除く）	1,491	1,607	1,689
合　計	2,857	2,996	2,996

（出所）INSEE資料より作成。

ハイパーマーケット等大型店の市場占有率については既に概観したが，図表14-4は，今日のフランスにおける主要業態の市場占有率を示した別の資料である。これをみると，小売市場のほぼ半分をハイパーマーケットが占め，スーパーマーケットとハードディスカウントがこれに続いている。ここで特徴的であるのは，プロクシミテ（Proximité）とドライヴ（Drive）という新業態が，それぞれ7.3%，3.3%の占有率を有していることである。

図表14-4 主要業態の市場占有率および販売額（2014年，上段：%，下段：10億ユーロ）

HM	Drive	SM	Proximité	HD
50.4	3.3	26.0	7.3	13.0
53.4	3.4	32.4	8.0	12.6

注：HM：ハイパーマーケット，SM：スーパーマーケット，
HD：ハードディスカウント。
出所：LSA, 2015年4月28日付より作成。

図表14-5 Proximitéの食料品市場占有率の現状と見通し（%）

2014年	2015年	2016年	2017年	2018年
6.7	7.4	8.9	8.8	9.0

出所：LSA, 2015年4月28日付より作成。

プロクシミテは，主にハイパーマーケットやスーパーマーケット企業が展開する消費者近接立地型の小型店である。例えば，カルフールでは売り場面積200㎡から900㎡のCarrefour ExpressやCity，Contact等がこの業態に該当する。

ドライヴはインターネット等を通じて注文した商品を，自家用車でハイパーマーケット等の駐車場に設置された専用のスペースで受け取る「業態」である。したがって，ドライヴもプロクシミテと同様に，大手ハイパーマーケット企業により設立されるものが多い[3]。ドライヴの成長性は非常に高く，2015年8月末時点で，ハイパーマーケットとスーパーマーケットを合わせた成長率は1%にも満たず，プロクシミテのそれが8%台であるのに対して，ドライヴの成長率は約19%と試算されている（LSA, 2015年9月3日付）。

近年，カルフールをはじめカジノ（Casino）やアンテルマルシェ（Intermarché）等の大手ハイパーマーケットないしスーパーマーケット企業は，小型店の開発

を強化し，その多店舗展開を図っている。図表14-5に示されるように，食料品市場におけるプロクシミテの占有率は，今後も堅調に拡大することが予想されている。このことは，フランス小売企業の小型店開発を重視した多業態戦略の強化を意味するのみならず，フランス消費者の購買行動の変化，すなわち近隣型店舗における商品購買選好を示唆していると思われる。

2. フランス小売業を取り巻く新制度

(1) ドライヴに対する規制

前述したドライヴの急伸長に対して，早くも2014年には，アリュー法（Loi n° 2014-366 du 24 mars 2014 pour l'accès au logement et un urbanisme rénové, 住居を有する権利と新しい都市計画に関する2014年3月24日の法律第2014-366号, Loi ALUR）が定められ，一定の規制が実施されるようになった。同法は，主要都市における家賃の上限や，アパート等を宿泊施設として使用する「民泊問題」への対応を盛り込んでいるが，ドライヴに対しては以下のような対応を打ち出した（Gilles MAROUSEAU 2015）。

それは，ドライヴが恩恵を浴していた「売り場面積の不在」問題に対して，顧客が商品を受け取る固定スペースの開設や拡張に対して，CDAC（Commission départementale d'aménagement commercial，県商業施設委員会）による事前の商業開発許可の交付を義務づけるようにしたことである。つまり，ドライヴという商業施設において，利用者が商品を受け取るスペースは，従来「倉庫扱い」であったが，それを商業上の「販売スペース」へと取り扱いを変更したのである。

(2) 食品廃棄禁止法の制定

また，2016年2月には，フランス小売業とりわけハイパーマーケット等大型店にかかわる新たな法律が制定された。それは，食品廃棄禁止法（Loi n° 2016-138 du 11 février 2016 relative à la lutte contre le gaspillage alimentaire，食品の浪費に対抗する2016年2月11日の法律第2016-138号）である。この法律は，いわゆる「食品ロス」問題に対応するもので，延べ床面積400㎡以上の大型店

を対象に，売れ残り食品の廃棄を禁止し，生活困窮者に配給を行う組織への寄付を義務づけ，違反した場合 3,750 ユーロの罰金を科す（LSA，2016 年 2 月 4 日付）。

第 3 節　地方小売業の現況―ル・アーブル市を中心に

1．ル・アーブルにおける商業の動向

　それでは，最後にル・アーブル（Le Havre）を取り上げて，フランスの地方都市における小売業の状況を素描していこう。ル・アーブルは，フランス北西部のオート・ノルマンディー（Haute-Normandie）地域圏セーヌ・マリティーム (Seine-Maritime) 県（県庁所在地ルーアン（Rouen））に位置する港湾都市であり，人口約 18 万人を数える。第 2 次世界大戦の戦禍によって，街の大半が焼失し，戦後再建された計画都市である。

　図表 14-6 は，ル・アーブルにおける営業所数の推移を示している。これをみると，卸売業は 2013 年を除き増加している。卸売業が増加傾向にある点は，港湾都市としての同市の性格を示すものとして認識できる。一方，小売業は増減をへて，2009 年の 1,163 から 2014 年には 1,242 まで増加している。国レベルではなく，一地方都市レベルであるので，少数の大型小売施設の開廃が店舗数の増減に直結する。実際，同市では 2009 年から 2010 年にかけて大型のショッピングモールが開設され，2010 年の 100 を超える営業所数の増加につながったと解することができる。

　営業所数の開設数を示したものが，図表 14-7 である。フランス全体の例に漏れず，ル・アーブルでも起業すなわち新規開業への支援には注力しており，実際，行政のみならず商工会議所（CCI）も起業および店舗の増設を推進しているのである。その効果もあってか，卸売業で毎年 30 から 45 程度が開設され，小売業では毎年 170 から 220 近くが新設されている。ただし，小売業の場合，2010 年には 204 の開設があったが増加は 105 にとどまり，2011 年および 2012 年には 170 以上の開設があったにもかかわらず，営業所数が減少

図表14-6 ル・アーブルにおける営業所数の推移

年	2009	2010	2011	2012	2013	2014
自動車・バイク販売業および修理業	167	176	173	178	179	190
卸売業(自動車・バイクを除く)	317	319	324	338	333	340
小売業(自動車・バイクを除く)	1,163	1,268	1,239	1,206	1,206	1,242
小売業増減数	-	105	−29	−33	0	36
合　計	1,647	1,763	1,736	1,722	1,718	1,772

出所：SSI,Seine Estuaireの資料より作成。

図表14-7 ル・アーブルにおける営業所開設数の推移

年	2009	2010	2011	2012	2013	2014
自動車・バイク販売業および修理業	15	19	24	24	28	24
卸売業(自動車・バイクを除く)	36	46	43	30	39	32
小売業(自動車・バイクを除く)	217	204	176	176	190	200
合　計	268	269	243	230	257	256

出所：SSI,Seine Estuaireの資料より作成。

図表14-8 ル・アーブルにおける商業従業者数の推移

年	2009	2010	2011	2012	2013	2014
自動車・バイク販売業および修理業	1,126	1,112	1,089	1,089	980	992
卸売業(自動車・バイクを除く)	1,543	1,509	1,492	1,461	1,411	1,375
小売業(自動車・バイクを除く)	4,358	4,276	4,103	4,042	3,948	3,958
合　計	7,027	6,897	6,684	6,592	6,339	6,325

出所：SSI,Seine Estuaireの資料より作成。

している点は看過できない。すなわち，ル・アーブルでは，毎年多くの小売業の廃業が進行していることを看取することができる。

また，卸売業や小売業で営業所数の増減にかかわらず，従業者数が減少を続けている点にも着目したい。2009年から2014年にかけて小売業における雇用は9.2％減少し，卸売業と自動車販売業を含めた商業全体では約10％の雇用が失われている。この間，市内に大規模小売施設が開設されたことをかんがみると，商業とりわけ小売部門において「雇用吸収力」が低下していることが見受けられる。つまり，小売業において減量経営ないし省力化が進められていることが推察されるのである。

2．中心市街地商業の衰退問題

　以上のような小売業の低迷は，ル・アーブルの中心市街地商業の衰退につな

がっている。同市議会議員（右派議員）は，年々，中心市街地において商業の「砂漠化」が進行していると指摘し，市のショッピング・センター建設重視の政策を批判している。また，市内道路脇に止める駐車料金の引き上げを問題視し，市民＝消費者の自家用車を利用した購買行動への適切な対応を要求している。さらに，同市における「社会的紐帯」としての小商業者の救済を図る「センター」の設立を求めている（*LH OCÉANES Le Journal de la Ville du Havre* du 16 au 29 février 2016）。

　以上のような問題はル・アーブルのみならず，全国の地方都市に該当するものである。フランスでは，全国的に，平均的な地方都市中心部における人通りの少なさ（「砂漠化」と呼ばれる）が問題視されており，その背景として，郊外の商業ゾーンとの競争の激化が指摘されている。全国的にも，ル・アーブルと同様に，都市中心部における無料駐車スペース確保の困難性があげられ，消費者の自家用車利用を前提とした購買行動に対する政策的対応が焦眉の課題となっている（*France 2*, 2016 年 1 月 27 日付）。

第 4 節　フランス小売商業の課題と展望

　移民・難民問題を抱えながら 10％を超える失業率（若年層では約 25％）に苦しむフランスでは，現在さまざまな経済制度改革が進められている。商業とりわけ小売業にかかわる制度改革としては，マクロン法にもとづく日曜営業に対する規制緩和や労働法の改定による影響が大きいと思われる。

　小売競争における「郊外対中心市街地」という図式は，ハイパーマーケットの成長以降，古くて新しい問題である。本論で明らかにしたように，近年では，電子商取引と連動させてカルフール等大手流通資本によるドライヴという新たな「業態」の発展も顕著である。また，中心市街地でもカルフールの小型店舗に代表されるプロクシミテの成長も著しい。そのため，中心市街地に立地する独立小規模零細小売業は，郊外立地型業態と中心市街地立地型業態との二重の競争激化に直面している。

フランス諸都市の小売業は，日本のそれと比較して，経営が比較的安定し，いわゆる「元気がある」と思われがちであるが，あくまでそれは一定程度の観光型都市に限られたことであるといえる。ル・アーブルやいっそう小規模な都市では，中心市街地に立地する独立小規模零細小売業の衰退が問題となっている。

1960年代以降，ハイパーマーケット等新興小売業との競争によって，経営が厳しくなった独立小規模零細小売業を保護し，「多様な流通機構」を保障するために，フランスではロワイエ法（Loi n° 73-1193 du décembre 1973 d´orientation du commerce et de l´artisanat. 商業および手工業の方向づけに関する1973年12月27日の法律第73-1193号）が制定された[4]。ロワイエ法に代表された大型店に対する出店規制政策は規制の緩和や強化を繰り返しながら，現在では市場競争を重視した経済近代化法に取って代わられている。その下で，上記のとおり，中心市街地に立地する独立小規模零細小売業の衰退に歯止めのかからないのが現実である。

マクロン法に代表される市場競争を重視する政策とアリュー法のような社会的規制を伴う政策が同時並行的に追求されるフランスにおいて，ロワイエ法等で志向されていた「多様な流通機構」を維持する政策体系を再検討することが，現下において必要なのではなかろうか。

【付記】
本研究は，2015年度関西大学在外研究員（学術研究員）制度にもとづく研究成果の一部である。

第 14 章　フランスの小売商業　*269*

【注】
（1）小売業の日曜営業や深夜営業に関しては，消費者の立場からは賛成する声が多く，小売労働者側からも，割増賃金や各種手当を享受するために賛同する意見が存在することも確かである。
（2）佐々木保幸（2011）および田中道雄・白石善章・相原修・河野三郎編著（2010）を参照されたい。
（3）田中道雄・白石善章・相原修・河野三郎編著（2010）を参照されたい。
（4）ロワイエ法に関しては，佐々木保幸（2011）を参照されたい。

【参考文献・資料】
CCI Seine Estuaire（2015）*Enquéte environnement commercial-CCI Le Havre*
CCI Seine Estuaire（2016）*Chiffres clés du commerce sur la CODAH*
CCI Normandie（2015）*Panorama Économique 2015*
Enrico COLLa, Paul LAPOULE（2015）Le Drive : Vecteur de cannibalisation ou de complementarite ? Le Cas de la grande distribution alimentaire France, *REVUE FRANCAISE DU MARKETING* n°252 - 2/4
Gilles MAROUSEAU（2015）Une nouvelle legislation pour la localisation des drives alimentaires, 18 ème Colloque international Etienne Thil 14-15-16 Octobre 2015
INSEE 各種資料
Jean-Louis Laville（2003）Économie solidaire : les enjeux européens, *Hermès, La Revue n°* 36
Jean-Louis Monino, Stéphane Turolla（2008）Urbanisme commercial et grande distribution. Etude empirique et bilan de la loi Raffarin, *Revue Française d'économie n°2/vol XXIII*
LH OCÉANES Le Journal de la Ville du Havre（2016）
LSA.
Sylvain Allemand, Sophie Boutillier（2010）"L'économie sociale et solidaire, une definition pluridimensionnelle pour une innovation sociale", *Marché et organisations n°* 11
加茂利男・德久恭子編（2016）『縮小都市の政治学』岩波書店。
国立国会図書館調査及び立法考査局（2014，2015）「外国の立法」。
佐々木保幸（2011）『現代フランスの小売商業政策と商業構造』同文舘出版。
田中道雄（2007）『フランスの流通』中央経済社。
田中道雄・白石善章・相原修・河野三郎編著（2010）『フランスの流通・都市・文化』中央経済社。
田中道雄・白石善章・相原修・三浦敏編著（2015）『フランスの流通・政策・企業活動』中央経済社。
ティエリ・ジャンテ著，石塚秀雄訳（2009）『フランスの社会的経済』日本経済評論社。

索　引

（あ行）

RFID	128
ICT	79
IT	79
アウトプット革新	45
ASEAN 加盟国	194
アリュー法	264
暗黙知	75
EAN コード	120
EOS	122
EDI	119
EPC	129
EPCIS	129
EPC インフォメーション・サービス	130
EPC（global）	129
E マート	183
イオン	114
インストアマーキング	121
インターネット通販	233
インフォーマル・セクター	11
ウェブルーミング	215
埋め込み	252
AI	130
ASN	123
SM スーパーマーケット	199
SCM	119
LME	262
LTV	130
大型マート	177
O2O	216

オムニチャネル	148,217,219
オンライン・ツー・オフライン	170

（か行）

外資系小売業	154
格上げ	43
格下げ	43
拡張様式	247
価値提案	102
間接流通	26
企業型スーパー	177
業種	31
業種店	32
共生	185
競争環境	250
競争優位性	165
業態分類	149
業務効率化	143
居住者人口	137
近代的小売セクター	10
空間的差異	89
クリック・アンド・モルタル	215
グローサリー・チェーン・ストア	108
経営方式	164
経済近代化法	262
形式知	75
傾斜生産方式	139
ケイパビリティー	242
現地化	189
現地適応化	242

現地特有の提供物	242	**(さ行)**	
交渉費用	28	最高経営責任者	250
小売企業の国際展開	252	差起	90
小売企業の成長ダイナミズム	98	差起の源泉	90
小売技術フロンティア	47	差進	90
小売業	5	サプライチェーン・マネジメント	119
小売業態	33,157	差変	90
小売業態論	42	サリサリストア	195
小売業の日曜営業	258	参入様式	246
小売構造	1,9,11	352億1,000万ドル	212
小売国際化	67	GMS	148,149,150
小売事業モデル	76	CGT	259
小売商業	1	GDP	140
小売ノウハウ	67	JCA手順	122
小売の輪	42	時間的懸隔	25
小売ピラミッド	9	時間的差異	89
小売ブランド	8	資源ベース論	74
小売マーケティング戦略の計画プロセス	97	事前出荷通知	123
		持続的な成長発展	252
小売マーケティング戦略のコンテインジェンシー性	100	品揃え価格	38
		社会的品揃え物	27
小売マーケティング戦略	7	JANコード	120
小売マーケティング・ミックス	103	集積の経済	32
小売ミックス	47	集中化	231
小売流通革新論	42	集中力	242
顧客生涯価値	130	柔軟性	242
国際観光区域	258	使用価値的制約	26
国際組織間学習	75	商業(者)	26
国際的小売活動	68	商業組織	76
国際展開	249	商業分化	28
国内産業空洞化	138	商圏	36
5P	102	商的流通	26
コラソン・アキノ政権	201	情報革新	4
コンビニエンスストア	35,149,150,163	情報技術	79
		情報通信技術	79
		情報提供機能	7

情報の粘着性	74	適応化戦略	69
ショールーミング	214	テスコ	237
食品廃棄禁止法	264	テスコ・イン・ア・ボックス	244
ショッピング・モール	233	テスコポリー	238
ショッピングセンター	33,162	電子データ交換	119
人工知能	130	電子発注システム	122
人口ボーナス	138	伝統市場	186
人的懸隔	25	伝統的小売業	195
人的資源管理	250	伝統的小売セクター	10
スーパーマーケット	35,160	店舗形態	249
ストア・ブランド	111	店舗展開	248
ストアロイヤルティ	110	同質性の差異	90
生活文化産業	5	独占的競争	38
生産性	143	トップバリュ	114
生産性ループ	239	ドメスティック産業	1
セーブモアスーパーマーケット	200	ドライヴ	263
世界標準化	242	取扱い技術の異質性	59
ZTI	258	取引費用	27
セブンイレブン PB	112	**（な行）**	
セブンプレミアム	112	ナショナル・ブランド	107
戦略的小売マネジメント・モデル	95	日系小売企業	154
倉庫管理システム	123	認識的差異	88
創造的連続適応	75	ネット通販	159
ソースマーキング	121	ネットワーク	252
（た行）		**（は行）**	
WMS	123	ハードディスカウント	263
ダブルチョップ	113	バイイング・ローカル	226
多様な業態	242	ハイパーマーケット	195,261
段階分化	28	売買集中	2,59
探索費用	27	売買集中の原理	27
地域寡占	38	売買活動	26
チェーンストア	34	場所的懸隔	25
中小規模店	143	バラエティ・ストア・チェーン	108
直接流通	26	パリティ	88
定期休業制度	185	バリュー・プロポジション	102

パワーセンター	230	マルチチャネル小売業	216, 233
販売効率	147	マルチ・フォーマット戦略	238
B to C EC	79	無店舗販売	78
PB	80, 182	メイシーズ	218
PB 商品	234	モバイル POS	131
比較流通	73		
ビジネス・プロセス・アウトソーシング		**(や行)**	
	194	UPC コード	120
ビッグ・ボックス・ストア	228	輸送活動	25
百貨店	34, 146, 147, 150, 160	ユビキタス社会	209
標準化戦略	69	4A	102
FinTech 革命	131	4C	92
フォーマット	52	4P	92
フォーミュラ	52		
プッシュ要因	70	**(ら行・わ行)**	
物的流通	25	リドル	237
物流管理	8	リバース・イノベーション	243
物流センター	131	流通産業発展法	185
部門分化	30	流通市場自由化	187
プライベート・ブランド	107	流通 BMS	125
プライベートブランドの訴求	252	ロイヤルティー・カード	252
フランチャイズ化	179	労働法	259
ブランド	243	ロッテマート	183
ブランドマネジメント	116	ロビンソンズグループ	202
プル要因	70	ロビンソンスーパーマーケット	200
プレミアム PB	111	ロワイエ法	268
プロクシミテ	263	ワンストップショッピング	186
プロセス革新	45		
分業社会	25	**(欧文)**	
ベニグノ・アキノ政権	194	Advanced Ship Notice	123
保管活動	25	Artificial Intelligence	130
POS	36	Business Message Standards	125
		Click and Mortar	215
(ま行)		Electronic Date Interchange	119
マクロン法	258	Electronic Ordering System	122
マルチチャネル	217, 219	European Article Number	120

Japanease Article Number	120	radio frequency identification	128
Japan Chain Stores Assosiation Protocol	122	Showrooming	214
		Supply Chain Management	119
Life Time Value	130	Universal Product Code	120
Multichannel Retailer	216	Value-Proposition	102
Online to Offline	216	Webrooming	215
Private Brand	80	Warehouse Management System	123
Parity	88		

執筆者紹介（執筆順。＊＊は監修者，＊は編者）

岩永忠康＊＊（いわなが　ただやす）：序章担当
　　佐賀大学名誉教授
　　中村学園大学流通科学部　特任教授・博士（商学）

西島博樹＊（にしじま　ひろき）：第1章担当
　　佐賀大学芸術地域デザイン学部　教授・博士（学術）

宮崎卓朗＊（みやざき　たくろう）：第2章担当
　　佐賀大学経済学部　教授

柳　純＊（やなぎ　じゅん）：第3章担当
　　下関市立大学経済学部　教授・博士（学術）

片山富弘＊（かたやま　とみひろ）：第4章担当
　　中村学園大学流通科学部　教授・博士（学術）

洪　廷和（ほん　ちょんふぁ）：第5章担当
　　佐賀大学経済学部　准教授・博士（商学）

西　道彦（にし　みちひこ）：第6章担当
　　長崎県立大学地域創造学部　教授・博士（商学），博士（学術）

堤田　稔（つつみだ　みのる）：第7章担当
　　NPO九州総合研究所副理事長・博士（学術）

宋　謙（そん　ちぇん）：第8章（中国語）担当
　　中国：瀋陽工業大学管理学院マーケティング学部　副教授・博士（学術）

黄　晶（ほあん　じん）：第8章（日本語訳）担当
　　鹿児島国際大学大学院博士後期課程

田村善弘（たむら　よしひろ）：第9章担当
　　長崎県立大学地域創造学部　准教授・博士（農学）

舟橋豊子（ふなはし　とよこ）：第10章担当
　　長崎県立大学経営学部　専任講師・MBA

山口夕妃子（やまぐち　ゆきこ）：第11章担当
　　佐賀大学芸術地域デザイン学部　教授・博士（商学）

菊池一夫（きくち　かずお）：第12章担当
　　明治大学商学部　教授・博士（商学）

Heather　Ranson（ヘザー・ランソン）：第12章担当
　　カナダ：ビクトリア大学経営学部　准教授・MBA

鳥羽達郎（とば　たつろう）：第13章担当
　　富山大学経済学部　教授・博士（地域政策学）

佐々木保幸（ささき　やすゆき）：第14章担当
　　関西大学経済学部　教授・博士（経済学）

監修者・編者紹介（五十音順）

岩永忠康（いわなが　ただやす）
　佐賀大学名誉教授
　中村学園大学流通科学部　特任教授・博士（商学）
　（主要業績）
　単著『現代日本の流通政策』創成社（2004）
　単著『マーケティング戦略論（増補改訂版）』五絃舎（2005）
　単著『現代の商業論』五絃舎（2014），他多数

片山富弘（かたやま　とみひろ）
　中村学園大学　教授・博士（学術）
　流通科学部学部長を経て，現在，大学院研究科長
　（主要業績）
　単著『マネジリアル・マーケティングの考え方と実際（増補版）』五絃舎（2005）
　単著『顧客満足対応のマーケティング戦略』五絃舎（2009）
　単著『差異としてのマーケティング(増補改訂版)』五絃舎（2015），他多数

西島博樹（にしじま　ひろき）
　佐賀大学芸術地域デザイン学部　教授・博士（学術）
　（主要業績）
　単著『現代流通の構造と競争』同友館（2011）
　共著『波佐見の挑戦－地域ブランドをめざして』長崎新聞社（2011）
　共著"Nagasaki　Ware", Nagasaki Bunkensha（2016），他多数

宮崎卓朗（みやざき　たくろう）
　佐賀大学経済学部　教授
　（主要業績）
　編著『流通国際化研究の現段階』同友館（2009）
　共著『市場環境と流通問題』五絃舎（2004）
　共著『地域再生の流通研究』中央経済社（2008），他多数

柳　　純（やなぎ　じゅん）
　下関市立大学経済学部　教授・博士（学術）
　（主要業績）
　編著『激変する現代の小売流通』五絃舎（2013）
　共著『マーケティングの理論と戦略』五絃舎（2015）
　共著『中小企業マーケティングの構図』同文舘出版（2016），他多数

アジアと欧米の小売商業──理論・戦略・構造──

2017年2月27日　第1刷発行

監修者：岩永忠康
発行者：長谷 雅春
発行所：株式会社五絃舎
　　　　〒173-0025　東京都板橋区熊野町46-7-402
　　　　Tel & Fax：03-3957-5587
　　　　e-mail：h2-c-msa@db3.so-net.ne.jp
組　版：Office Five Strings
印　刷：モリモト印刷
ISBN978-4-86434-068-7

Printed in Japan　　ⓒ検印省略　2017